残りの時

パウロ講義

Il tempo che resta: Un commento alla *Lettera ai Romani*

Giorgio Agamben

残りの時

パウロ講義

ジョルジョ・アガンベン

上村忠男=訳

岩波書店

IL TEMPO CHE RESTA
Un Commento alla Lettera ai Romani

by Giorgio Agamben

First published 2000
by Bollati Boringhieri editore s. r. l., Torino.

This Japanese edition published 2005,
this POD edition became available 2016
by Iwanami Shoten, Publishers, Tokyo
by arrangement with the author
through le Bureau des Copyrights Français, Tokyo.

凡例

一、本書は、Giorgio Agamben, *Il tempo che resta. Un commento alla Lettera ai Romani* (Bollati Boringhieri, Torino, 2000) の全訳である。

二、本文中の〔 〕内は、訳者による補足ないしは註記である。

三、引用文献と参照文献は、本文中に (Bernays, 257) のように著者名と頁数(同じ著者の文献が複数挙げられている場合は出版年も)が表示してある。表題も含む完全な表記は、巻末の「文献一覧」を参照されたい。

四、原著では、ギリシア語をローマ字転写するに際して、ギリシア語文法でいわれる「下書きのイオータ」を省略して表記していない。

〔例〕 en tēi klēsei hēi eklēthē → en tē klēsei hē eklēthē

本訳書では、原著者の表記を尊重してそのままとした。ただし、母音の長短などについての誤りは、適宜修正してある。

残りの時 ❖ 目次

セイルからわたしに叫ぶ者がある、
「夜回りよ、今は夜の何時か。
夜回りよ、今は夜の何時か。」

『イザヤ書』二一章11節

注　記

この本で議論されている思想はいくつかの演習の過程で練りあげられたものである。それらは、最初は一九九八年一〇月にパリのコレージュ・アンテルナシオナル・デ・フィロゾフィーにおいてごく短く、つぎにはヴェローナ大学において一九九八―九九年度冬学期に、そして最後は一九九八年四月にノースウェスタン大学（エヴァンストン）と同年一〇月にカリフォルニア大学（バークリー）においておこなわれた。ここで公刊される本はこれらの演習の過程で漸次積み上げられてきたものの成果であり、必然的に、多くを演習に出席していた学生や講師たちとの会話に負っている。そのたびごとに一貫して堅持されているのは、形式の選択である。『ローマ人への手紙』の最初のくだりの一〇語の、逐語的かつあらゆる意味にわたっての、註解というのがそれである。

ギリシア語をラテン文字に転写するに際しては、アクセント――つねに閉口音表示に単純化されている――は多音節語にだけ（一音節語にかんしては、アクセントが最後の音節に来る場合にだけ）付されている。ともあれ、読者は付録において演習で分析されたくだりおよびそれらと直接関連するくだりの行間にイタリア語訳をはさんだギリシア語テクストを見いだすことができるだろう。ギリシア語テクストはエーベルハルト・ネストレによって編纂された校訂版〔初版は一八九八年〕（*Novum Testamentum graece et latine*, edited by Erwin Nestle and Kurt Aland, United Bible Societies, London 1962）である。行間にはさんだイタリア語訳については、数多くの修正をくわえて、A・ビガレッリのもの（*Nuovo Testamento, greco, latino, italiano*, San Paolo, Cinisello Balsamo 1998）とフランス語でのM・カレのもの（*Nouveau Testament interlinéaire Grec/Français*, Alliance Biblique universelle, Paris 1993）を利用した〔本訳書ではイタリア語訳の部分のみを訳出してある〕。

第一日　パウロス・ドゥーロス・クリストゥ・イエースゥ

〔パウロ、僕＝奴隷、救世主イエス〕

この演習の目的は、なによりもまずもって、パウロの「手紙」にそれらの有している西洋のメシア(救世主)信仰の基礎たる位置を取り戻させることにある。これは一見したところ、事新しく問うまでもなくすでに解決済みの課題のようでもある。パウロの「手紙」がメシア的性格をもっていることをあえてまじめに否定しようとする者など、だれもいないだろうから。ところがどうしてどうして、事実はどうかとみれば、問題はとても解決されたとはいえない状態にあるのだ。それというのも、キリスト教会の歴史と符合する、いまや二千年におよぶ伝統と註釈の実践は、パウロのテクストからメシアニズムを――そして「メシア」という言葉そのものを――文字どおり消し去ってきたからである。もっとも、このことが意味しているのは、メシアニズムを無害なものにしてしまおうとする自覚的な戦略のようなものがあったと考えなければならないということではない。たしかに、キリスト教の教会においても、ユダヤ教の会堂においても、時と方法こそさまざまであったが、疑いもなく、反メシア的傾向の動きはあった。しかし、問題はいまの場合、より本質的である。演習のなかで明らかにされるもろもろの理由からして、メシア的な制度──制度として立ち現れようとするメシア的な共同体──は、ひとつの逆説的な課題に直面することになる。かつてヤーコプ・ベルナイスが皮肉をこめて述べたことがあったように、「メシアに背を向けるのは容易なことではない」(Bernays, 257)。だが、メシアをたえず眼前にしつづけているのも、つまるところ、同様に容易ならざる結果をもたらしかねないのである。

どちらの場合にも、問題となるのは、メシア的時間の構造そのもの、それが含有している記憶と希望、過去と現在、充溢と欠如、起源と終末の特殊な結合方式にかかわるアポリアである。パウロのメッセージの理解可能性は、この時間の経験と全面的に合致している。そして、その経験がなくては、それは死文にとどまってしまう。したがって、パウロにそのメシア的コンテクストを取り戻させることは、わたしたちにとってはなによりもまず、かれが「今の時」(ho nyn kairós)と規定する時間の意味と内的形式を理解しようと試みることを意味することになるだろう。

この意味では、キリスト教の教会とユダヤ教の会堂とのあいだには、パウロを新しい宗教の創設者として提示しようとしたかぎりで、一種の密やかな連帯のようなものが存在していたということができるかもしれない。これは、時間の尽きる時がまもなくやってくるだろうと期待していたパウロが、およそ要求しようなどとはあらゆる証拠からして夢想だにしなかったはずの資格なのであった。この共犯関係の理由は明々白々である。重要なのは、どちらにとっても、パウロのユダヤ教精神を抹消すること、あるいは少なくともその色合いを曖昧なものにすること、つまりはパウロをかれ本来のメシア的コンテクストから追いやることであったのだ。

イエスにかかわるユダヤの文学のうちにイエスを好意的に提示しようとする傾向がかねてから存在しているのは、このためである。この傾向をヤーコプ・タウベスは揶揄して、イエスは「ア・ナイス・ガイ」なのだと評したことがある。あるいは、一九六七年のベン・ショリムの本のタイトルにあるように、『ブルーダー・イエズス(同胞イエス)』なのである。しかし、パウロのユダヤ的コンテクストについての真摯な再検証の取り組みがユダヤの学者たちによってなされるようになったのは、ごく近年のことである。W・D・デイヴィーズの『パウロと律法学者(ラビ)のユダヤ教精神』がパウロの信仰の実質的にユダヤ的・メシア的性格に強く注意を喚起した一九五〇年代においてもなお、この問題にかんするユダヤの学者たちの研究は、いまだマルティン・ブーバーの『信仰の二類型』にしっかりと支配されていた。このブーバーの書のテーゼは——「とても疑わしいが、そこからわたしは多くを学んだ」とタウベスは述べている(Taubes, 27)。ともあれ、この点については、あとで立ち戻る機会があるだろう——ユダヤ的エムナー(emunà)〔信〕、すなわち自らが所属する共同体への客観的で直接的な信頼と、ギリシア的ピスティス(pistis)〔信〕、すなわち自らがそこへと改宗する信仰を主観的に真の信仰であると認めることとを対置するところにある。ブーバーによれば、前者は「イエスの信仰」(Glauben Jesu)であり、後者は「イエスへの信仰」(Glauben an Jesus)である。そして、いうまでもなく、パウロの信仰は後者である。当然のことながら、当時からすれば事情は変わり、エルサレムにおいても、ベルリンや合衆国においても、ユダヤの学者たちはパウロの「手紙」をそれら本来のコンテクストにおいて読み始めているが、それでもなお、それらがまずもってそうであるところのもの、すなわち、ユダヤ的伝統のもっとも古い——そしてもっとも枢要な——メシア的論述であるとは、おそらくはまだみるにいたっていない。

ヤーコプ・タウベスを追悼して

こうした展望からすれば、ヤーコプ・タウベスの没後に出版された一書、『パウロの政治神学』(一九九三年)は——わずか一週間しか続かなかった演習に付きものの短さと不完全さにもかかわらず——、重要な一契機をなしている。タウベスは——かれはアシュケナージム〔東欧系のユダヤ人〕のラビの古い家系に属し、エルサレムでゲルショム・ショーレム(ショーレムのパウロとの関係は、のちに見るように、パウロをベンヤミンに結びつけていた関係と同じくらい込み入っている)といっしょに仕事をしていた——パウロのうちにメシアニズムのひとつの完璧な代表者を見てとっている。わたしたちの演習は、タウベスのハイデルベルクにおける演習から一一年後に、メシア的時間を歴史的時間のパラダイムとして解釈しようとするものであって、追悼の辞を捧げることなしに始めるわけにはいかないのである。

パウロの言語

パウロの「手紙」はギリシア語で書かれている。とはいえ、それはいったいどのギリシア語なのであろうか。神はあえて優美さに試練をあたえて、かくも堕落した言語を使うことを選ばれた、とかつてニーチェが記したような、新約聖書のギリシア語だったのか。新約聖書のギリシア語の概念用語集だけでなく、辞書や文法書もまた、教会正典を構成しているテクスト群をそれがまったく等質なものとして存在したものであったかのようにあつかっている。いうまでもなく、このことは思考の次元においても言語の次元においても真実ではない。パウロのギリシア語は、マタイやマルコのそれのように、マルセル・ジョスエのような鋭い耳をもつ人なら、その背後にアラム語のリズムと息遣いを聴き取ることができるかもしれないような翻訳語ではだんじてない。ヴィラモーヴィッツの反ニーチェ主義にも、パウロのギリシア語に独自の創作語としての性格があることの認知を要求しているかぎりにおいて、一面では理があるといえよう。「このかれのギリシア語は、学派とも、なんらかのモデルとも、いっさいの関係を有しておらず、直接かれの心から、ぎこちなく性急に吐き出されたものであるということ、しかしまたそれは歴としたギリシア語であって(イエスの言葉のように)アラム語から翻訳されたものではないということ、これらすべては、かれをしてヘレニズムの古典作家のひとりたらしめるものである」(Wilamowitz, 159)。

しかしまた、「ヘレニズムの古典作家」とは、ことのほか不幸な定義である。タウベスの報告している逸話は、この点で啓発的である。戦争中のある日、チューリヒで、タウベスはエミール・シュタイガーと散歩をしていた。シュタイガーは、最良のギリシア学者でもあった著名なゲルマニストである(この人物はメーリケのある詩歌の解釈をめぐってハイデッガーと興味深い往復書簡を交わしたこともある)。「レーミシュトラッセを、大学から湖に向かっていっしょに歩いていった。そして、ベルヴェデーレまで来たところでかれは引き返し、わたしはエンゲのユダヤ地区までそのまま進んでいこうとしていた。そのときかれはわたしに言った。「そうそうタウベス、きのう使徒パウロの手紙を読んだよ」。それから深い諦念とともに、こう付け加えた。「でも、あれはギリシア語じゃない。イディッシュ語なんだよね」。これに答えて、わたしは言った。「たしかに、教授、だからこそ、わたしにはわかるんですよ」」(Taubes, 22)。パウロが属しているのはユダヤ共同体、それもまさしくセファルディム〔イベリア半島に移り住んだユダヤ人〕がラディン語(あるいはユダヤ系スペイン語)で話すようになり、アシュケナージムがイディッシュ語で話すようになるのと同じように、ギリシア語で(ユダヤ系ギリシア語で)考え話しているディアスポラのユダヤ共同体なのである。それは、パウロが必要とするたびごとにそうするように(もっとも、時としてかれは、原文に修正をほどこした版、あるいは今日であれば自由解釈版といってもよいだろうような版を使っているようにみえるにしても)、聖書を七十人訳で読み引用する共同体である。ここは、このユダヤ系ギリシア共同体について語る場所ではないが、それは――パウロが役割を演じていた状況ともたしかに無関係ではないもろもろの理由からして――ユダヤ教の歴史においてとりわけ闇に包まれたままになっているということは言っておかなければならない。少なくともシェストフの書物の出版(一九三八年)以来――同書をベンヤミンは「驚嘆に値するけれども、絶対に無益である」と定義している(Benjamin 1966, 803)――、「アテネとエルサレム」、ギリシア文化とユダヤ教を対立的にみるというのは常識となってしまった。とりわけ、どちらもよく理解しないでいる者たちのあいだではそうである。この常識にしたがえば、パウロが属していた共同体には(この共同体はアレクサンドリアのフィロンとヨセフス・フラウィウスを産み出しただけでなく、ほかにも早晩同じく研究する必要のある多くのことがらを産み出してきたのであった)、それがギリシア文化にどっぷり浸かり、聖書をアリストテレスとプラトンの言語で読んでいたという理由で、不審の目を向けなければならないということになりかねない。とすれば、それはまさしくこう言っているに等しいかのようだ。ユダヤ系スペイン人は、ゴンゴラを読み、聖書をラディン語に翻訳してきたから、信用してはならず、東方ユダヤ系ユダヤ教徒は、ある種の疑似ドイツ語を話すから、信頼が置けない、と。しかし、亡命先の言語に住みつき、それに内側から働きかけ、ついにはその同一性に混淆を生じさせて、文法語とは別のもの、すなわちマイナー言語ないしジャーゴンにしてしまうか(カフカがイディッシュ語をそう称したように)あるいは詩的言語にしてしまう(カイロの会堂のゲニザー〔書庫〕で発掘されたイェフダ・ハレヴィとモーシェ・イブン・エズラのユダヤ系アンダルシーア語のハルゲー[†]におけるように)、それでも、ともかく母語であることに変わりはないということほど、純粋にユダヤ的なるものはないのである。たとえ、それが証言しているものが、厳密には、ローゼンツヴァイクの言葉を借りるならば、「ユダヤ人の言語生活が感知されるのは、つねに異邦の地においてであるという事実であり、かれはかれの真の言語的祖国は別のところに、つまり、日常の言論活動には接近不可能な、聖なる言語の領域のうちにあることを知っているという事実である」(Rosenzweig, 323)にしても。(ショーレムがローゼンツヴァイクに宛てた一九二六年一二月の書簡は、ショーレムが、言語を日常的に話している者たちにたいして、直接預言的な調子で、それのもつ宗教的な潜勢力を描写しようとした、めずらしいテクストのひとつであるとともに、こうして使用言語としてのヘブライ語を拒否してみせた、もっとも強烈なドキュメントのひとつである)。

† またはハルガー。「出口」の意。アンダルシーア(イスラーム支配スペイン)で発展したアラビア語詩文の独特の締めくくりの仕方を指す用語。つまり、ハルゲーでは、古典的なアラビア語詩文を崩す形で、最後の部分のみ異なる言葉(ロマンス語や口語アラビア語)を用いる。この詩文の形式の流行を、スペインのユダヤ詩人たちの中で、イブン・ガビロールは採用することを拒んだ(?)が、イェフダ・ハレヴィやモーシェ・イブン・エズラらは取り入れて詩作した。(手島勲矢 記)

このような展望のもとでこそ、パウロとそのユダヤ系ギリシア共同体の言語を眺めてみる必要があるのであって、そのことはユダヤのディアスポラのなかにあって、一八世紀にいたるまでのセファルディム文化、および一九世紀と二〇世紀におけるアシュケナージム文化と同じくらい重要な一章を構成しているのである。そしてこれが、さきのシュタイガーの観察(「あれはギリシア語じゃない。イディッシュ語なんだよね」)の意味でもあれば、ノルデンが、その『古代芸術散文』という好著において、「パウロの文体は、世界的にみれば、ヘレニズム的ではない」(Norden, 509)が、しかしまた、それは本来のセム語系の色彩をも有してはいないと述べることによって表明しようとした留保の意味でもある。ギリシア語でもなければヘブライ語でもなく、ラショーン・ハコーデシュ(lašon hakodeš)〔聖なる言語。ヘブライ語のこと〕でもなければ俗語でもない——まさにこのことが、パウロの言語を興味深いものにしているのである(ここでは、なおもその言語のメシア的地位という問題を提起することはできないにしても)。

できることなら、あなたがたといっしょに、この非ギリシア人がものした「手紙」を、少なくともそのうちのひとつ、『ローマ人への手紙』のテクスト全体にわたって、それも一音節ごとに句切りながら、読んでいきたいところである。『ローマ人への手紙』は、これこそはパウロの思想、かれの福音のすぐれて証言的な要約なのだ。しかし、わたしたちにはその時間がない。また、いまは議論している場合ではないという理由からして、短い時間ということにかんして、残っている時間という時間の極端な短縮にかんして、断定的な発言をしておくしかない。時間の収縮、「残っているもの」(『コリント人への手紙 一』七章29節——「時は縮まっています。残りは、……」)は、パウロにとっては、すぐれてメシア的な状況であり、唯一の現実的な時間なのである、と。したがって、わたしの選択は、つぎのようなものとなろう。すなわち、『ローマ人への手紙』の最初の一小節のみを読むとともに、それを逐語的に翻訳し註釈するというものである。もし演習の最後で、この最初の一小節がなにを意味しているのかを、わたしたちが逐語的にすべての意味にわたって真に理解していたなら、わたしたちとしては満足であると断言しよう。これはつつましやかな課題であるが、ひとつの予備的な断定を前提にしたものではあるのだ。それというのも、わたしたちはこの最初の一小節を、まるでそれがテクストの全メッセージを、その一〇の言葉のうちに要約しているかのようにあつかうだろうからである。

当時の書簡の慣例にしたがって、パウロはかれの手紙を前口上でもって始めており、そのなかで自己を紹介し、名宛人を指名している。『ローマ人への手紙』の前置きが、長さと教義的内容とによって他のそれと区別されるということは、しばしば指摘されてきたところである。わたしたちの仮説は、さらに極端なものである。すなわち、それは書き出しのひとつひとつの言葉が、手紙のテクスト全体を、目も眩むような総括のかたちで(やがて見るように、「総括」というのはメシアニズムの基本用語のひとつである)自らのうちに縮約しており、このために書き出しを理解することはテクスト全体の理解を意味するだろうというものなのだ。

一〇の言葉

PAULOS DOULOS CHRISTOU IESOU, KLETOS APOSTOLOS APHORISMENOS EIS EUAGGELION THEOU.〔パウロス・ドゥーロス・クリストゥ・イエースゥ、クレートス・アフォーリスメノス・エイス・エウアゲリオン・テウ〕

カトリック教会が何世紀にもわたって使用してきたヒエロニュムスのラテン語訳は、この語をつぎのように訳している。

Paulus servus Jesu Christi, vocatus apostolus, segregatus in evangelium Dei.

現在流通しているタイプのイタリア語の字義どおりの翻訳では、つぎのようになっている。

Paolo servo di Gesù messia, chiamato apostolo, separato per il vangelo di Dio.

〔日本語の新共同訳では「神の福音のために選び分けられ、使徒として召されたキリスト・イエスの僕、パウロ」〕

予備的な文献学的考察をひとつ。わたしたちはパウロのテクストを近代語版で読む(わたしたちイタリアの場合には、ネストレ＝アーラントの校訂版がそれである——これは、エーベルハルト・ネストレによって一八九八年に出版された版の、最後は一九六二年に更新された改訂版であり、エラスムスの採用したテクスト(Textus receptus)を放棄して、一八六九年のティッシェンドルフ版と一八八一年のウェストコット＝ホール版の比較対照を基にしている)。手写本の伝統と較べて、これらの近代語版は、必然的に、いくつかの意味論上の選択を前提にした、たとえば句切り方のような、新しい表記上の約束事をしばしば導き入れている。こうして、わたしたちの一小節の場合には、Iēsou〔イエス〕の後の読点は統語論上の句切りを含意していて、doulos〔僕〕を klētós〔召された〕から分離し、後者を apóstolos〔使徒〕に関連させているということになる(「召されて使徒となった救世主イエスの僕」)。しかしまた、これとは別の句切り方を選択し、Paulos doulos christoú Iēsoú klētós, apóstolos aphōrisménos eis euaggélion theoú(「救世主イエスの僕として召され、神の福音を告げるための使徒として選び分かたれたパウロ」)と読むことをさまたげるものはなにもない。こちらのほうが、とりわけパウロ自身が明言しているところ(『コリント人への手紙 一』一五章9節)、すなわち、「わたしは、……使徒と呼ばれる値打ちのない者です」(ouk eimi hikanós kaleísthai apóstolos)という発言とよりよく合致するのではないだろうか。ただ、いまのところは二つの句切り方のうちの一方に与することはしないで、問題の一小節は、統語論上の観点からは、絶対的に並列的な単一の名詞連接として立ち現れており、「僕」「召命」「使徒」「分離」という強勢にしたがって、一息で発音されるものだということを忘れないでおくことにしよう。

パウロス

パウロスという名をローマ名でいうとプレノーメン（praenomen）〔第一名〕ないしコグノーメン（cognomen）〔姓〕とみなすべきなのか、あるいはむしろシグヌム（signum）かスペルノーメン（supernomen）（つまりは渾名）とみなすべきなのかという点についての、また「ベニヤミン族の血筋を引くことをきわだたせる、サウロという誇り高き聖書＝パレスチナ名をもっていた若きユダヤ人が、このかくも尋常でないラテン語の通称を受けとるにいたった」（Hengel, 47）理由についての、尽きることのない議論は省略する。それにしても、なぜパウロは、なんらの根拠もない推測によればカイウス・ユリウス・パウルスであったという、かれの姓名の全体をけっして語ろうとしないのか。また、かれのローマ名とユダヤ名サウロ（七十人訳ではSaoulまたはSaoulosと書かれていて、Saulosとはなっていない）とのあいだには、どのような関係があるのか。これらや他の類似する諸問題は『使徒言行録』の一節（一三章9節）に由来するものであって、そこにはSaulos ho kai Paulosとある（ho kai はラテン語の qui et に該当するギリシア語で「……とも呼ばれる」という意味であり、一般に渾名を導入する役割を担う）。

一般的にパウロのテクスト全体についてもそうであるが、この場合におけるわたしの方法論上の選択は(これは最小限の文献学上の予備的注意でもある)、他の新約聖書のテクストも含めて、のちの時代に典拠をもつ資料については考慮しないというものである。パウロは、かれの手紙のなかで、自分自身のことをつねにパウロスとのみ名指している。これがすべてであって、ほかに付け加えるべきことはなにもない。もしこれ以上のことを知りたいとおもわれるなら、ヘルマン・デッサウの古い研究か(一九一〇年)、あるいはもう少し新しい——しかし、疑問点を払拭したものとはなんらなっていない——ギュスターヴ・アドルフス・ハラーの研究(一九四〇年)に拠ることを勧めておく。しかし、そこに見いだされることがらの多くは、パウロの職業やガマリエルのもとでのかれの研究等々にかんするあらゆる思弁についても同様であるように、たんに噂話であるにすぎない。噂話だから興味がないというのではない。それどころか、それは真実とのあいだにけっしてなおざりにはできない関係を取り結んでいて、検証と反証の問題をすりぬけ、事実的適合よりもいっそう深く真実に接近していると主張していることからして、噂話はたしかにひとつの芸術形式である。噂話の認識論的ステータスの特異性は、それが誤謬の可能性を予想しており、真理の定義について先行判断をくだすことはまったくしないということにある。それゆえ、賢明な噂話は、その検証可能性とは独立にわたしたちの興味をひくのである。しかし、噂話を情報としてあつかうのは、じつに許しがたい無教養ぶり(apaideusiá)というほかない。

噂話の上手な使い方について

作者や他の人物の現実の戸籍情報を直接にあるテクストから引き出すことは許されないということは、そうであるからといって、テクストそのもの、あるいは作者や他の人物、ないしはかれらの名前がテクストの内部にあって展開している機能をよりよく理解するために有益な手がかりをそこから探り出すことができないということを意味しない。——すなわち、噂話の上手な使い方ができないということを意味するものではない。この点からすれば、『使徒言行録』の作者がそれまでサウロスと呼んでいた人物の名前を突然パウロスに変更しているのは、意味のないことではありえない。文学テクストの場合には、作者までもが叙述の過程でその身元を変更するということが、しばしば起きる。たとえば、『薔薇物語』の作者であると想定されているギヨーム・ド・ロリスが、さほど名前の知られていないジャン・ド・メウンという人物に場所を譲るとか、ミグエル・デ・セルバンテスが、ある時点にいたって、書いている小説の真の作者はかれではなくて、シド・ハメト・ベン＝エンヘリなどという人物であると宣言するといったように(後者の場合には、ベン＝エンヘリとは「牡鹿の子」を意味するアラビア語の転写であることが、のちに明らかになる。これは、ユダヤないしはモレスコの家系の者を識別していた「血の明澄さ」(limpieza de sangre)にかかわる掟に照らして、作者の出生があまり明確でないことを暗に皮肉たっぷりに示唆しようとしたものではないかとおもわれる)。

ユダヤ教の分野では、メタノマシア、すなわち、ある人物の名前の変更の原型は、『創世記』一七章5節にみられる。そこでは、神自らが介入してアブラハムとサラの名前を変更し、両者に一文字ずつ付け加えている。この問題には、フィロンが『名前の変更について』という論考のまるまる一篇を捧げており、そのなかでアブラハムとサラのエピソードについて長々と註釈している(フィロンの『創世記における問題と解決』のうちの二篇も、同じ問題に捧げられている)。アブラハムに、ただ一文字をあたえるために、神がわざわざ労をとっているという事実を嘲笑していた者たちにたいして、フィロンはこの一見したところごく些細な付加が、事実上は名前全体の意味――そして、これとともに、アブラハムの人格全体を変えるものであることに注意をうながしている。また、サラという名前にrhoの一文字が付加された点にかんしては、こう書いている。「一文字のたんなる付加にみえるものが、じっさいには新しい調和を産み出す。それは、小さなものに代えて大きなものを産み出す。個別的なものに代えて普遍的なものを産み出す。死すべきものに代えて不死のものを産み出す」(Filon, 124-25)。

この論考が、使徒の名前についての最近の文献において言及すらされていないというのは(オリゲネスの註解においても、エラスムスの註解においても引用されていたにもかかわらず)、ジョルジョ・パスクワーリが「教授の結膜炎」(わたしたちの場合には、「神学教授の」ということになるが)と呼びならわしていたことがらの格好の一例である。サウロ(Saulos)もまた、かれの名前のほんの一語のみを変えることによって、すなわち、シグマ(Saulos)にピ(Paulos)を取って代えることによって、ヘレニズム化したユダヤ教によく通じていた『使徒言行録』の作者によれば、その変化に対応して「新しい調和」を想起しうるものであったのだ。じじつ、サウロスというのは王家の名前であって、それをたずさえている者は、美しさにおいてのみならず、大きさにおいても、他のあらゆるイスラエル人を凌いでいるのであった(『サムエル記 上』九章2節)(コーランでは、このためにサウルは「大いなる者」(Talut)といわれている)。したがって、シグマをピでもって置き換えることは、王家から賤民への移行、大きなものから小さなものへの移行以外のなにものをも意味していないのである——ラテン語でのパウルス(paulus)は「小さい、取るに足らない」の意味である。そして、『コリント人への手紙 一』一五章9節において、パウロは自分自身を「使徒たちのなかでもいちばん小さな者(eláchistos)」と定義しているのであった。

したがって、パウロというのは、使徒がメシア的な召命を十全に引き受ける瞬間にあたえられるメシア的な渾名であり、シグヌムなのである(シグヌムはスペルノーメンに等しい)。ho kai〔……と呼ばれる〕という定式は、パウロというのが渾名であってコグノーメン〔姓〕ではないという事実にかんして、なんらの疑いも残していない。そして、ローマ帝国における渾名についてのランベルツの研究ののちにもなお、その逆のことが支持されうるというのは、信じがたいことでもある。エジプトから小アジア全域にまでひろまっていた慣行によれば、ho kai は通例渾名を導き入れる。ランベルツの記録している事例のなかには ho kai Paulos〔パウロと呼ばれる〕という例も出てくる。そしてこれをランベルツは使徒の名前にかんする例証と考えている。ただし、おそらく、それが暗々裡に卑賤のおこないを含意するということを復唱しているにすぎないようではあるにしてもである(Lambertz 1914, 152)。固有名詞の研究者たちが以前から注意を喚起してきたところであるが、ローマの三称列記方式が徐々に近代の単称方式に場を譲りはじめるようになると、それまでは通り名、それもしばしば短縮形や蔑称のかたちをとっていた新しい名前の多くが、人間は神の被造物だとするキリスト教の謙遜要求の効果もあって、いまや固有名として採用されるにいたったのであった。ラテンの氏族名から新しいキリスト教徒の固有名への移行の過程が歴然と記録されている、そのような渾名の一覧がつぎにある。

ヤンナリウス、別名アセッリウス
ルキウス、別名ポルケルス
イルデブランドゥス、別名ペコラ
マンリウス、別名ロングス
アエミリア・マウラ、別名ミニマ

……………………

したがって、Saulos qui et Paulos〔サウロ、パウロと呼ばれる〕は、長い系譜をもつことになったにちがいない固有名詞上の預言を内包しているわけである。メタノマシアは、メシアの日には弱くてほとんど取るに足らない者——いってみれば、存在しない者——のほうが、強くて重要であると世間がみなしている者に優位するという、使徒によって明言された、いっさいの妥協を許さないメシア的原理を実現する(『コリント人への手紙 二』一章27-28節——「力ある者に恥をかかせるため、神は世の弱い者を選んだのであり、地位や財産のある者を破滅させるため、神は世の身分の卑しい者や見下げられている者、無に等しい者を選んだのです」)。メシア的なものは、本来の名前をそれの携帯者から切り離すのであり、それ以後は名前の携帯者は非本来的な名前、通り名しかもつことがのできない。パウロ以後、わたしたちの名前はすべてシグヌム〔渾名〕でしかないのだ。

メタノマシアの有するこのようなメシア的意義についてのひとつの確認は、わたしたちが註釈しつつある一小節のうちにも見いだすことができる。ここではパウロという名前は、直接ドゥーロス〔下僕＝奴隷〕に接近させられている。下僕＝奴隷は、古典世界においては、法律上の人格をもたなかったので、真の名前すらもたなかったのであり、主人によって思いのままに名指されていた。そして、かれらはしばしば、取得された瞬間に新しい名前を受けとっていた（Lambertz 1906–08, 19）。プラトンは、この習慣にそれとなく言及して、「わたしたちは、わたしたちの奴隷の名前を変更するが、取り替えられた名前が取り替えられる前の名前よりも正しくないということにはならない」（『クラテュロス』384d）と書いている。また、フィロストラトスが語っているところによれば、アッティカのヘロデは、かれの息子が奴隷の名前を呼びながらアルファベットを覚えることができるようにと、奴隷たちにアルファベットの二四文字をあたえていたという。これら奴隷たちの、名前とはいえないような、たんなるシグヌム〔記号＝渾名〕のうちに、わたしたちはしばしば、地理的出自を指示した名前にくわえて、ミコス（miccos）、ミクロス（micros）、ミクリーネ（micrine）（小さい、ちび）といったタイプやロングス（longus）、ロンギーヌス（longinus）、メゲロス（megellos）（背が高い、のっぽ）といったタイプの身体的特徴を記述した通り名を見いだす。使徒は、召命によって自由人から「メシアの僕」に定められた瞬間に、奴隷と同様、かれの名前を失って——それがローマ名であろうとユダヤ名であろうと——、たんなる通り名で呼ばれなければならないのである。このことを、アウグスティヌスは敏感にも取り逃がさなかったのであって、かれは――パウロという名前はその人物によって改宗させられたプロコンスルの名前に由来するのではないかという、近代人によっても繰り返されているヒエロニュムスの見当はずれの示唆に反対して――パウロという語がたんに「小さい」を意味するにすぎないことを完全に知っているのである(「パウロとはもっとも小さなもののことである」『詩篇講解』72. 4)。噂話としては、これで十分だろう。

＊ある特定のテクストをめぐってその後に起こるすべてのことがらを無視するという方法論上の予備的注意は、ほんとうには遵守しえない。教養ある読者の精神は辞書にたとえることができる。それもある用語のすべての意味をそれが最初に出現したときから今日にいたるまで保持している歴史的辞書にである。歴史的存在は(まさしく言語がそうであるように)、その歴史の全体を(ベンヤミンが言うように、その前史と後史を)つねに自らのうちにモナドのように閉じこめている。それゆえ――ここで可能なかぎり最大限の注意をはらっておこなうように――、ある用語の、一定の時点以後に成り立った意味を考慮しないでおこうと試みることはできるが、ある言葉の意味論的歴史の後続する諸契機を完全に差別したままにしておくことは、つねに好ましいというわけではない。とりわけ、パウロのテクストの場合がそうであるように、この歴史が西欧文化全体の歴史、そのいくつかの決定的な断絶およびその連続性と符合している場合にはそうである。しかし、新約聖書の解釈が、その伝統およびその翻訳の歴史と切り離しがたく結びついているのであってみれば、さきほどの予備的注意はそれだけいっそう必要となる。じじつ、幾世紀にもわたる神学上の議論の結果、後代になってもたらされた意味が用語辞典に頻繁に迎え入れられ、無批判にテクストに投影されている。パウロについての(新約聖書全体についてので

はない）専門的な用語辞典は、なおもこれから達成される必要のある、ひとつの課題でありつづけている。わたしたちの演習を、この方向における最初の部分的な貢献とみなしていただければとおもう。

前記の予備的注意は、多くの対立の的となってきた『使徒言行録』のようなテクストの歴史的価値にかんして、なんらの判断をも含意するものではない。その注意が妥当するのは、ここまで見てきたような意味においてであり、文献学的および概念的秩序にかかわる一般的注意としてである。ルカのテクストにおいて、歴史的価値をもつものと聖者伝的構築物であるようなものとをふるい分けること（たとえば、『使徒言行録』二章３節で語られている「炎のような分かれた舌」が、歴史的出来事であるのかないのかといったような）は、わたしたちの力を超えた課題である。

僕＝奴隷

パウロにおいて、ドゥーロス、すなわち、「僕」または「奴隷」という語がどれほど重要な意味をもっていたかは、その頻出度によって確証される。それは『ローマ人への手紙』中に四七回も出てくるのだ。新約聖書全体で一二七回出てくるうちの三分の一以上である。そして、かれがここでローマ人に自己紹介するにあたって選択しているのは（『フィリピ人への手紙』一章１節や『テトスへの手紙』一章１節においても同様であるが）、使徒としてよりもまずもっては奴隷としての身分なのである。しかし、「救世主の奴隷」であるということは、なにを意味しているのか。この語の意味論的歴史をたどるなかで、新約聖書の辞典編纂者たちは、ドゥーロスが古典世界においてもっていた主として法律的な意味——そこでは、それはドミヌス＝デスポテース（dominus-despótēs）〔主人〕の権力に従属させられた存在としてあつかわれている（奴隷が主人のオイコス（oikos）〔家〕に所属するという一般的関係を強調したいとおもったときには、ギリシア人はオイケテース（oikétēs）〔家僕〕という語を使っていた）——を、これに対応するヘブライ語のエベド（ʽebed）〔奴隷〕が——アラビア語の ʽabd もそうであるように——セム世界において獲得しうる明確に宗教的な意味に対置させるのを常としている。この対置のさせ方は、パウロにおける特異な用法を理解するためには有益ではない。パウロの用法は、世俗の法律的状態を指し示すと同時に、それがメシア的出来事との関係をつうじてこうむる変容をも指し示しているのである。

この用語が法律的な意味で受けとられていることは、ドゥーロス〔奴隷〕がエレウテロス（eleútheros）〔自由人〕に対置されており、ユダヤ人とギリシア人の対立のあとに続いて登場しているくだりにおいて明瞭である（『コリント人への手紙 一』一二章13節——「わたしたちは、ユダヤ人であろうとギリシア人であろうと、奴隷であろうと自由人であろうと、みな一つの体となるために洗礼（バプテスマ）を受け、みな一つの霊をのませてもらったのです」。『ガラテヤ人への手紙』三章28節および『コロサイ人への手紙』三章11節をも参照のこと）。ここでパウロは、同時に人格の二つの基本的分割をも想起している。まずはユダヤの律法によるもの（ユダヤ人—ゴイーム（gojim）〔非ユダヤ人〕）。これは『コロサイ人への手紙』三章11節において「割礼—無割礼」というかたちで繰り返されている）、ついではローマ法によるものである。じじつ、『学説彙纂』の第一巻には、「人間の地位について」という項目に、「人格の権利の至上の分割は、万人が自由人であるか奴隷であるかということである」(summa...de iure personarum divisio haec est, quod omnes aut liberi sunt aut servi)とある。

ドゥーロス〔奴隷〕がパウロにおいて専門的な意味を獲得するのは〔「救世主の奴隷」とか、あるいは『フィレモンへの手紙』16節のほとんどジャーゴンめいたヒュペル・ドゥーロン(hypér doulon)〔超奴隷、奴隷以上のもの〕におけるように〕、かれがそれを律法上の分割が――そしてより一般的にはいっさいの法律的および社会的状態が――メシア的出来事の結果としてこうむる中立化を表明するために用いているからである。語のこの用法を理解するための決定的なくだりは、『コリント人への手紙 一』七章20–22節である。「おのおの自分がそれによって召された召命のうちにとどまっていなさい。奴隷として召されたのですか。そのことを気にしてはいけません。しかし、もし自由の身になることができるとしても、むしろそれを〔奴隷として召されたときの状態を〕使いなさい。なぜなら、主によって召された奴隷は、主の解放奴隷だからです。同じように、自由人も、召された者は救世主の奴隷なのです」。このくだりについてはクレートス(klētós)〔召される〕とクレーシス(klēsis)〔召命＝職業〕という語の解釈のために長々と註釈しなければならないので、これ以上の分析はその折に回すことにする。いまはただ、「救世主の奴隷」という連接句が、パウロにとってすべての法律的状態の特別の変容の(それゆえに廃止されるのではない)始まりをなす新しいメシア的状態を定義するものであるということ、このことを先取りしておくことができるばかりである。さらに、『コリント人への手紙 一』七章22節との比較は――そのくだりがカレオー(kaléō)〔召す〕という動詞群とドゥーロス〔僕＝奴隷〕という語とのあいだにうち立てている強い連関とともに――

わたしたちの最初の導入箇所についての「救世主イエスの僕として召され、神の福音を告げるための使徒として選び分かたれたパウロ」という別の句切り方を示唆しているということを述べておこう。問題の一小節を構成している一〇語のまさしく中心にあるクレートス〔召される〕という語は、一種の概念上の中軸をなしていて、前者の目標（「自由人であった者がいまや救世主の奴隷となる」）にも後者の目標（「使徒として召されるに値しなかった者が使徒として選び分かたれるようになる」）にも差し向けることができるのである。いずれにしても、メシア的召命こそは、人類の歴史においてと同様、パウロの個人史においての中心的な出来事なのだ。

＊タルムードとローマ法典　ローマ法とユダヤの律法との関係、および両者にたいするパウロの立場にかんする研究は、なおも一般に不十分であり、とりわけ今後の進展が期待される分野である（ユダヤの律法およびローマ法と、イエスとの関係については、アラン・ワトソンの著書、とくに『イエスと法』および『古代法と近代的理解』のうちにいくつかの興味深い糸口が存在する。これにたいして、ボアズ・コーエンの『ユダヤとローマ法』はあまり有益ではない。パウロとユダヤの律法との関係については、ピーター・トムソンの『パウロとユダヤ法』が、パウロのテクストのうちになにがなんでもハラハー[†]を発見することに懸命になっている——当然ながらそれなりの理由がないわけではない——研究者たちのあいだでの現在の方向転換をよく証し立てている）。ともあれ、まさにここにおいて、古典世界とユダヤ教とを性急に対立させるのは不適切であることが明らかになる。ミシュナーとタルムードは、一見したところ、その形式的構造においては、西欧文化全体のうちのなにものにも絶対に同化させられえないようにみえる。しかし、ローマ法の歴史に疎くない読者であれば、逆にローマ法のうちに、ユダ

ヤの律法の編纂群に形式的にはほとんど見分けがつかないほどまでに類似した基本的著作が存在することにすぐさま気づくはずである。『学説彙纂』がそれである。「ローマ法典」のうちの、ユスティニアヌスが偉大なローマの法学者たちの見解を集めさせた書である。ここでは、さまざまな問題にかんするそれぞれの時代の法学者たちの見解が、逐一、それもしばしば活発な対立を呈しつつ、まさにミシュナーとタルムードがシャマイ家のラビたちとヒレル家のラビたちの見解を列挙しているのと同様の仕方で報告されている。以下のくだりで、ローマ人の名前をユダヤ人の名前に代えてみるだけで、この形式上の類似性をあらゆる疑いをこえて検証するに十分だろう。「ウルピアヌスはサビヌスへの書の第二〇巻で、ある人が貯蔵食糧を遺贈したとするとき、この遺贈物にはなにが含まれるか見てみようと提題している。クィントゥス・ムキウスは『市民法』の第二巻で、飲んだり食べたりできるすべてのものが遺贈物に含まれると言っている。サビヌスはヴィテリウスへの書のなかで同じことを書いている。家長もしくはその妻あるいは子供たちの使用に供するために家のなかに見いだされるすべてのもの、および近隣にあるすべてのもの、たとえば主人の使用に供するための牛馬、と。だが、アリストネスは、遺贈物には飲食に供するのではないもの、たとえばわたしたちが通常食物を食するときに添えるもの、油、魚醬、蜂蜜のたぐいまでもが含まれると考察している。しかしながら、ラベオネスはかれの没後著作集第九巻で、食用のものが遺贈されるのならば、わたしたちが食するのはこれらのものではなくてこれらを介した他のものなのであるから、これらのいずれも遺贈物に含まれないと主張している。蜂蜜の場合にかんしては、トレバツィウスは反対の主張をしている。わたしたちは通常蜂蜜を食しているというのである。だが、プロクロスは、正当にも、遺言者の意図がそれらを除外しようとしていないかぎり、これらのもののすべてが遺贈物に含まれると書いている。かれが食用に供すべきものとして遺贈したのは、わたしたちが通常食しているものだけなのか、それとも、わたしたちが通常食するさいに添えるものも含まれるのか。これらも、家長の意向がべつにあるようにみえないかぎり、含まれると考えられるべきであろう。たしかに蜂蜜は貯蔵食物とみなされるべきである。また、ラベオネスとて、魚もまた、魚醤とともに、はいっていることを否定はしていないのである」(『学説彙纂』33, 9)。「ローマ法典」とタルムードは同時代のものであるだけに、その類似性は注目に値する(両者ともキリスト紀元六世紀半ばまでさかのぼる)。

† ユダヤ教の「法規」の意。六一三の聖書の命令をユダヤ教はモーセ五書(創世記、出エジプト記、レビ記、民数記、申命記)の中に認める。そして、ラビたちは、その命令を実行するための細則をテクスト解釈や伝承に従って定めている。その実行に要する法規がハラハーであり、ある研究者たちは新約聖書に記されているパウロの行動のいくつかもユダヤ教のハラハーに従った結果であると説明する。　(手島勲矢　記)

キリスト・イエス

わたしたちの一小節の現在おこなわれている版を読んでみるなら、すでにウルガータ訳から始まって、いくつかのギリシア語は翻訳されず、そのまま借用語として置き換えられているにすぎないことに気づかないわけにいかない。〔使徒を意味する〕apóstolos には apostolus を、〔福音、あるいは善き訪れを意味する〕euaggélion には evangelium を、そしてなによりも Christós〔キリスト〕には Christus を。ところで、パウロのテクストのいっさいの読解、およびあらゆる新しい翻訳は、クリストス(christós)が固有名ではなくて、すでに七十人訳において、「油を塗られた者」つまりは救世主を意味するヘブライ語のマシアー(mašiah)〔メシア〕をそのままギリシア語に翻訳したものであるということに注意することから出発しなければならない。パウロが知っているのはイエス・キリストという名前の人物ではなくて、救世主のイエス、あるいはこれと区別することなくこうも書いているようにイエスという救世主なのだ。それと同様に、かれはけっしてクリスティアノス(christianós)〔キリスト者・キリスト教徒〕という語を使っていない。しかし、もしその語を知っていたとしても(『使徒言行録』一一章26節が暗に示唆しているように)、それはかれにとってはなによりも救世主＝メシアの信奉者という意味においての「メシア信徒」以外のことを意味しえなかったであろう。以上の注意書きは言わずもがなのことである。このことには、だれも異を唱えることができないだろうからである。とはいえ、些細なことではない。何千年にもおよぶ習性は、クリストス(christós)という言葉を翻訳しないままにしてきたことによって、ついにはパウロのテクストから「メシア」という語を消滅させる結果となってしまったからである。『ローマ人への手紙』一五章19節の「エウアゲリオン・トゥ・クリストゥ(euaggélion tou christoû)〔キリストの福音〕」はメシアの到来の善き知らせなのであり、また『ヨハネによる福音書』二〇章31節と『使徒言行録』九章22節においてパウロがそれに自らを差し向けている共同体のメシア信仰を表明したものにほかならない「イエースゥス・エスティン・ホ・クリストス(Iēsoûs estin ho christós)〔イエスがキリスト(救世主)である〕」という定式は、クリストス(christós)が固有名であるとしたならば、意味をもたないことになってしまうだろう。近代の神学者たちがおこなっているように、イエスと使徒たちの「メシア意識」について語ることは、もしもつぎにイエスと使徒たちがクリストス

(christós)を固有名として理解していたと想定するならば、筋の通らないものである。パウロにおけるキリスト論は——パウロにおいてキリスト論ということが語りうるとして——、全面的にメシアの理説と一致するのである。

それゆえ、わたしたちはつねに「クリストス(christós)」を「メシア(救世主)」と訳すことにする。そして、その結果、「キリスト」という語がわたしたちの翻訳において一度も姿を現すことがなくなっても、このことはなんらかの論争的意図を含意したものでもなければ、パウロのテクストをユダヤ化して読もうとするものでもないのであって、あらゆる翻訳者が——出版許可のあるなしにかかわらず——遵守しなければならない初歩的な文献学上の配慮を意味しているにすぎない。

固有名

クリストス・イエースゥス(Christós Iēsoús)——あるいはイエースゥス・クリストス(Iēsoús Christós)——という連接句は〔「キリスト・イエス」あるいは「イエス・キリスト」という〕単一の固有名を構成しているという、近代の註解のうちに見いだされるのがめずらしくない主張には、明らかになんらの文献学的根拠もない。大文字で始まるクリストス(Christós)と普通名詞の呼称としてのクリストス(christós)との区別は、近代の編纂者たちによって導入されたものである。もっと古い時代の手写本は、大文字と小文字を区別していないばかりか、クリストス(christós)を——テオス(theós)〔神〕、キュリオス(kýrios)〔主〕、プネウマ(pneuma)〔霊〕、イエースゥス(Iēsoús)〔イエス〕等々の他の聖なる名前もそうであるように――省略形で書いている(それの起源は、トラウベによれば、神名四文字を発音することをユダヤ教では禁じていたことにまでさかのぼるという)。ところが、ネストレ＝アーラント版の序言には、「クリストス(christós)は、それがメシアの「公式表示」(Amstbezeichnung)であるところ(たとえば『マタイによる福音書』一六章16節)では小文字で書かれ、その逆に、明らかに固有名に転化してしまっているとき(たとえば『ガラテヤ人への手紙』三章24-29節)には大文字で書かれるだろう」とある。そして、このもっとも初歩的な文献学的配慮の、多かれ少なかれ意識的な逸脱にあっては、問題のすべては、明らかにこの証拠が「いつの場合」のものかということに尽きる。だが、たしかに、クリストス(christós)という語がなにを意味するのかを完全に知っている福音書記者たち(「わたしたちはクリストス(christós)を意味するメシアに出会った」『ヨハネによる福音書』一章41節)にとっても、オリゲネス(「キリストという称号を(tēn christós prosēgorían)」『ヨハネ福音書註解』I, 191)からユスティヌスにいたるまでの初期教父たちにとっても、それはそのようなものではなかったのである(そうでなかったなら、ユスティヌスはユダヤ人のトリュフォンに「わたしたちはみな、キリストを待っています」と言うことはなかっただろう)。

パウロのテクストにおいて、冠詞を添えたホ・クリストス(ho christós)と冠詞なしのクリストス(christós)とを区別するのも、同じく意味がない。これとまったく似た仕方で、パウロはノモス(nomos)〔法〕を冠詞つきと冠詞なしの両方で書いているが、だからといって、冠詞つきのノモスがかれにとって固有名に転化したわけではさらさらないのである。反対に、パウロのテクストを形式的に分析してみれば、クリストスは普通名詞でしかありえないことが明らかになる。じっさいにも、パウロはけっして（意味の異なる二つの普通名詞をひとつに結合して）「キュリオス・クリストス（kýrios christós）」〔主である救世主〕とは書いておらず、つねに「キュリオス・イエースゥス・クリストス（kýrios Iēsoús christós）」〔主である救世主イエス〕、「キュリオス・イエースゥス（kýrios Iēsoús）」〔主であるイエス〕、「クリストス・イエースゥス・キュリオス・エーモン（christós Iēsoús kýrios emṓn）」〔主である救世主イエス〕と書いている（Coppens, 133）。一般的にいって、いかなる著者にも、かれが生きている言語的コンテクストにおいて広く使用されている語を固有名に転化させる権限はないということを、けっして忘れてはならないだろう。ユダヤ教徒にとってメシアという語がそうであったように、それが基本的概念である場合には、なおのことである。したがって、パウロのテクストにおいて、語がその旧約聖書的意味を保持しているくだりを識別しようというような問題は、徹頭徹尾、似而非問題なのだ。パウロは明らかに、旧約聖書と新約聖書を、わたしたちがおこなっているように、つまりは二つのテクスト総体として、対立させることができなかっただけではない。かれが語っているカイネー・ディアテーケー（kainḗ diathḗkē）〔新しい契約〕は、それ自体が旧約聖書の引用（『エレミヤ書』三一章31節）なのであって、まさしくトーラー（律法）のメシア的成就を意味しているのである（パライア・ディアテーケー（palaiá diathḗkē）〔古い契約〕は「救世主において取り除かれるものだからです」『コリント人への手紙 二』三章14節）。

したがって、わたしたちが『ローマ人への手紙』の現代の註釈のうちに「ここにはまずキリスト・イエスとあり、つぎにイエス・キリストとある。これら二つの形は単一の固有名をなしており、ここでは救世主という普通名詞の意味は消滅しようとしている」(Hubby, 38-39)と書かれているのをみつけても、わたしたちはこうした主張にはなんらの考慮もはらわないでやりすごすことができるのである。そのような主張は「クリストス」という語のもともとの意味についてのわたしたちの忘却をパウロのテクストに投影しているだけなのだ。しかも、それはもちろん偶然ではなく、近代人がキリスト論と呼ぶキリスト教神学の一分野の感嘆すべき構築作業の、幾世紀にもわたる成果のひとつなのだ。わたしたちの演習では、キリスト論的問題と張り合うつもりはない。わたしたちはただ、より謙虚に、そしてより文献学的に、「クリストス」、すなわち「メシア」の意味を理解しようとするものである。メシアにおいて生きるとはなにを意味するのか。メシア的な生とはなにか。また、メシア的時間の構造とはいかなるものであるのか。パウロの問いであるこれらの問いは、わたしたちの問いでもあらねばならないのである。

第二日　クレートス〔召された〕

クレートス(klētós)という語は、動詞カレオー(kaléō)〔召す、召還する〕に由来するもので、「召された」を意味する(ヒエロニュムスはvocatusと訳している)。それは『コリント人への手紙　一』の前書きにも姿を現す。そして、それ以外の手紙では、しばしば「神の意志による使徒」という定式が見いだされる。この語について、立ち止まって見てみる必要がある。それというのも、パウロにおいては、カレオー(kaléō)の語類は、とくにその派生語クレーシス(klēsis)〔召命、召し出し〕という形において、メシア的生を定義するうえで不可欠の専門的な意味を獲得するからである。その決定的なくだりは、『コリント人への手紙　一』七章17-22節である。

ただ、主がおのおのに分けあたえた分に応じ、神がおのおのを召されたときの状態のままで歩みなさい。わたしはすべての教会(ekklēsíais——これもまたkaléōの一族の言葉である)でこのように指導しています。割礼を受けていて召されたのですか。それなら割礼の跡をなくそうとしてはいけません。割礼を受けていないで召されたのですか。それなら割礼を受けようとしてはいけません。割礼は取るに足らぬこと、無割礼も取るに足らぬことです。……おのおの自分がそれによって召された召命のうちにとどまっていなさい。奴隷として召されたのですか。そのことを気にしてはいけません。しかし、もし自由の身になることができるとしても、むしろそれを〔奴隷として召されたときの状態を〕使いなさい。なぜなら、主によって召された奴隷は、主の解放奴隷だからです。同じように、自由人も、召された者は救世主の奴隷なのです。

ベルーフ〔召命＝職業〕

ここでクレーシス(klēsis)とは、なにを意味しているのか。「おのおの自分がそれによって召された召命のうちに(en tē klēsei hē eklḗthē)とどまっていなさい」という一文は、なにを意味しているのか。この問いに答えるまえに、クレーシス(klēsis)という語――あるいは、そのドイツ語訳ベルーフ(Beruf)――が、わたしたちの世紀の社会科学におけるひとつの決定的な著作、マックス・ヴェーバーの『プロテスタンティズムの倫理と資本主義の精神』(一九〇四年)において展開している戦略的機能と対決しておく必要があるだろう。ヴェーバーのテーゼについては先刻ご承知のことだろう。かれが「資本主義の精神」と呼ぶもの――すなわち、その快楽主義的ないし功利主義的動機とは独立に、利益それ自体を善とする心性――は、その宗教的根底から解き放たれた、カルヴァン主義的およびピューリタン的な職業的禁欲に起源をもつというのである。これは、いいかえれば、資本主義の精神はピューリタンの職業倫理の世俗化であるということを意味している。しかし、このことは――そしてここがわたしたちに関心のある点なのだが――、ひるがえっては、わたしたちがいましがた読んだばかりのクレーシスにかんするパウロのくだりから出発して構築されているのであり、それにおいて問題になっているメシア的クレーシスを近代的なベルーフ概念、つまりは召命であると同時に現世的な職業でもあるところのものに変容させているのである。

じっさいにも、メシア的クレーシスのこの世俗化の過程において決定的契機をなしているのは、手紙のさまざまなくだり、とくに『コリント人への手紙 一』七章17-22節におけるクレーシスをルターがベルーフと翻訳したことである。もともとは神あるいはメシアがある人に向けてなす「召命」を意味するのみであった語が、「職業」という近代的な意味を獲得するのは、ルターの翻訳をつうじてであるのであって、これにたちまちカルヴィニストとピューリタンはまったく新しい倫理的意味を付与することとなったのである。ヴェーバーによれば、パウロのテクストは現世的職業についてのなんらの肯定的な評価をも含んでおらず、ただ、初期のキリスト教徒たちの共同体に特有の、さしせまった終末にたいする待望の結果生じた「終末論的無関心」の態度を示すのみであるという。「すべての人は主の再臨の日を待っているのだから、おのおの主の「召命」を受けたときと同じ身分と現世的職業にとどまり、いままでと同じく労働すべきである」(Weber, 71)。ルターは、当初はパウロの終末論的無関心を共有していたが、ある時を境に――農民蜂起を体験したこともあって――、徐々に個人の具体的な職業の重要性についての新たな評価に向かっていく。それは、神が個人に差し向ける、神意がかれに託してきた現世の地位にあっての務めを達成するように、との命令であるというのだ。「各人はひとたび神より与えられた職業と身分のうちに原則としてとどまるべきであり、各人の地上における努力はこの与えられた生活上の地位の枠を越えてはならないのである」(Weber, 73)。

ヴェーバーが、パウロのテクストにおけるクレーシスという語の正確な意味の問題にとりくみ、とりわけその語に長い註を捧げているのは、このコンテクストにおいてである。「〔ルターがベルーフというように翻訳した〕第一〔の場合〕は」と、かれは書いている。「パウロの用いているクレーシスで、これは神による永遠の救済への召命という意味である。それはたとえば『コリント人への手紙 一』一章26節、『エフェソ人への手紙』一章18節、四章1節、四章4節、『テサロニケ人への手紙 二』一章11節、『ヘブライ人への手紙』三章1節、『ペトロの手紙 二』一章10節に見られる。これらの場合、クレーシスの観念は純粋に宗教的で、使徒たちによって宣べ伝えられる福音を介しての神の業として到来する召命を指すにすぎず、今日の意味における現世的な「職業」とはいささかの関係もない」(Weber, 63)。

ヴェーバーによれば、クレーシスという語の「純粋に」宗教的な意味とベルーフという語の近代的な意味とを架橋しているのが、まさにわたしたちの見た『コリント人への手紙 一』七章のくだりなのだ。ヴェーバーがうまく抜け出せずにいる困難がどれほどのものであるかをうかがわせる、その考察については、これを省略せずに引用しておくのが適当だろう。

ベルーフについてルターの用いた一見まったく相異なるこのような二種の用語法に連絡をつけてくれるのは、『コリント人への手紙 一』の例の章句と、その翻訳とであろう。ルター訳聖書によれば、問題の章句の置かれているコンテクスト全体はつぎのとおりである。「人はそれぞれ、主が召されたときの状態のままで歩むべきです。……割礼を受けていて召されたのですか。それなら割礼の跡をなくそうとしてはいけません。割礼を受けていないで召されたのですか。それなら割礼を受けようとしてはいけません。割礼は取るに足らぬこと、無割礼も取るに足らぬことです。大切なのは神の掟を守ることなのです。おのおの自分がそれによって召された召命のうちに(en tē klēsei hē eklēthē——A・メルクスがわたしに語ったところによれば、これは明白なヘブライズムである。公認ラテン語聖書では in qua vocatione vocatus est となっている)とどまっていなさい。奴隷として召されたのですか。そのことを気にしてはいけません」。……20節については、ルターは、古いドイツ語訳を踏襲して、一五二三年においてもなお、この章のかれの解釈のなかで、クレーシスをルーフ(Ruf)と翻訳し、それを「身分」と解釈していた。じじつ、クレーシスという言葉は、この一節においては——そしてこの一節においてのみ——ラテン語のスタトゥス(status)やわたしたちのシュタント(Stand)(既婚の身分、奴隷の身分、等々)に相当するものであることは明白である。が、それは——L・ブレンターノが……想定しているように——今日の意味においての「職業」を意味しているのでないことは間違いない。

(Weber, 64)

クレーシスという語が、ここでは現在のベルーフ〔職業〕の意味でもあればそうでもないということは、なにを意味しているのか。ヴェーバーがおこなっているように、パウロの召命の観念を現世の状態にたいする「終末論的無関心」の表現と解釈するのは、正しいのか。また、問題のくだりにおいて、宗教的な「召命」という意味から「職業」という意味への移行は、どのようにして生じているのか。決定的な点は、明らかにヴェーバーがメルクスの示唆するところを受けいれてヘブライズムと解釈している20節の「おのおの自分がそれによって召された召命のうちに」(en tē klēsei hē eklēthē)にある。じつをいえば、この仮説にはいかなる文献学的必然性もなく、むしろ、それは純粋に意味論的な理解を試みることの困難を反映している。じっさいにも、統語論的・文法的観点からすれば、この句節は明快で、ヒエロニュムスは困難なく in qua vocatione vocatus est と翻訳している。さらにいっそう文字どおりには、かれは in vocatione qua vocatus est と書くこともできただろう。ギリシア語の先行する語を反復する関係代名詞 hē (ラテン語の qua)は、この定式の意味、召命からやってきて召命にたちもどるという、その独特の同語反復の運動を完全に表現している。じじつ、あらゆる語頭反復の本来の意味にしたがうならば、hē はその直前の語——klēsis——の反復を指示する。この語頭反復の運動こそが、パウロのクレーシスの意味をなしているのであって、それをかれのメシア的語彙集におけるひとつの専門用語としているのである。クレーシスは、いっさいの法的身分、いっさいの現世的状態がメシア的出来事との関連に置かれるという事実によってこうむる、特別の変容を指示している。ひいては、それは終末論的無関心などではなく、およそあらゆる個々の現世的状態に、それが「召される」ことによって生じる変化、きわめて内面的な位置移動とでもいうほかないものなのだ。エクレーシア(ekklēsía)、すなわちメシア的共同体とは、パウロにとっては、文字どおりクレーシス(klēsis)、すなわちメシア的召命の総体である。しかしまた、メシア的召命は、なんらの特殊な内容をもつものではない。それは召された時点や召された状態と同じ事実的または法律的状態を再開したものでしかない。この不動の弁証法、この現場での(sur place)運動を描写したものであるかぎりにおいて、クレーシスは事実的な状態や身分と混同されうるのであり、「召命」をも「職業」をも意味しうるものとなるのである。

しかしながら、この運動は、パウロによれば、なによりもまず無化である。「割礼は取るに足らぬこと、無割礼も取るに足らぬことです」。律法によって、人を一方はユダヤ人とし、他方はゴイ(goi)〔非ユダヤ人〕としていたもの、あるいはまた、人を一方は奴隷とし、他方は自由人としていたものが、いまや召命によって無化される。だが、そうとすると、なぜこの無のうちにとどまらねばならないとされているのか。ここでもまた、メネトー(menétō)〔とどまりなさい〕は無関心をではなく、メシア的召命の不動の語頭反復的所作を、それが本質的に、そしてなによりもまず「召されてあることの召されてあること」にほかならないことを表現している。それゆえに、それはいかなる状態にも同意することができる。しかし、同じ理由から、それはある状態に同意した瞬間に、その状態を棄却し、根本から問いに付すのである。

召命と棄却

そのすこしあとの尋常ではないくだりでパウロが語っていることこそは、おそらくメシア的生についてかれがあたえた、もっとも厳密な定義である(『コリント人への手紙 一』七章29-32節)。「兄弟たちよ、それからわたしはこう言いたいのです。時は縮まっています。残りは、妻のある者も妻のない者のように(hōs mē)、泣く者は泣かない者のように、喜ぶ者は喜ばない者のように、物を買う者は物を持たない者のように、世の富を用いる者は用いすぎることのない者のようにしていなさい。この世のありさまは過ぎ去るからです。あなたがたが思い煩わないことを、今のわたしは望んでいます」。「でないもののように」(hōs mē)――これがメシア的生の定式であり、クレーシス〔召命〕の最終的な意味である。召命は、なにもののほうへも、また、どんな場所に向かっても、召し出さない。このために、召命は各自が召し出されるときに在った事実的状態と合致しうる。しかし、まさにそれゆえに、それはその事実的状態を徹頭徹尾棄却するのである。メシア的召命はおよそいっさいの召命の棄却である。この意味において、それはわたしにも受けいれることができるとおもわれる唯一の仕方で召命を定義する。じっさい、いっさいの具体的な事実的召命の棄却でないとしたならば、召命とはなんであるのか。当然ながら、それは真正性において劣る召命に代えて、より真実な召命を持ってこようということではない。大体、あちらではなくて、こちらを採るなどということを、いかなるものの名においてなしうるのか。いや、召命は召命それ自体を召し出させるのであり、内部からそれに働きかけ掘り起こす切迫のようなものであって、ひとがそれのなかで自らを養い、それのなかに棲まう所作そのものにおいて、それを無にしてしまうものなのである。これが――そしてこれ以外のなにものでもなく――、召命をもつということ、メシア的クレーシスのうちにあって生きるということの意味なのだ。

ここにいたって、「でないもののように」はパウロの語彙集におけるひとつの必要不可欠な専門用語として立ち現れることとなるのであって、この語の特殊性を統語論的・文法的な水準にかんしても意味論的な水準にかんしても見ておく必要がある。小詞ホース(hōs)が共観福音書〔マタイ、マルコ、ルカ福音書〕において、メシア的比較の導入語として(たとえば、『マタイによる福音書』一八章3節において——「子供たちのように(hōs ta paidía)ならないかぎり」、あるいは否定的に『マタイによる福音書』六章5節において——「偽善者たちのようであってはいけません」)重要な機能を果たしていることについては、よく知られている。これらの比較の、そしてより一般的に比較そのものの意味はなにか。中世の文法学者たちは、比較法を同定あるいはたんなる類似の表現としてではなく、——強勢的な大きさについての理論の枠内にあって——ある観念が別の観念に向かう(強勢的あるいは減衰的な)張力として解釈していた。こうして、さきの例でいえば、「人(大人)」という観念は「子供」という観念を前にして緊張状態に置かれることになる。ただし、このために、二つの語が同一のものとなることはない。とすれば、パウロの「でないもののように」は、あるひとつの特殊な型の張力として立ち現れていることになるのであって、ある観念を別の観念の方向へ意味論的に傾斜させるのではなく、それを「でないもののように」という形式において自己自身との緊張のうちに置くのである。泣く者を泣くのでない者のようにといった具合に。すなわち、メシア的緊張は、どこか他のところへと向かうのでもなければ、なにものかとそれの対立物とのあいだにあっての無関心状態に終わるということでもない。パウロは「泣く者を泣くのでない者のように」と言う。メシア的「泣く者を泣かない者として」とも言わず、「泣く者を笑う者として」とも、クレーシスの原理によれば、ある特定の事実的状態は、その状態自体との関連に置かれるのであり

――泣く者は泣く者に向かって引き寄せられ、喜ぶ者は喜ぶ者に向かって引き寄せられる――、このようにして、形を改変することなく、棄却され、問いにふされる。それゆえ、「でないもののように」にかんするパウロのくだりは、「この世のありさまは過ぎ去るからです」(parágei gar to schēma tou kosmou toutou)(『コリント人への手紙 一』七章31節)という言葉でもって閉じることができるのである。あらゆるものを「でないもののように」の形式において自己自身へと向かわせつつ、メシア的なものはそれを単純に消し去るのではなく、それを過ぎ去らせ、それの終末を準備する。それは別の姿、別の世界ではない。それはこの世の姿の過ぎ去りゆくありさまなのだ。

＊ パウロの「でないもののように」に比較しうる黙示録的な一節が『第四エズラ記』(『エズラ記(ラテン語)』)一六章42-46節に含まれている。

売る人は逃げ出す人のように、
買う人はそれをすぐに失ってしまう人のように、
商いをする人は利益を得ない人のように、
家を建てる人はそこには住まない人のように、
種蒔く人は収穫を期待しないかのように、
ぶどうの枝を刈り込む人は取り入れをしないかのように、
結婚する人は子をもうけないかのように、
結婚しない人はやもめであるかのように生きるがよい。

しかしまた、テクストに注意深い検討を加えてみると、外見上の近似――パウロにおけるホース・メー（hōs mē）〔でないもののように〕とエズラにおけるクアシー・ノン（quasi non）〔でないかのように〕――がいくつかの深刻な相違を隠していることがわかる。エズラが異なった言葉を対置しているのにたいして、パウロはほとんどつねに同一の言葉を否定しているというだけではない。すでに指摘されているように（Wolbert, 122）、エズラは時間（現在と未来）を区別しているのにたいして、パウロは単一の現在のうちに混ぜ合わせている。パウロにおいては、「でないもののように」によって作動させられるメシア的な無化は完全にクレーシスに内属しており、あとになってから（エズラにおけるように）それに到来するのでもなければ、それになにものかを付加するのでもない。この意味において、メシア的召命はひとつの内在的な運動――あるいは、こういったほうがよければ、内在と超越とのあいだの、この世と来たるべき世とのあいだの識別が絶対に不可能な地帯なのである。メシア的時間の構造の理解が問題になるときには、この点を忘れないようにする必要があるだろう。

このような展望のもとで、『コリント人へ手紙　一』七章29-32節を、『コヘレトの言葉』三章4-8節への暗黙の、そしておそらくは無意識的ではない対立を含んだものとして読むことが可能となる。『コヘレトの言葉』では、コヘレト〔集会を召集し、そのなかで語る者〕は、パウロが結合している複数の時間を明瞭に分離している。「泣く時（七十人訳ではカイロス〔kairos〕）、笑う時。嘆く時、踊る時。……求める時、失う時。保つ時、放つ時。……戦いの時、平和の時」と。パウロは、コヘレトが分かつさまざまな時を、「でないもののように」を介して単純に重ね合わせることによって、メシア的状態となすのである。

クレーシス〔使用〕

あらゆるクレーシス(klēsis)〔召命〕における「でないもののように」というメシア的要請、あらゆる召命をそれに同意しながら棄却する必要性を言い表すために、パウロは、クレーサイ(chrē-sai)〔使いなさい〕という、解釈者たちを悩ませてきた独特の表現を利用する。『コリント人への手紙 一』七章21節を読み返してみよう。「奴隷として召されたのですか。そのことを気にしてはいけません。しかし、もし自由の身になることができるとしても、むしろそれを〔奴隷として召されたときの状態を〕使いなさい」。ルターは、クレーサイ(chrēsai)を自由に関連させ、エイ・カイ(ei kai)〔もし……であるとしても〕とマロン(mallon)〔むしろ〕という定式連関のうちに暗々裡に示されているように、奴隷に関連させることをしなかった。しかし、これにたいしては、大多数の解釈者たちとともに、「しかし、もし自由の身になることができるとしても、むしろあなたの奴隷として召されたときの状態を使いなさい」と理解するのが妥当だろう。使用――これが「でないもののように」という形態において、パウロがメシア的生にあたえる定義である。メシア的に生きるとは、クレーシス〔召命〕を「使用する」ことを意味する。裏返していえば、メシア的なクレーシス〔召命〕は、ただ使用することができるだけで、所有することはできないものなのである。

いまや、「物を買う者は物を持たない者のように、世の富を用いる(chrṓmenoi)者は用いすぎる(katachrṓmenoi)ことのない者のようにしていなさい」という30-31節におけるアンチテーゼの意味がよりよく理解される。これはローマ法における「使用権と処分権」(ius utendi et abutendi)という所有(dominium)の定義に明確に言及したものなのだ(カタクローメノイ(katachrṓmenoi)の意味は写本Lの読解によって確認されるところであって、パラクローメノイ(parachrṓmenoi)、すなわち法律専門的な意味における処分権者を指す)。パウロはメシア的な「使用」(usus)を「所有」(dominium)に対置する。「でないもののように」という形態における召し出しのうちにとどまることは、あるものを所有の対象とすることではけっしてなく、ただ使用の対象とすることを意味しているのである。ひいては、「でないもののように」は、ただ否定的内容をもつのみではない。それは、パウロにとっては、現世的状態の唯一可能な「使用」なのだ。メシア的召命とは、ある法的な規定でもなければ、自己同一性を形成するものでもない。それの所有者としてあることなく、使用する一般的な能力なのである。メシア的である、メシアのうちにあって生きるとは、「でないもののように」という形態のうちにあって、あらゆる法律的・事実的所有権(割礼/無割礼、自由民/奴隷、男/女)を脱‐自同化することを意味している。しかし、この脱‐自同化は新たな自己同一性を創建するものではなく、「新しく創造された者」とは以前からあったもののメシア的な使用と召命以外のものではないのである(『コリント人への手紙 二』五章17節——「だれでも救世主のうちにあるなら、その人は新しく創造された者(kainḗ ktisis)なのです。古いものは過ぎ去って、見よ、新しくなったのです」)。

＊ このメシア的召命についてのパウロの観念を背景としてこそ、フランシスコ会が所有に抗してウ

ースス（usus）〔使用〕を要請したことは、その意味のすべてを明らかにする。じっさいにも、「至高の清貧」（altissima paupertas）の原理に忠実に従いつつ、フランシスコ会聖霊派（スピリチュアリ）の諸潮流は——ローマ教皇庁の指示に逆らって——、いっさいの所有の形態を拒否したにとどまらなかった。鋭敏な法学者バルトロ・ダ・サッソフェラートがただちに気づいて、フランシスコ会士たちについて、かれらの言う「新たなる生」（novitas vitae）には市民法を適用することは不可能であると語ったように、かれらは法的領域から完全に脱却した生の形態の理念を暗々裡に提出していたのであった。「貧しき使用」（usus pauper）というのは、この生の形態と現世の財物との関係にかれらがあたえた名前である。使用とは最終的には「使用権」（ius in usu, usum habere）に還元できるものであり、「自分の役に立つものを自由に使用することのできる権力」（potestas licita utendi rem ad utilitatem suam）（たとえば用益権がそうであるように）に等しいものとみなす者たちに反対して、〔聖霊派の推進するフランシスコの清貧思想の厳格主義的な解釈の支持者であった〕ピエトロ・ディ・ジョヴァンニ・オリーヴィ〔一二四八年頃—一二九八年〕は「使用と権利とは同じものではない。じっさい、わたしたちは、あるものを、それにかんする、あるいはその使用にかんする権利をもつことなく、使用することができる。これは、奴隷が主人のものを、主人としてでも用益権者としてでもなく、使用するのと同じである」と主張している（Lambertini, 159）。フランシスコ会士たちがもっとも頻繁に参照しているパウロのテクストは『テモテへの手紙 一』六章8節（「食べるものと着るものがあれば、わたしたちはそれで満足すべきです」）であるにしても、「使用」（usus）と「所有」（dominium）の区別にかんするオリーヴィの「至高なる清貧についての問い」の多くのくだりは『コリント人への手紙 一』七章30-31節への註解として読むことができる。じっさいにも、オリーヴィは書いている。「贈与、取得等々の契約は、この使徒たちにおいては、たんなる名目であり、たんなる外的儀礼であるにすぎず、事物の真実とはかかわりがなかった、とかれらは述べている」と(Lambertini, 161)。修道会をメシア的共同体として観念し、修道会則を生の形態として観念された福音のうちに解消しようとする、すでにフランチェスコ自身のうちにあった傾向(「これが救世主イエスの福音に従った生である」と第一会則は述べている)を発展させつつ、権力とその定めへの囚われから免れた空間を、それらとの抗争に入るのではなく、ただたんにそれらの機能を無効にすることによって創り出すことが、オリーヴィにとっても(同じく聖霊派の代表者であった)アンジェロ・クラレーノ(一二四七―一三三七年)にとっても、問題であったのである。律法にたいするパウロの戦略――『コリント人への手紙 一』七章の「でないもののように」にかんするくだりはその補完部分である――は、あとで見るように、これと類似した展望のもとで読むことができる。

＊ここで、パウロの「でないもののように」を、それとのなんらかの類似を呈しているようにみえるひとつの法制度と比較しておくのも、無益ではないだろう。フィクティオー・レーギス(fictio legis)〔法の擬制〕がそれであって、これは正当にも、ローマ市民法の先例のない創案物であると定義されてきた(Thomas, 20)。「擬制」――これを不確実な事実にかかわるものである仮想と混同してはならない――は、確実な真実にそれと反対の想定を代置し、そこからいくつかの法律上の帰結を導き出すことからなる(fictio est in re certa contrariae veritatis pro veritate assumptio)。この想定が否定的なものであるか肯定的なものであるかにしたがって、それは ac si non/ac si〔そうでないもののように／そうであるもののように〕とか perinde ac si non/perinde ac si〔あたかもそうでないもののように／あたかもそうであるもののように〕という定式において表現される。法的擬制の一例は、捕囚状態で死んだローマ市民の遺

言の有効性にかんするコルネリウス法（紀元前八一年）である。ローマ法によると、捕囚は自由市民の身分の喪失、ひいては遺言を残す資格の喪失を含意している。この原則による世襲財産上の諸結果を償還するために、コルネリウス法は、奴隷の身分に落ちたローマ市民が遺言をなした場合、「かれが捕囚状態になかったかのように」（あるいは、これと等価の肯定的な定式で、「自由な市民として死去したもののように」（atque si in civitate decessisset））なされねばならない、と規定したのであった。ここでは、擬制は、奴隷を自由民であるかのようにみなし、他の方途によっては無効とならざるをえない法律的処置の有効性を、この擬制から演繹してみせることに存している。この不在の擬制は、時として、ある法的処置がなかったかのように（ac si lex data non esset）、あるいは特定の法律上の行為がなかったかのようにみせるところまで推し進められることがありえたのであって、それは——それが現実に存在することに異議を差しはさむことなく——起こらなかったこと（pro infect）とみなされたのであった。

「でないもののように」において、パウロは——かれに特徴的な所作によって——、あるひとつの純然たる法律的な規定を極限まで推し進め、律法に対峙する。じっさい、「でないもののように」の形式において奴隷でありつづけるとは、なにを意味するのか。ここでは、メシア的召命を投下された法律的・事実的状態は、その法律上の諸結果については、なんら否定されることはないのであり、それの場に——法的擬制の場合におけるように——異なった、あるいはただちに正反対の帰結を妥当させるようなことはない。むしろ、「でないもののように」をつうじて、それは——法律的には不変のままにとどまりつつ——事実上のものでも権利上のものでもなくて、純然たる実践、たんなる使用（「むしろそれを使いなさい」）として律法を免れるような地帯へと捉えなおされ、移し換えられる。メシア的召命のなかにあって、自分自身との関係に置かれた事実的なクレーシス〔召命〕は、別のものに置換されるのではなく、働かなくさせられる(あとで見るように、パウロは、まさに不活性化、無効化を意味するひとつの専門用語として、この語を用いている)。そして、このようにして、その真の使用へと開かれる。このために、メシア的召命を受けた奴隷は、パウロによって――〔『フィレモンへの手紙』16節に〕ただ一度かぎり出てくるにすぎないが――、「ヒュペル・ドゥーロス」(hypér doulos)〔超奴隷、第二の潜勢態にある奴隷〕と規定されるのである。

クレーシス〔召命〕とクラッセ〔階級〕

パウロにおけるクレーシス〔召命〕という語の意味にかんする註のなかで、ヴェーバーは、かれの見解によれば、クレーシスが「少なくともここで論じられているものを想起させる意味」をもつ唯一のギリシア語テクストであるという、ハリカルナッソスのディオニュシオスの一節と比較している(Weber, 65)。問題の一節において、ディオニュシオスは、市民たちのうちで兵士として召集された部分を指すラテン語のクラッシス(classis)という語の由来をギリシア語のクレーシス(klēsis)から引き出している。近代の文献学者たちは、このような語源学的詮索をありそうもないこととして斥けている。しかし、ディオニュシオスの説はわたしたちの興味をひかずにはおかない。それというのも、それはマルクスの思想の鍵概念のひとつをメシア的召命の概念と関連させることをゆるしてくれるからである。ごく普通に用いられていた「シュタント」(Stand)〔身分〕(これはヘーゲルもなおその政治哲学において常用している語である)に換えてフランス語を流用した「クラッセ」

(Klasse)〔階級〕を留保なく持ってきたのはマルクスが最初であるということは、しばしば指摘されてきたところである。この置き換えがマルクスにとって戦略的な機能をもつものであったことは、かれの『ヘーゲル国法論批判』(一八四一—四二年)の射程にはすでにヘーゲルのシュタント理論が入っていたという事実によって証し立てられる。マルクスによる「クラッセ」という語の使用法はつねに一貫しているわけではないにしても、かれがその概念にヘーゲル哲学の批判という範囲をはるかに超えた意味を投下し、ブルジョワジーの支配が政治の仕組みに印しづけてきた一大変容を描き出していることはたしかである。じっさい、ブルジョワジーはすべてのシュタント〔身分〕の解体を表現している。それは根っからのクラッセ〔階級〕であり、もはやシュタント〔身分〕ではない。「ブルジョワ革命はもろもろのシュタント〔身分〕をその特権といっしょに破壊した。ブルジョワ社会はただクラッセ〔階級〕を知るのみである」(Marx, IV, 181)、「ブルジョワジー、それはクラッセ〔階級〕であって、シュタント〔身分〕ではないのだから……」(Marx, III, 62)。もろもろのシュタント〔身分〕の体系がなおも存立していたかぎり、それぞれの個人の私生活と、一定の職業労働条件のうちに包摂された同じ個人の生活とのあいだの、労働の分割によって生み出される分裂は、明るみに出てくることはありえなかったのであった。

シュタント〔身分〕においては(そしてそれ以上に親族においては)、そのことはなおも隠されたままにとどまっている。たとえば、それがとりむすぶ他のすべての関係とはかかわりなく、貴族はつねに貴族のままであり、平民はつねに平民のままである。それはかれの個性と不可分の資質なのだ。私的個人と階級の成員としての個人との差異、個人にとっての生の条件の偶然性は、それ自体ブルジョワジーの産物であるクラッセ〔階級〕の登場とともに初めて生じるのである。

(Marx, III, 76)

ひいては、階級は個人とその社会的な形姿との分裂を表現しているのであって、シュタント〔身分〕のうちではなおも保持していた意味を奪われ、いまやたんなる偶然性(Zufälligkeit)でしかないことが明らかとなる。この分裂を自ら体現しており、あらゆる社会的な形姿およびあらゆる社会的な状態の偶然性をいわば裸にしてみせている階級――プロレタリアート――は、階級への分割そのものを廃絶して、自らと社会全体を同時に解放することのできる唯一の階級でもある。マルクスが、プロレタリアートに託した救済機能について陳述している『ヘーゲル法哲学批判』の有名なくだりを再読してみるのがよいだろう。

それでは、ドイツの解放の積極的な可能性はどこにあるのか。解答。それはラディカルな鎖につながれたひとつの階級の形成のうちにある。市民社会のどんな階級でもないような市民社会の一階級、あらゆるシュタント〔身分〕の解消であるような一シュタント〔身分〕、その普遍的な苦悩のゆえに普遍的な性格をもち、なにか特殊な不正ではなくて不正そのもの(das Unrecht schlechthin)をこうむっているためにどんな特殊な権利をも要求しない一領域、もはや歴史的な権原ではなく、ただ人間的な権原だけをよりどころにすることができる一領域、ドイツの国家制度の帰結に一面的に対立するのではなく、その前提そのものに全面的に対立する一領域、そして最後には、社会の他のすべての領域から解放されることなしには、ひいては社会の他のすべての領域を解放することなしには、自分を解放することのできない一領域――ひとことでいえば、人間の完全な喪失(der völlige Verlust des Menschen)であり、したがって、ただ人間を全面的に救済することによってのみ自分自身を達成することのできる領域、こういったひとつの領域の形成のうちにあるのである。こうした解消をある特殊なシュタント〔身分〕として体現したもの、それがプロレタリアートである。 (Marx, I, 390)

ここからは、「階級のない社会」という概念においてマルクスはメシア的時間の観念を世俗化した、というベンヤミンの主張がいかに的を射たものであるかが、明瞭に見てとられるだろう。じじつ、さしあたってディオニュシオスの提起した語源学的詮索をまじめに受けとって、パウロにおけるメシア的クレーシス〔召命〕の機能を、マルクスにおけるクラッセ〔階級〕の機能に近づけてみることにしよう。クラッセ〔階級〕がすべての社会的身分の解消と、個人とその社会的状態との分裂の出来を表現しているように、メシア的クレーシス〔召命〕も、「でないもののように」という形態において、すべての法律的・事実的区分を消失させ、無化することを意味している。この意味において、「召命」としてのクレーシスと〔ヴェーバーがかくも腐心した〕「職業」としてのクレーシスとのあいだの意味論的無規定性が表現している偶然性には、――マルクスにおいてはプロレタリア的なものにとってそうであるように、メシア的なものにとって――固有の社会的状態が投下されているわけである。そのときには、エクレーシア(ekklēsía)〔教会〕は——メシア的なクレーセイス(klēseis)の共同体、すなわち、偶然性を自覚し、「でないもののように」と使用の形態のうちにあって生きる者たちの共同体であるかぎりで——、マルクスのプロレタリアートとたんに類似以上のものを呈することとなる。召し出された者が、メシアとともに十字架につけられて、古い世界において死に(『ローマ人への手紙』六章6節)、新たな生によみがえるように(『ローマ人への手紙』八章11節)、プロレタリアは自分を廃絶することによってのみ自分を解放することができる。人間の「完全な喪失」はその全面的な救済と合致するのである。(時が経過するなかで、プロレタリアートがある特定の社会階級——特権や権利を自らに要求する労働者階級——と同一視されるようになってしまったのは、こうした観点からするなら、マルクスの思想を最悪のかたちで読み違えたものというほかない。マルクスにおいてはあくまでも召命としてのプロレタリアートと偶然的な歴史的状態としての労働者階級との戦略的な同一視であったものが、まがうかたなき実体的な社会的同一性と化し、必然的に、その革命的召命性を忘失してしまうのである)。

マルクスによって遂行されたメシア的なものの世俗化は、ここまでは厳密で明瞭である。けれども、マルクスが「階級のない社会」について語っているのと同様に、パウロにおいて、「クレーセイス(klēseis)〔召された者たち〕のいない社会」について語ることは、はたして可能なのであろうか。問いは正当なものである。それというのも、事実的なクレーセイス〔召された者たち〕がそのようなものとしてとどまりつづけるということが真実であるとするならば(「おのおの自分がそれによって召された召命のうちにとどまっていなさい」)、しかしまた、それらは無化され、それらの意味を空洞化されてしまうからである(「割礼は取るに足らぬこと、無割礼も取るに足らぬことです」「主によって召された奴隷は、主の解放奴隷だからです」)。当然ながら、いろいろな答えが可能である。そのうえ、そのうちの二つは、すでにシュティルナーによる蜂起(Empörung)と革命(Revolution)の対置、およびマルクスが『ドイツ・イデオロギー』においてそれについておこなっている広範な批判のうちに予描されている。シュティルナーによれば(少なくともマルクスがかれの思想についておこなっている陳述においては)、革命は「国家もしくは社会の現存する諸事物の状態(status)の転覆」であり、ひいては新しい制度の創設を目標とする「政治的かつ社会的な行為」である。これにたいして、蜂起は、「諸個人による反乱であって、……それを引き起こすこととなった諸制度には目を向けない。……それは現存するものに反対する闘争ではない。なぜなら、成功した場合には、現存するものは自壊するからである。それはわたし自身を現存するものから抜け出させようとする努力なのだ」(Marx, III, 361)。これらの主張にコメントするにあたって、マルクスは、『霊の王国』という疑いようもなくメシア的な表題をもつ、ゲオルク・クールマンの著書の一節を引用している。「あなたがたは、あなたがたの目の前を横切るものを打ちのめしたり壊したりはせず、それを避け、放っておきなさい。あなたがたがそれを避け、放っておくならば、それはもはや糧を見いだすことができず、自ら消滅することでしょう」(Marx, III, 361)。マルクスはこのようにしてシュティルナーのテーゼを嘲笑することができたのではあったが、それでも、シュティルナーのテーゼは、たしかにパウロの「でないもののように」のひとつの可能な解釈——倫理的・アナーキー的と名づけることのできる解釈——を代表しているのであった。これにたいして、蜂起と革命、個人の利己的必要と政治的行為を区別しない、もう一方の主張――マルクス的な主張――のほうは、ひとつの困難に直面する。党は階級と同一であると同時に階級から区別されたものでもある（すなわち、共産党が労働者階級から区別されるのは、それが労働者階級の歴史的歩みをその全体において把捉しているかぎりにおいてのことである）というアポリアにおいて表現される困難がそれである。政治的な行動（革命）が個人の利己的な行為（蜂起）と完全に一致しているならば、なにゆえに党のようなものが必要であるのか。この問いにルカーチが『歴史と階級意識』においてあたえた答えはよく知られている。組織の問題は「階級意識」の問題であり、党はそれの普遍的な伝播者であると同時に浄化者でもあるというのだ。しかし、それはとどのつまり、党が階級から区別されるのは、意識が人間から区別されるようなものだと主張しようとしているにひとしく、このテーゼに暗々裡にはらまれているアポリアはすべて解消されないままに残されていることとなる（アヴェロエス主義的アポリア――党はなにか中世の哲学者たちの能動的知性のようなものと化し、人々に潜在する知性を現実態にもたらすべく働かなければならない。ヘーゲル的アポリア――もし意識には現実を変容させる魔術的な力が属しているのであってみれば、意識とはそれ自身においてはなんであるのか）。ルカーチがこのことを根拠にして「正しい理論」なるものをもって党を定義するための決定的基準とするにいたったことは、またもや、この問題的な核心とメシア的クレーシスとのあいだに近しいものがあることを証し立てている。メシア的召命の共同体としてのエクレーシア〔教会〕が当の共同体から――それと一致していると言い張りつつ――区別された組織であろうとするときにも、「正しい理論」および無謬性の問題（つまりは教義の問題）が同様に決定的なものと化すのである。

さらにはまた可能な第三の解釈も存在する。タウベスがベンヤミンを踏襲してとりくんでいるアナーキー的・ニヒリズム的な解釈がそれである。こちらのほうは、蜂起と革命、現世的なクレーシスとメシア的なクレーシスの絶対的識別不可能性のうちにあって動いており、その結果として、なにか「でないもののように」の形態における緊張と棄却の運動とは区別された、召命意識のようなものを分節することは不可能とされている。この解釈は、自分は自らを捕らえたのではなく、むしろ捕らえられているとしか考えておらず、この捕らえられていることから出発して、召命に向かって、前へとひっぱられているのだというパウロの主張(『フィリピ人への手紙』三章12-13節)を味方につけている。ここでは、召命は自己自身に向かっての召し出しの運動と一致する。見られるように、いろいろな解釈が可能であり、おそらく、これらのどれもが正しい解釈ではない。これにたいして、どうみても可能ではない唯一の解釈は、『ローマ人への手紙』一三章1節にもとづいて、教会によって提示されている解釈である。すなわち、あらゆる権威は神からやってくる、だから、働け、服従せよ、社会においてあなたがたに託されてきた立場を問題にするな、というものである。これらすべての場合において、「でないもののように」はどこにあるのか。もしそうでなければならないとしたなら、メシア的召命は、一種の心的留保に、あるいはせいぜいのところ、一種の文字に先立ってのマラーノ主義〔迫害下のスペインでキリスト教徒を偽装したユダヤ教徒の生き方を指したことに由来する〕に還元されてしまうのではないだろうか。

＊ 一九二〇年代の初め、『宗教現象学序論』と題された講義においてハイデッガーはパウロにとりく

み、クレーシス〔召命〕と「でないもののように」にかんする『コリント人への手紙 一』七章20-31節のくだりを簡単に註釈している。ハイデッガーによると、パウロにおいて本質的なのは教義でも理論でもなく、事実的経験であり、現世的諸関係の生きられ方(der Vollzug＝実行、生の様式)であるという。この生の様式は、パウロにとっては「でないもののように」(hōs mē)によって規定されている。「問題は新たな基本的関係に到達することである。この関係はいまや実行の構造にしたがって産み出されるのでなければならない。現実的な生の実存的意味は、ホース・メー(hōs mē)として、「あたかも……でないかのように」(als ob nicht)生きられる。……重要なのは『コリント人への手紙 一』七章20節である。各人は自らが現に置かれている召し出しのままにとどまっていなければならない。「なること」は「(現にそうであるところに)とどまること」である。……ここには、ひとつの特有な意味コンテクストが示されている。環境世界との諸関係は、それに準拠してそれらが進んでいくところの内容の重要性から、それらの意味を受けとるのではない。そうではなくて、生きられる意味内容の関係と意味は、本来的にそれらが生きられる様式から出発して決定されるのである。図式化してみるならば、なにごとかが不変のままにとどまりつつ、しかしまた根底から変化をこうむっている。……変化をこうむるのは関係の意味ではなく、まして内容ではない。したがって、キリスト教徒はこの世を放棄するのではない。もし人が奴隷として召されていたのならば、かれの解放がかれの存在のための利益をもたらすと信じてはならない。奴隷は奴隷のままにとどまっていなければならない。どのような現世的状態のうちにあるかはどうでもよい。キリスト教徒であるかぎり、奴隷はいかなる拘束からも自由なのであり、自由な者も、キリスト教徒であるかぎり、神の奴隷となるのである。……世界にたいする、職業にたいする、人がそうであるところのものにたいする諸関係は、なんらキリスト教徒であることの事実性を決するものではない。しかしまた、それらは存在しているのであり、保ちつづけられ、こうしてはじめて、自己に適合したものになる（zugeeignet）のである」（Heidegger 1995, 117–19）。

このくだりが重要であるのは、それがのちに『存在と時間』において本来的なもの（Eigentlichkeit）と非本来的なもの（Uneigentlichkeit）の弁証法になるもののたんなる予感以上のものを含んでいるからである。この弁証法において本質的であるのは、本来的なもの、真正なものが、「なにか頽落した日常性を超えたところで浮動するもの」ではなく、「実存的に、これの変容された把捉にすぎない」（Heidegger 1995, 179）ということ――すなわち、真正なものは非真正なものと異なる内容をもつのではないということである。ほかでもなく、パウロの「でないもののように」の解釈をつうじて、ハイデッガーは、はじめて非本来的なものを自己に適合したものにするという観念を、人間の実存の決定的性格として練りあげているようにみえるのだ。じっさい、キリスト教徒の生の様式は、現世的な関係やその内容によって規定されるのではなく、そこにおいてこれらが生きられ、そして――このようにしてのみ――それらの非本来性そのもののうちにあって自己に適合したものにさせられる仕方によって規定されているのである。

残るのは、パウロにとっては、自己への適合ではなく、使用が問題であり、メシア的主体は所有によって定義されないばかりか、たとえ真正なる決定あるいは死にいたる存在という形態においてであろうとも、自己自身をひとつの全体として所有することすらできないということである。

かのように

『ミニマ・モラリア』の終わりに、アドルノは「終わるために」(Zum Ende)というメシア的表題をもつアフォリズムを封印のごとくに置いた。そこでは哲学はつぎのように定義されている。「絶望を前にして唯一正当化されうるような哲学とは万事をそれらが救済の観点から自ら提示されたかのように考察する試みであるだろう」。タウベスが述べているところによれば、このテクスト──「ただものではないが、結局のところは空疎な」(Taubes, 140)──は、ベンヤミンやカール・バルトと比較してみるならば、現実にはメシア的なものを「かのように」という形態において耽美化したものであるとみることができるという。それゆえ──とタウベスは示唆している──、このアフォリズムは「救済が現実性をもっているか否かというような問いはほとんどどうでもよいものと化す」というテーゼでもって締めくくられうるものとなっている、と。救済の現実性をその外観と引き替えに放棄することを含意した「メシア信仰の耽美化」という非難は、ひょっとして、美しい外観にたいする不信から美そのものを「まじないのまじない」(der Bann über den Bann)と規定するまでにいたった『美学理論』の著者にたいしては不当なのではないか、とわたしは幾度となく自問してきた。いずれにしても、この点がわたしたちに興味があるのは、パウロにおける「でないもののように」をあらゆる「であるかのように」から──とりわけカントに始まって、近代美学においてかくも評判をかちえることにならないではすまなかった「アルス・オップ」(als ob)〔かのように〕

の思想から――隔てている距離について解明することを可能にしてくれるからである。ハンス・ファイヒンガーの『〈かのように〉の哲学』という著書をご存じだろう。たとえそれがすでに新カント主義のすべての悪弊を含んでいるとしても、近代文化においては――科学と哲学においてのみならず、法と神学においても――擬制が中心をなすというテーゼはたしかに的を射ていると言ってよい。ファイヒンガーは擬制(あるいは思考の「擬制的活動」)を「補助概念群の援助によって思考の諸目標の達成を可能にするような論理的手段の産出と使用」と定義している。そして、「それらの論理的手段がなんらの現実的対象とも符合することのできないものであることについては、巻頭において多少なりとも明確に示しておいたところである」、と(Vaihinger, 24-25)。ここでの問題は、当然ながら、これらの「擬制」の存在身分はなにかということである。これについては、言語そのものがいわば元型をなしているのである。しかし、ファイヒンガーがこの問題を立ててくれるのを期待するのは、じつのところ、行き過ぎたことであろう。とはいえ、近代科学における擬制――これを仮説と混同しないように!――の重要性についての、かれの再構築作業は興味深い。その一方で、絶対に通用しないのは、かれが実践理性の「かのように」と虚焦点としての理念というカントの考え方をファリサイ主義の一種の宣揚のようなものに還元してしまっているやり方である。なんとも気が利かないことにも、ファイヒンガーはカントをフォアベルクとひとしなみにあつかって、この凡庸な神学者に「カントの考え方を明快に、その基本原理において」(Vaihinger, 284)表現した「〈かのように〉の宗教」の創案を帰している。あいにくフォアベルクは、『歴史の概念について』においてベンヤミンによる批判の標的となっている、無限の進歩としての理想という社会民主主義的理論の、文字に先立っての発案者なのだ。以下に見られるとおりである。

真理の王国はひとつの理想である。……それゆえ、それはけっして確実に検証されることはありえない。そして、あらゆる外観にしたがった学者たちの共和国の目的は、永遠に達成されることがないだろう。それにもかかわらず、あらゆる思考する人間の心のなかでは、真理を永遠に要請するということは、全力を尽くして誤謬を脱ぎ捨てるということがそうであるのと同様、消し去ることのできない関心事である。そして、いたるところに真理を広めるということは、誤謬がこれを限りに潰え去り、真理の普遍の王国が待望されうるかのように事を進めていくということにほかならない。まさにこれこそが、人間的自然がそうであるように、その理想へと無限に向かっていくよう決定されている自然の性格なのである。……こうであることを、あなたが科学的に証明できないのは真実であるが、それでも、あなたが真実であるかのように行動していれば十分である。あなたの心が、あなたにそう言うのだ！

(Vaihinger, 284)

今日でもまだ——実をいえばごくわずかであり、この時代にあっては、ほとんど尊重すべき存在となったが——、倫理と宗教は、神、王国、真理等々が存在するかのように行動することに尽きると確信している人々がいる。その一方で、「かのように」は、精神医学において、ひとつのごくごく一般的な疾病、ほとんど大衆的な状態と化すにいたった。精神病にも神経症にも明確に帰属させることができず、いってみればどんな症状をも示していないことが症状であるような——ボーダーラインとも称される——すべてのケースは、「かのように」の人格と呼ばれているのだ。かれらは正常であるかのように——正常という領域が存在するかのように、(機会あるごとに繰り返すことを学んできた愚かな決まり文句がいうところの)「どんな問題も」存在しないかのように——生活している。そして、まさにこのことがかれらの困惑を、かれらに特有の空虚感をつくりだしているのである。

じじつ、「かのように」の問題は、ファイヒンガーが想像することができたよりも限りなく深刻なものである。ファイヒンガーの著書より八年前、ジュール・ド・ゴルティエ——また違った意味で興味深い作家——は、かれの傑作『ボヴァリー夫人症候群』を刊行した。そのなかで、擬制の問題は存在論にかかわる水準という、それにふさわしい水準に復元されている。ゴルティエによれば、フロベールの登場人物たちには人間の本質——つまりは本質をもたない動物の本質——をなす、「自分は、自分がそうであるところのものとは違うと自ら信じる能力」が、病理学的様相を呈して現れているという。自分自身では無であることができないので、人間はそうであるところのもの(あるいは、よりよくは、そうでないところのもの)とは違ったものであるかのように行動することによってのみ、存在しうるのである。ゴルティエは、ニーチェの注意深い読者であった。そして、あらゆるニヒリズムがなんらかの仕方で「かのように」を含みもっていること、問題はどのようにして「かのように」のうちにあるかというあり方の問題であるにすぎないことを理解していた。ニヒリズムのニーチェ的な流儀における超克は、この根源的なボヴァリー夫人症候群を考慮に入れ、それを正しい仕方でつかみとることができるものでなくてはならないのである(ここでニーチェにおける芸術家の問題の重要性が浮上する)。

さて、アドルノにたいしてタウベスによってメシア的なものの耽美化という非難のもとに試みられた裁判に戻ることにしよう。この裁判において被告の役割を引き受けなければならないとしたならば、『ミニマ・モラリア』の最後のアフォリズムを「哲学がなおも生き残っているのは、その実現の機を逸してしまったからである」という『否定弁証法』の最初の一節といっしょに読んでみるよう提案したい。自己実現の瞬間が欠けてしまっていることこそが、哲学に際限なく救済の外観を観想することを義務づけるのである。耽美的な美しさは、いってみれば、哲学がその実現の機を逸してしまったために受けなければならない罰なのだ。この意味においてこそ、アドルノにおける「かのように」について語ることができるのであって、このために耽美的な美はまじないのまじない以上のなにものでもありえないのである。ここには、いかなる満足もない。むしろ、「かのように」は、哲学者がすでに自らによって科されている断罪なのである。

インポテンシャル

ベンジャミン・ウォーフ——言語の構造が思考の構造を規定する仕方についての鋭い意識をもっていた言語学者——は、ある時点にいたって、ホピ族言語の動詞のうちで「インポテンシャル」(impotential)とかれが定義する特殊な範疇について語っている。これはウォーフがSAE(Standard Average European)と呼ぶ諸言語においては格別に表現することの困難な様相(法)範疇で、一種の「目的論的無効果」に相当する（Whorf, 121）。「あるホピ族の者がいて、追跡者たちから逃れようとして走ったものの、捕らえられてしまった男の話を物語っているとしたならば、かれはインポテンシャルを用いて、ta'. qa? as wa. ʹya〔走り去った〕と言うであろう――しかしながら、追跡者たちから逃れることができなかったことを含意しつつである。逆に男が逃れることができたならば、かれはむしろ ta ʹqa wal ya と言うだろう」（Whorf, 122）。

アドルノの哲学はすべてインポテンシャルで書かれており、この意味で「かのように」は、かれの思考のこのような内なる様相の徴候にほかならない。哲学は実現しつつあったのだが、その実現の瞬間が欠けていた。この欠落は絶対に偶然のものであるとともに、絶対に取り返しのつかないものである。つまりはインポテンシャルなのだ。ひいては、救済はたんに「観点」の問題でしかない。アドルノは、起こったものに可能性を復元することが可能である、あるいは、パウロにおけるように、「力は弱さのなかでこそ完全に現れる」（『コリント人への手紙 二』一二章9節）とは、想像もできなかったのではないか。外観に反して、否定弁証法は絶対に非メシア的な思想である。それは、ベンヤミンよりもジャン・アメリーの情緒的調性のほうに近い。

スコトゥス・エリウゲナが、偶然性について試そうと、アヴィセンナから借用して吐いた「偶然性を否定する者たちは拷問にかけられるべきであろう、拷問にかけられなくても済んだであろうにと承認するにいたるまで」という激烈な科白のことはご存じだろう。ジャン・アメリーは、この恐ろしい試練を受け、偶然性のぞっとするような残忍さを認めることを余儀なくされたのであった。そのとき以降、ひとたび起こってしまったことは、かれにとって絶対に取り返しのつかないものと化し、憤りだけがそれにたいする唯一の正当な情緒的調性となる。その驚くべき証言である『罪と贖罪の彼岸』——この表題は憤りを倫理的に正当化しようとしたものである。しかし、『ミニマ・モラリア』の副題「傷つけられた生(beschädigtes Leben)にかんする省察」からも、どこか憤りのようなものが透けて見える——において、アメリーは、そらんじて反復するのが慣わしとなっていたヘルダーリンの詩が、アウシュヴィッツにあっては、いかに世界を救済し超越する能力を失ってしまうものか、ということを物語っている。詩にとってもまた、ここでは「まじないのまじない」が通用するのである。アドルノにとってそうであったように、アメリーにとっても、まじないを解いてみせることのできるような所作は存在しなかったのだ。

要請

アドルノのインポテンシャルや、アメリーの憤りにたいして、それの特殊性を定義することをゆるしてくれるメシア的様相のようなものがなにかしらあるのだろうか。このために、単純に偶然性を否定してしまうのではなくて、である。この様相——これは哲学の歴史においてそのようなものとして主題化されることはまれにしかないが、哲学にとっては、それがあたえられることは哲学の可能性そのものと合致するといってよいほど必要不可欠なものである——は、要請である。様相範疇の一覧に、可能性、不可能性、必然性、偶然性とならんで、この概念を記入してみよう。ベンヤミンは、ドストエフスキーの『白痴』にかんする若いころの論考において、ムイシュキン侯爵の生は、たとえだれ一人それを回想しなくても忘れえぬものとしてとどまりつづけなければならない、と書いている。これが要請というものである。要請は、偶然性を無視することもしなければ、なんとか悪魔祓いしようと試みることもない。逆に、それはこう語る。この生は事実上、完全に忘れ去られてしまっているけれども、忘れえぬものとしてとどまりつづけることを要請する、と。

『真理論第二』において、ライプニッツは可能態と現実態の関係をつぎのように定義している。「あらゆる可能なものは、存在することを要請する、すなわち現実的なものになることを要請する」(omne possibile exigit existere)。ライプニッツへのわたしの無条件の感嘆にもかかわらず、この定式は正確ではなく、要請とはほんとうにはなんであるかを定義するためには、これを転倒して、逆に、「あらゆる存在するものは、自らの可能態を要請する、すなわち可能なものになることを要請する」(omne existens exigit possibilitatem suam)と書かなければならない、とわたしはおもう。要請とは在るところのもの——あるいは在ったところのもの——とその可能態との関係であり、この可能態は現実態に先行するのではなくて、後続するのである。

忘れえぬもの

想像するに、白痴の生について論じて、忘れえぬものとしてとどまりつづけるという要請のことを語ったとき、ベンヤミンはなにかしらこうした類のことを念頭に置いていたのではないだろうか。いうまでもなく、この要請はたんに、なにごとか——忘却されてしまっていたもの——が、いまや記憶に立ち戻らねばならない、想起されなければならないということを意味するのではない。要請はまさしく、想起されることではなくて、忘れえぬものとしてとどまりつづけることにかかわっている。それは、個人的な生においても集合的な生においても、あらゆる瞬間に忘れ去られていくすべてのものに関係している。それらのなかで失われていくものの際限のない堆積に関係している。あらゆる種類の歴史家たち、筆記者たち、記録係たちの努力にもかかわらず、——個々人の歴史においても社会の歴史においても——取り返しがたく失われていくものの量は、記憶の保管庫に蒐集されることのできるものよりも無限に大きい。あらゆる瞬間において、忘却と廃墟の尺度、わたしたちがわたしたち自身のうちにたずさえている存在論的浪費は、わたしたちの記憶やわたしたちの意識の許容度を大きく超えている。しかし、忘れ去られてしまうもののこの無形のカオスは、不活性なものでも効力のないものでもない。それどころか、それはわたしたちのうちにあって、仕方こそ異なるにしても、意識的な記憶の堆積力に劣らず、力強く働いている。忘れ去られてしまったものの力と働きというものがあるのであって、それは意識的な記憶というかたちでは測ることができず、知として堆積することもできないけれども、それが執拗に存続しているということこそは、あらゆる知およびあらゆる認識の序列を規定するのである。失われてしまったものが要請するのは、想起され追悼されることではなくて、忘れ去られてしまったものとして、失われてしまったものとして、わたしたちのうちに、わたしたちとともに残ること——そして、もっぱらこのことによって、忘れえぬものでありつづけることなのだ。

ここから、忘れ去られてしまったものにたいする、たんにそれを記憶に取り戻そう、それを歴史の保管庫と記念碑のうちに書きとどめておこう、あるいはせいぜいが、それのために別の伝統と別の歴史、抑圧された者たちや敗北した者たちの歴史をつくりあげようとするにすぎない、あらゆる関係の不十分さが明らかになる。そのような抑圧された者たちや敗北した者たちの歴史は、支配階級の歴史とくらべて、書かれる手段こそ異なるものの、実質的にはそれと相違するものではない。こうした混乱にたいしては、忘れえぬものの伝統は、伝統ではないということを銘記しておく必要がある。それはむしろ、あらゆる伝統に汚名もしくは栄光のしるしを、あるいは時としてその両方を、印しづけようとするものなのだ。あらゆる歴史を歴史たらしめ、あらゆる伝統を伝統たらしめるものこそは、まさしくそれが自らの内部に核心としてたずさえている忘れえぬものなのである。ここでは、選択は、忘却することと想起すること、無意識なままでいることと意識することとのあいだにあるのではない。決定的であるのはただひとつ、——間断なく忘れ去られながらも——忘れえぬものでありつづけなければならないもの、なんらかの仕方でわたしたちとともにとどまっていることを要請し、なおも——わたしたちにとって——なんらかの仕方で可能であることを要請するものに忠実でありつづける能力である。この要請に応えることが、わたしが無条件に引き受けたいと感じている唯一の歴史的責任である。逆に、もしもこの要請を拒むならば、もしも——個人の次元においても集団の次元においても——わたしたちに寡黙なゴーレムのように付き添う、忘れ去られてしまったものの堆積とのあらゆる関係を失ってしまうならば、そのときには、それはわたしたちのうちに、フロイトが抑圧されたものの回帰と呼んだもの、つまりは不可能なものそれ自体の回帰というかたちをとって、破壊的にして邪悪な仕方で立ち現れることであろう。

パウロは、こうしたことのすべてとどんな関係にあるのか。メシア的なものは、かれにとっては、まさに存在していたものの救済にかかわる、ひとつの要請の場所であった。それは、救済が達成されたかのようにこの世を見ることができるという「観点」の問題ではない。メシアの到来は、すべてのことがらが——そして、それらとともに、それらを見る主体が——「でないもののように」のうちに捕らえられ、召されると同時に棄却されることを意味している。そこにはもはや、いかなる見る主体もいない。そして、ある時点にいたって「かのように」行為することを決意できる主体もいない。メシア的召命は、なによりもまず、主体を転位させ無化する。これが『ガラテヤ人への手紙』二章20節の「生きているのはもはやわたしではありません(zō oukéti egō)。救世主がわたしのうちに生きているのです」の意味である。そして、かれはわたしたち(主体)のうちで、まさしく「もはやわたしではない」ものとして、わたしたちがなおもわたしたちのうちにかかえており、そして霊をつうじてメシアのうちに生かされた、罪で死んだ身体として、生きるのである(『ローマ人への手紙』八章11節)。被造物の全体は儚さ(mataiótēs = 滅び腐敗するものの不毛さ)のもとに隷属させられてしまっている。ところが、まさにこのために、それは救済を待ち望んで苦悶する(『ローマ人への手紙』八章20-22節)。そして、たえまなく滅んでいく被造物のこの嘆きには、霊においては、それの喪失を算え記録することができるようにうまく組み立てられた論議ではなく、ただ「言葉に表せないうめき」(stenagmoís alalétois)(『ローマ人への手紙』八章26節)のみが対応する。このために、滅んでいくものに忠実でありつづけている者は、いかなる現世的な自己同一性ないしはクレーシスも信じることができない。「でないもののように」は、けっしてファイヒンガーやフォアベルクのいうような意味における擬制ではなく、理想とはなんの関係もない。失われ、忘れ去られていくものへの同化は、絶対的である。「わたしたちは世の屑、すべてのものの滓になってしまいました」(『コリント人への手紙 一』四章13節)。パウロのクレーシスは、むしろ、メシア的なものと主体との関係の理論なのであって、主体をめぐっての自己同一的な主張やその本来性にかんする議論を一挙にすべて清算してしまう。この意味においても、存在しないもの(ta mē onta)は存在するものよりも強いのである。

カール・バルトによれば、メシア的なもののうちには「かのように」のための場所はないという。それというのも、「希望は……「かのように」の止揚(Aufhebung)である」からであり、「わたしたちはいまやほんとうに……しかしながら見ていないものを見る」からである、と(Barth, 298)。このバルトのテーゼは、実質的に正しい——たとえ、それがパウロの要請にたいして一歩後退したままであるにしても。カフカが、寓話についてのかれの並外れた寓話「寓話について」において見抜いていたように、メシア的なものは「かのように」の廃棄であると同時に実現でもあるのであって、自らの崩壊を眺めつつ、際限なく類似のうちに(「かのように」のうちに)とどまりつづけようとする主体は、勝負の機を失うほかないのである。メシア的召命のうちにある者は、もはや「かのように」を知らず、もはや類似を用いない。かれは、メシアの到来する時においては、救済された世界は取り返しようもなく失われてしまった世界と一致すること、ボンヘッファーの言葉を借りるならば、かれはいまや現実に神のいない世界に生きなければならないのであって、かれにはこの世の〈神 - なしに - 在る〉ことをいかなる手段によっても隠蔽することがゆるされないこと、かれを救う神はかれを棄てる神であること——もろもろの表象からの(「かのように」からの)救済は、救済の外観を救うことすら装うことができないことを知っている。メシア的な主体は、この世を救済されたかのように観想することをしない。むしろ——ベンヤミンの言葉を借りるならば——、救済が救済不可能なものへと失われていくところにおいてのみ、救済を観想する。クレーシスの経験とはかくも込み入ったものであり、召し出しのうちに住まうとはかくもむずかしいものなのだ。

＊譬えと神の国　寓話/譬え(パラボラ)という語は、ギリシア語の parabolé に由来する(ルターの翻訳では Gleichnis となっている)。この語は、福音書においては、イエスの話法と関連して——かれは「譬えで話す」(『マタイによる福音書』一三章10節)——きわめて重要な働きをもっており、ここからロマンス語(プロヴァンス語、フランス語、イタリア語)において「話す」を意味する動詞が派生した(後期ラテン語の parabolare を経由して)(一方、同じくロマンス語系でもスペイン語の「話す」を意味する動詞 hablar は fabulari に由来する)。それに先立ってヘブライ語では māšāl で、それは「類例、比喩」を意味している。譬え(パラボラ)の構造とメシア的な国とのあいだに符合するものがあるということは、「神の国の言葉」(logos tēs basileías)は譬え(パラボラ)を用いて語るよりほかないようなものであるといわれている『マタイによる福音書』一三章18-19節のくだりにおいてすでに暗示されている。このくだりで説明することが問題になっている種蒔きの譬えは、種がまさに言語を表しているかぎりで、このロゴスそのものにかかわっているのである(『マルコによる福音書』四章14節の説明では「種蒔く人は言葉(logos)を蒔く」という)。後続する譬えの系列において、メシア的な国は、小麦が毒麦といっしょに育つ地に、一粒のからし種に、酵母に、地に隠された宝に、真珠を捜しに出かける商人に、海に投

げられた網に譬えられている。ユンゲルは、この点について、「神の国は、譬えであるかぎりにおいて、譬えで表出される」(Jungel, 385)と論じたことがある。このようにして、神の国とこの世との差異と近似がともに表現されているのだ。すなわち、その譬えにおいては、signum〔しるし〕と res significata〔しるされるもの〕のあいだの差異は無化へと向かう。しかしまた、だからといって、完全に消え去るわけでもない。この意味においては――『マタイによる福音書』の種蒔きの譬えにおけるように――、メシア的な譬えは、つねに言語にかんする譬えであるということができる。つまりは、神の国の表象にかんする譬えであるということができるのであって、そこにおいて一方の傍らに他方が配されている(para-ballō)のは、神の国とそれの比較項だけでなく、神の国にかんする話と神の国それ自体が、譬えの理解が「神の国の言葉」(logos tēs basileias)の理解に一致するような仕方で配されているのである。signum〔しるし〕と res significata〔しるされるもの〕とが、メシア的な譬えにおいて相互に近接しあうのは、その関係のなかでは、しるされるものは言語そのものであるからである。そして、これこそがたしかにカフカの寓話の、そしてあらゆる寓話の意味なのだ。と同時に、しかしまたそれに避けがたくつきまとう曖昧さでもある。もし、寓話において到来せねばならぬものが、言語を超えたところへの移行であるのならば、そしてこのことが可能であるのが、カフカによればただ言語と化すことによってのみであるのならば(「あなたがたが寓話に従うならば、あなたがた自身が寓話と化すことでしょう」)、すべては「かのように」が廃絶される瞬間とその様相とにかかっているのである。

こうした展望のもとにあって決定的なのは、パウロが専門的な意味における譬えはまれにしか使っていないだけでなく、「でないもののように」――かれにとってはこれこそはメシア的召命を定義するものである――は、わたしたちがさきに見たように、二つの異なった語を比較するのではなく、あらゆる存在、あらゆる語を自己自身との緊張のうちに置くものであるということである。メシア的出来事——それはパウロにとってはすでに復活とともに産み出されている——は、譬え話のなかで譬え話として表出されるのではなく、「今の時に」(en tō nyn kairṓ)、あらゆる現世的状態の棄却として現在している。そして、現世的状態の棄却は、現世的状態をそれ自身から解き放って、それの使用をゆるすのである。

第三日　アフォーリスメノス〔分かたれた〕

アフォーリスメノス(aphōrisménos)はアフォリゾー(aphorízō)の過去分詞で、ヒエロニュムスが翻訳しているように、「分かたれた」(segregatus)を意味する。パウロにとっては、重要な語のひとつであるにちがいない。すでに『ガラテヤ人への手紙』においてかれが自らの召命を定義しているのは、同じ動詞のひとつの形態であることを考慮に入れればである。「わたしを母の胎内にあるときから選び分け(aphorísas)、恵みによって召し出した方」(『ガラテヤ人への手紙』一章15節)。しかしまた、この言葉は見逃すわけにはいかないひとつの問題を提起する。普遍主義を説き、ユダヤ教徒と異教徒のあいだのあらゆる区別についてメシア的終焉を告知するパウロが、自分自身に「分かたれた者」というように言及するなどということは、どのようにして可能なのか。じっさいにも、『エフェソ人への手紙』二章14-15節において、パウロははっきりと、メシアは「二つのものを一つにし、隔ての壁(to mesótoichon tou phragmoû)を打ち壊した」と述べている。この表現が強い響きをもっているのは、ユダヤ教の基本点を問題視しているからにほかならない。アリステアスの手紙の著者は、けっして狂信者であるわけではないのだが、ユダヤ教徒をつぎのように定義している。

「わたしたちの立法者は……わたしたちが他の民(ethnē)となんらかの仕方で混じるのを避けるため、わたしたちを途切れ目のない柵と鉄の壁で囲った」(Aristeas, 105)。メシア的告知の意味は、この壁が崩れ去り、もはやそこには人間たちのあいだの区別も、人間たちと神とのあいだの隔たりもない、ということである。では、なぜパウロは自らを「分かたれた者」と定義しつづけるのか。アンティオキアでの邂逅のとき、非ユダヤ教徒から「離れていった」(aphṓrizen heautón)という理由でペトロを厳しく咎めたのは、パウロではなかったのか(『ガラテヤ人への手紙』二章12節)。自らを分かつことは「福音の真理」(tēn alḗtheian tou euaggelíou)そのものに疑問を投げかけることを意味しており、それゆえにこそパウロは口を差しはさまないわけにはいかないのである。「あなたはユダヤ人でありながら、ユダヤ人らしい生き方をしないで、異邦人〔すなわち非ユダヤ人〕のように(ethnikṓs kai ouchi Ioudaikṓs)生活しているのに、どうして異邦人にユダヤ人のように生活する(ioudaízein)ことを強要するのですか」(『ガラテヤ人への手紙』二章14節)と。それにもかかわらず、かれは別の箇所では『イザヤ書』五二章11節を引いて、「「あの者どものなかから出て行き、遠ざかるように」と主は言われる」(『コリント人への手紙 二』六章17節)と語ることができているのである。

したがって、アフォーリスメノスという語の厳密な意味を理解することは、わたしたちにとっては、ひとつの基本的な問題を正しく立てることを意味する。パウロの普遍主義——あるいは普遍主義と称されるもの——の問題、メシア的共同体の「普遍(カトリック)的」な召命の問題がそれである。まずもって、パウロの自伝にかかわる考察をひとつ加えておこう。パウロの伝記は、手紙のなかに、『ガラテヤ人への手紙』の長い挿話(excursus)のように直接的に記されているばかりでなく、それと知る必要のある暗示をつうじて間接的にも提示されている。アフォーリスメノスという語は、これらの隠された暗示のひとつである。「分かたれた者」と自らを定義しつつ、パウロはかれの過去を、その「当時」を、いまもなおかれの記憶のうちで燃えつづけずにはおれない「あのとき」(pote)を、呼び起こしている。「かつて、……わたしは、徹底的に神の教会(共同体)を迫害し、滅ぼそうとしていました」(『ガラテヤ人への手紙』一章13節)。じじつ、アフォーリスメノスは、もともと、ヘブライ語のパルーシェ(paruš)あるいはアラム語のペリシェ(p^{e}riš)、つまりは「ファリサイ」のギリシア語訳にほかならないのだ(ギリシア語への翻訳借用語ファリサイオス(pharisaíos)はアラム語に由来している)。『フィリピ人への手紙』で、割礼を受けた者たちに向かって自分もユダヤ教徒であることを主張するとき、パウロは自分のことを「生まれて八日目の割礼を受け、イスラエルの民に属し、ベニヤミン族の出身で、ヘブライ人のなかのヘブライ人、律法にかんしてはファリサイ派(katá nomon Pharisaíos)」(『フィリピ人への手紙』三章5節)と紹介している。

ファリサイ派

したがって、パウロはファリサイ派のひとり、すなわち、分かたれた者のひとりなのであった。この宗派――あるいはむしろユダヤ主義運動――の起源について、歴史家たちは時にマカベア朝時代のハシディム(hasidim)にまで遡らせているが、その起源がなんであれ、ファリサイ派が分かたれた者に属しており、大衆から自らを区別するために、在俗者でありつつも、祭司の純潔にかんする諸規則を細心の注意をはらって遵守することを義務づけられていたことはたしかである。「分かたれている」とはこの意味であって——異教徒たちからばかりでなく、さらには、そしてなによりも、アム＝ハアーレツ(am-hares)〔大地の民〕から、すなわち律法を遵守しない無知な農民たちから分かたれているということなのである(この意味では、カフカの寓話「法の門の前に」の「農夫」は「アム＝ハアーレツ」、門番は「パルーシェ」すなわち「ファリサイ派の者」というように読むこともできる)。ファリサイ派は、紀元前一世紀の末頃にはパレスチナにおける支配階級となる。パウロが「律法についてはファリサイ派」と言うのは、ファリサイ派の理想がこの派に帰依した人々の生の総体的な律法秩序をなしていたからである。しかし、ファリサイ派をユダヤ教の他の諸派から区別していたものは、かれらにとっては、律法は狭い意味でのトーラー、書写された律法だけでなく、口承のトーラー、それをあらゆる不純な接触から守護する、トーラーを囲む「隔壁」あるいは「生垣」として観念された伝承をも含むものであったということである。

したがって、自らをアフォーリスメノス〔分かたれた者〕と定義することによって、パウロは皮肉をこめて——しかし、それは皮肉というには、なんともむごい皮肉である——、かれのある時期の分離、かれのファリサイ派としての隔離をふたたび採用しているわけである。採用すると同時に、もうひとつの分離の名において否定するのであって、このたびはもはや律法に従うのではなく、メシアの福音を告知するために(eis euaggélion theoû)そうするのである。さきに引いた『エフェソ人への手紙』二章14節のくだりにおいて「隔ての壁(to mesótoichon tou phragmoû)を打ち壊した」という表現が読まれるべきであるのはこの意味においてなのであって、これをわたしたちは「隔ての壁」と訳したが、文字どおりにとるならば、これは「生垣による間仕切壁」の意味になる。すなわち、ファリサイ派の理想を構成していたトーラーを囲む「隔壁」と「生垣」への明らかな暗示である。アフォーリスメノスによって発語されるメシア的告知が崩壊させる壁とは、ある時期にファリサイ派であった人物が、トーラーの周囲に、それをアム＝ハアーレツ〔すなわち律法を遵守しない農民たち〕とゴイームすなわち非ユダヤ人たちから守護するために設けていた壁なのだ。

これが真実であるとするならば、すなわち、メシア的分離といわれる「分離」がパルーシェ(parušʹ)の分離をふたたび採用しつつ隔離するものであるとするならば、そのときにはアフォーリスメノス〔分かたれた者〕は、いってみれば第二の可能態への分離、分離そのものの分離を含意していることになる。それはファリサイ派の律法の律法上の諸区分そのものを分かち、別のものへと変容させるのである。しかし、このことはまた、メシア的分離が複雑な構造をもっており、パウロが手紙においてたどっているさまざまな分離の意味を正確に捉えようとするならば、まさにわたしたちにとってその構造の理解こそが問題となることを意味している。じじつ、『ローマ人への手紙』においてだけではなく、パウロの律法とのやりとりはすべて、一連の分割によって繰り出されている。そして、それらのうちでは、「肉／霊」(sarx/pneuma)の分割が決定的な位置を占めている。パウロが律法上の諸区分に対抗して作動させているこの分割の戦略的な意味と機能はなんであるのか。

じっさいにも、パウロは、律法がなによりもまず分割と分離を設けることによって機能することを確認するところから始めている。このようにして、かれは、ギリシア語のノモス(nomos)――これはトーラーを、しかしまた法律一般を指すのに用いられる――が「分割する、いくつかの部分を割り当てる」を意味する動詞ネモー(nemō)から派生したものである、というその語の語源学的意味を真面目に受けとっているようである。『コリント人への手紙 一』七章17節における召命についてのくだりの冒頭で、パウロは人間が分割されているさまざまな状態に言及しつつ、「主がおのおのに分けあたえた分に応じ」(hōs emérisen ho kýrios)と述べていたことを想起されたい。また、『エフェソ人への手紙』二章14節でいわれているメシアが打ち壊した「隔ての壁」というのは、人々を「無割礼」と「割礼」とに分割していた「戒めの律法」(nomos tōn entolṓn)と符合する。

分割された民

したがって、律法の原理は分割である。そして、ユダヤの律法の基本的区分は、ユダヤ人と非ユダヤ人――パウロの言葉によれば、「ユダヤ人」(Ioudaíoi)と「異邦人」(ethnē)――の区分である。じじつ、聖書においては、「民」という観念はつねにすでに「アム」(am)と「ゴイ」(goj)――複数形「ゴイーム」(gojim)――に分割されている。「アム」はイスラエル、ヤハウェが契約(berit)を結んだ選ばれた民であり、「ゴイーム」は他の諸民族のことである。七十人訳聖書では「アム」を「ラオス」(laos)、「ゴイーム」を「エトネー」(ethnē)と記している。(ここに「民」という語の意味論的歴史における基本的な第一章が始まる。この歴史を、現在の「民族紛争」という連辞における「民族の」という形容詞の使用にいたるまで、たどってみるのは重要であろう。また、七十人訳聖書の訳者たちが、わたしたちの哲学的・政治的伝統においてかくも大切な、デーモス(dēmos)という、ギリシア語で「民」を意味するもうひとつの語に頼ることのないよう、差し向けていった理由を探ってみるのも興味深いことだろう。いずれにしても、ここでは「民」という語がもともとの神学的・政治的な断層によって、つねにすでに分割されていたものであることが明瞭に見てとれる)。

しかしまた、「アム」のすべてがイスラエルと呼ばれるのだとしても、ここではさまざまに異なった呼び方も可能である。じっさいにも、「ユダヤ人」(jehudi)(ギリシア語＝Ioudaíos)という語は、もともとはユダ王国の住民を指すものであったのが、徐々に「アム」の成員のすべて(とくに、語られようとしている相手が、非ユダヤ人である場合)にまで拡張されていく。また、「ヘブライ人」(ibri)(ギリシア語＝Hebraíos)という語もあり、これは当初は法的色彩をまとっていたのが、ラビの文章においてはことに聖なる言語(lašon hakodeš)としてのヘブライ語を指すようになり、のちにはその意味する範囲を「イスラエル」全体にまで拡張していくのである。パウロにかんしていえば、かれはこれら三つの語、「イスラエル、ヘブライ人、ユダヤ人」(Israel, Hebraíos, Ioudaíos)のいずれをも用いている。名称そのものが分割されているのであり、イスラエルを「アム」として構成する律法自体が不断の分割の原理なのだといえるのかもしれない。

いずれにしても、基本的な律法上の分割は、パウロが露骨に割礼/無割礼という対照句によって表現する、ユダヤ人と非ユダヤ人の分割にある。たしかに預言者たちは、かれらのメッセージを差し向けようとおもえばすべての民に差し向けることができるはずである。しかし、『イザヤ書』四九章6節および8節でも、預言者の告げる「主の僕」は「ベリート・アム」(berit am)〔イスラエルの契約」と「オル・ゴイーム」(or gojim)〔非ユダヤ人たちの光〕というように定義されている。すなわち、イスラエルのためには「契約」といわれているのにたいして、非ユダヤ人たちのためにはたんに「光」とされているのである。パウロにおいても、「異邦人」(ethnē)という語がこのような対立句として用いられている例は、二三回も見いだされる。同じ対立は、手紙のなかでは、「ユダヤ人／ヘレネ人」(Ioudaíos/Hellēn)という語によっても表現されている(パウロが関わりをもった非ユダヤ人は、ギリシア人あるいはギリシア語を話す人々であった)。しかし、パウロは、一般的にはメシア的共同体のユダヤ出身でない成員のすべてを「異邦人」(ethnē)と呼んでいる。このために、『ローマ人への手紙』一一章13節では、自らを「異邦人〔非ユダヤ人〕のための使徒」(ethnṓn apóstolos)と定義しているのであり、『エフェソ人への手紙』三章1節では、「あなたがた異邦人(ethnē)のために救世主イエスの囚人となっているわたしパウロ」と語っているのである。また同じ意味で――ヒエロニュムスがそう考えていたような喜劇ではまったくない例のペトロとのアンティオキアでの議論において――「どうして異邦人(ethnē)にユダヤ人のように生活する(ioudaízein)ことを強要するのですか」と言ったのであった。

さて、問題は以下のようである。この基本的分割を前にしてのパウロの戦略は、どのようなものか。どのようにしてかれは、メシア的展望のもとで律法上の分割を中立化することに成功するのか。いうまでもなく、この問いは『ローマ人への手紙』の中心にあるパウロの律法批判と切り離して考えることはできない。そこでのアポリアは『ローマ人への手紙』三章31節(「それでは、わたしたちは信仰によって、律法を無効にすることになるのでしょうか。けっしてそうではありません。かえって、律法を確立することになるのです」）および一〇章4節（「救世主が律法の目標である」）におけるメシア的テオログーメナ〔神事にかんする思弁〕で頂点に達する。のちに「エウアゲリオン」（euaggélion＝福音）という語について論評するさい、メシア的出来事と実質を同じくするこれらのアポリアの解消を試みようとおもう。じつのところ、メシア（救世主）とは律法との衝突の格別の場所なのであって、これをカバラ学者たちはトーラー（律法）の二つの側面を区別することによって解決することとなるのである。ベリアー（Beriah）のトーラー、すなわち、いまだ救済されていない現世の法である創造の法と、アツィルート（Atzilut）のトーラー、すなわち、創造に先立って存在しており、メシアがまさに復興せねばならない法とがそれである。さしあたって重要なのは、『ローマ人への手紙』においては、ノモス（法）による分割が人間の内部にも入りこんできて、律法の働きのもと、自己分裂を引き起こすことになるということを見ておくことである（「わたしは自分が望む善はおこなわず、自分が望まない悪をおこなっているのです」『ローマ人への手紙』七章19節）。しかし、律法自体もまた分裂する。なぜなら、律法によって分裂させられた者は、かれのからだのなかに「心の法則」と戦う「もうひとつの法則」を見いだすからである（『ローマ人への手紙』七章23節）。パウロは、これらの分離にどのようにして立ち向かうのか。また、メシア的な「心の法則」というのは、いかに理解されるべきなのか。これは先在する律法に類似した、しかしまた、より普遍的な別の律法を対置するということなのか。さらに、メシア的なものにおいては、基本的な律法上の区分はどうなるのか。

これらの区分を前にして、パウロは、従前のものとは符合しないが、それらとまったく関係がないわけでもない、もうひとつの分割を作動させる。メシア的分離は、むしろ律法上の区分そのものの上で行使されるのであり、それらをひとつのさらなる切断によって分割するのである。この切断が「肉／霊」という切断である。

基本的な律法上の分割が、ユダヤ人／非ユダヤ人の分割であるとしよう。この分割は、その基準にかんしては明確であり(割礼／無割礼)、その機能にかんしては包括的である。この分割は、その残余なく二つの部類に分割するものだからである。パウロはこの分割を新たな分割、肉／霊という分割によって切断する。この分割はユダヤ人／非ユダヤ人の分割と符合するものではないが、それの外にあるわけでもない。それは、その分割そのものを切断するのである。

アペレスの切断

ベンヤミンの『パサージュ論』のドイツ語版には、N7a, 1につぎのようにある。「アポロの切断にしたがって(nach dem apoll(i)nischen Schnitt)分割された線分が自らの分割を自分自身の外側で経験するように」。この一文は無意味である。なぜなら、「アポロの切断」なるものはギリシア神話にもその他のどこにも見いだされないからである。これはいうまでもなく、「アペレスの切断」(apellnischen Schnitt)の読み間違えである(iの挿入はまったく必要ない)。あなたがたのなかには、プリニウスによって語られたアペレスとプロトゲネスの争いのことを覚えている方もおられるだろう。古典の伝承には、芸術家同士の対決の話がふんだんに出てくる(自ら描いた葡萄の房で小鳥たちを欺き、それをついばみに来させることができるというXと、その画家自身を欺いて、かれが空しくも引き剝がそうとして躍起になったというヴェールを描いたYとの争い、など)。しかし、ここでの争いは、まさに一本の線にかかわっている。プロトゲネスは、人間の筆によったものとは思われぬような細い線を引く。しかし、アペレスは、かれの筆で競争相手の引いた線の中央を、それよりもさらに細い線で分かつ。

この意味で、メシア的分離はアペレスの切断である。それは自己の対象そのものはもたずに、律法によって引かれたもろもろの分割を分かつ。こうして「ユダヤ人」という部類は、「人の目に見える」あるいは肉によるユダヤ人(Ioudaíos...en tō phanerṓ en sarkí)と、「人の目から隠れた」あるいは霊によるユダヤ人(en tō cryptṓ Ioudaíos...en pneúmati)とに切り離される(『ローマ人への手紙』二章28-29節)。同じことは(たとえ、パウロはそう言っていないにしても)非ユダヤ人についても起こる。つまりは「(真の)ユダヤ人は人の目に見えるユダヤ人ではなく、(真の)割礼は肉に施された割礼ではない」(『ローマ人への手紙』二章28-29節)ということである。アペレスの切断の効果のもとにあっては、ユダヤ人/非ユダヤ人という律法上の区分はもはや明確なものでも包括的なものでもなくなる。なぜなら、ユダヤ人ならぬユダヤ人と、非ユダヤ人ならぬ非ユダヤ人が存在することになるからである。そのことをパウロは明確に語っている。「イスラエルから出る者がみな、イスラエルなのではなく……」(『ローマ人への手紙』九章6節)。また、そのすこし後では、『ホセア書』を引きつつ、「わたしは、わたしの民でない者をわたしの民と……呼ぶだろう」(『ローマ人への手紙』九章25節)とも述べている。すなわち、メシア的分割は、もろもろの民の律法上の一大分割に、ユダヤ人

ユダヤ人		非ユダヤ人	
霊による ユダヤ人	肉による ユダヤ人	霊による 非ユダヤ人	肉による 非ユダヤ人
ユダヤ人ではないのではない者		非ユダヤ人ではないのではない者	

と非ユダヤ人とが構成上「すべてではない」ようなひとつの残余を導き入れるのである。

この「残余」は、従前の分割とまったく等質的な、しかしまた、なぜかはわからないが、自らのうちにそれらの差異を超える能力をもっているという、ひとつの数量的な部分、ないしは実数的実体をもった残基のようなものではない。認識論的観点からは、それはむしろユダヤ人／非ユダヤ人という二極分割を切断するものなのであって、このようにして直観的なタイプの別の論理へ移行していこうとするのである。あるいは、クザーヌスがその『他ならざるものについて』において用いた類の論理といったほうがよいだろうか。そこでは、A／非Aの対立は、Aでないのではない、という二重否定の形式を採る第三項の存在を許す。このパラダイムの喚起は、パウロのテクストそのもの、『コリント人への手紙 一』九章20-23節にその基礎をもつ。そこでかれは、ユダヤ人(hypó nomon〔律法のもとにある人々〕)／非ユダヤ人(anómoi〔律法をもたない人々〕)の分割を前にしての自分の立場を、独特の反復進行によって、「律法のもとにない者、神の律法をもっていないわけではなく、救世主の律法に従っている者(hōs ánomos, mē ōn ánomos theoú all' énnomos christoú)」と定義している。メシア的律法のうちにありつづける者は、律法のうちにないのではない者なのである。

さて、ユダヤ人／非ユダヤ人、律法のうちにある者／律法をもたない者という律法上の分割は、その双方から、ユダヤ人とも非ユダヤ人とも定義することのできない残りの者を残すことになる。ユダヤ人ではないのではない者、メシアの律法のうちにある者がそれである。図式化すると、おおむね、右頁の図のようになる。

この「分割の分割」に関心があるのはどうしてか。なぜ、パウロの分離がわたしにはこれほど重要におもわれるのか。それはなによりもまず、それが普遍と個別の問題を、論理においてばかりでなく、存在論および政治においても、まったく新しい仕方で考えることを強いるからである。あなたがたもご存じのように、パウロはつねに普遍主義の使徒とみなされてきた。そして、「カトリック」つまり普遍とは、自らの立場がかれの教説にもとづいているものと考えてきた教会が自らに要求してきた称号なのである。たとえば、「普遍主義の基礎」はパウロにかんする最近のある著書の副題ともなっており、その著書はまさしくいかにして「他性の現世的な増殖から出発して……普遍の思想は同一のものおよび同等のものを産むか」(Badiou, 117)を証明しようとしている。しかし、事態はほんとうにそのとおりなのだろうか。パウロにおいて、「同一のものの産出」としての普遍なるものを考えることは、はたして可能なのだろうか。

メシア的なアペレスの切断が、けっして普遍者に到達することがないのは明らかである。「霊によるユダヤ人」は普遍者ではない。なぜなら、「霊によるユダヤ人」というのは、すべてのユダヤ人について賓述可能なものではないからであって、それは「肉による非ユダヤ人」が普遍者でないのと同様である。しかし、このことは、ユダヤ人ではないのではない者たちがユダヤ人か非ユダヤ人の一部分をなすにすぎないということを意味しはしない。ユダヤ人ではないのではない者たちというのは、むしろ、ユダヤ人と非ユダヤ人が自己自身と一致することの不可能性を表現しているのであり、なにかしらおのおのの民と自己自身とのあいだの残余、おのおのの自己同一性と自己自身とのあいだの残余のようなものなのだ。ここにおいて、パウロの操作を現代の普遍主義からわかつ距離を測ることができる。現代の普遍主義の場合には、なにものか——たとえば人の人間性のようなもの——が、すべての差異を廃絶する原理として、あるいはこれを超えたところではどんな分割ももはや不可能であるような最終的な差異として、通用させられている。たとえば、バディユは、いましがた挙げたばかりの著書において、パウロの普遍主義を「もろもろの習慣や意見を前にして、それらを自ら進んで受けいれようとする善意」あるいは「もろもろの差異を前にして、それらを無差別に認めようとする寛容」として受けとめようとしており、それらの差異こそが、ひるがえっては「普遍主義そのものが築きあげられるために通過する必要のあるもの」となるのだとみている(Badiou, 105–06)。

最終的には宗教紛争にたいする国家の態度にかかわる「寛容」とか「善意」といった観念の正当性がなんであれ(ここには、国家を廃絶しようとしているのだと宣言する者たちがどんなにか国家的観点から自らを解き放つことに成功できないでいるかが見てとれる)、たしかにそれらはメシア的観念ではない。パウロにとって重要なのは、「寛容」あるいはもろもろの差異を通過して、それらを超えたところに自己および普遍的なものを見いだすことではない。普遍的なものとは、かれにとっては、そこからもろもろの差異を眺めることのできる超越的な原理ではないのであって——かれはそのような観点を自由に使いうる立場にはない——、律法上の分割自体を分割して、それらを働かなくさせるような、しかしながら最終的な土地に達することはけっしてない、ひとつの操作なのである。そもそも、ユダヤ人にとってもギリシア人にとっても、原理としても目的としても、普遍的な人間あるいはキリスト教徒は存在しない。そこには、ひとつの残余があるにすぎない。ユダヤ人やギリシア人が自己自身と一致することの不可能性があるにすぎないのだ。メシア的召命は、あらゆる召命を自己自身から分離し、それらにさらなる自己同一性を供給することはないままに、それらを自己自身との緊張のうちに置くのである。ユダヤ人はユダヤ人「でないもののように」、ギリシア人はギリシア人「でないもののように」。

ブランショはかつて、アンテルメの書物に関連して、人間とはかぎりなく破壊されうる破壊されえないものである、と記したことがある。この定式化に含意されている逆説の構造をよく考えてみていただきたい。人間がかぎりなく破壊されうる破壊されえないものであるとすると、このことは、破壊すべき、あるいは見いだしなおすべき人間の本質なるものは存在しないこと、人間とはかぎりなく自己自身に欠ける存在であること、つねにすでに自己自身から分かたれた存在であることを意味している。しかし、人間がかぎりなく破壊されうるものであるとすると、このことは、この破壊を超えたところに、また、この破壊のなかにあって、つねになにものかが残っていること、人間とはこの残りのもののことであること、それらをも意味していることになる。

なぜ、パウロについて普遍主義を語ることにあまり意味がないかがおわかりだろう——少なくとも、普遍的なものがもろもろの切断や分割を超えたところにある原理であるとかんがえられており、個別的なものがあらゆる分割の最終的な限界であるとかんがえられているかぎりはそうである。パウロには、この意味においては、原理も目的もない。アペレスの切断、分割の分割があるにすぎない——そして、つぎには、残余が。

残りの者

パウロが『ローマ人への手紙』一一章1-26節において、すなわち、まさにアム／ゴイーム(ユダヤ人／非ユダヤ人)という問題を極限的定式化にまで持っていっている部分において展開している、残りの者の理論を読む必要があるのは、こうした展望のもとにおいてである。かれは「神は自分の民を退けてしまったのでしょうか」と自問することでもって始め、ただちに「けっしてそうではありません」と答える。そして、かれ自身が肉においてはユダヤ人であることを主張する。「このわたしもイスラエル人で、アブラハムの子孫であり、ベニヤミン族の者です」と。神は、自らが選んだ民を捨てたのではない。そうではなくて、エリヤのときのように、イスラエルを攻撃する預言者の告発を前にして、七千人を自らのために残しておいたのである。「同じように、今の時にも(en tō nyn kairó——これはメシア的時間を表すための専門用語である)、恵みによって選ばれた残りの者が産み出されています」(『ローマ人への手紙』一一章5節)。

残りの者とは、パウロのギリシア語では、レイマ(leimma)である。パウロは、この観念を発案したわけではなく、かれに特徴的な所作にしたがって、それを預言者の伝統から採用している。これは預言者の語法におけるひとつの専門用語であって、とくにイザヤ、アモス、ミカにおいて重要な機能を果たしている。これに相当するヘブライ語の語彙はシェアル(šear)およびシェーリト(šērit)——七十人訳聖書ではカタレイマ(katáleimma)およびヒュポレイマ(hypóleimma)——である。これらの預言者たちにおいては、この語にはどこか逆説めいたものがある。かれらは、選ばれた民、イスラエルにたいして、あたかもひとつの全体にたいするように向かう。それでいて、一部の残された者だけが救済されるであろうと告げるのである。パウロも引いている典型的なくだりは、『イザヤ書』一〇章20-22節のメシア的預言である。「その日には、イスラエルの残りの者、ヤコブの家の逃れた者たちは、もうふたたび、自分たちを撃った敵に頼ることはないだろう。……残りの者が、ヤコブの残りの者が、力ある神に帰ってくる。あなたの民イスラエルが海の砂のようであっても、そのうちの残りの者だけが帰ってくる」。メシア的な残りの者という理念は、すでにヤハウェがイザヤに告知する息子の名、「シェアル・ヤシュブ」(Searjasub)のうちに含まれている。これは字義どおりには「残りの者が帰ってくるだろう」の意である(帰還と救済とは、ユダヤ教においてはかくも密接に関連しているのであって、七十人訳聖書では「ヤシュブ」(jasub)を「救われるであろう」(sōthḗsetai)と訳すことになる)。神の業であるメシア的救済は、残りの者をその主体としている。「エルサレムから、残りの者が、シオンの山から、逃れた者が現れ出る」(『イザヤ書』三七章32節)。しかし、選びと召し出しもまた、残りの者をかたちづくっている。「わたしに聞け、ヤコブの家よ、イスラエルのすべての残りの者よ」と、イザヤは、「胎内にいるときから担われており、生まれる前から選ばれたあなたがた」というパウロのテクストのうちに深く反響している言葉をそえて叫んでいる(『イザヤ書』四六章3節)。同様に、『ミカ書』四章6-7節においても、メシア的告知は残りの者に関連している。「その日が来れば、——と主は言われる。——わたしは足の萎えた者たちを集めるだろう。追いやられた者たち、わたしが苦しめてきた者たちを呼び寄せるだろう。わたしは足の萎えた者たちをもって残りの者となし、遠くへ追いやられた者たちをもって強い国となすだろう」。そして、神の民の全面的な破壊を告知するアモスも、しかしまたアポリア的に残りの者の理念を提示している。「悪を憎み、善を愛せよ、町の門で正義を貫け。あるいは万軍の神なる主がヨセフの残りの者を憐れんでくれることもあろう」(『アモス書』五章15節)。

この「イスラエルの残りの者」を、どう考えるべきだろうか。一部の神学者たちがそうしているように、その残りの者を数的な部分、すなわちユダヤ人のうちでもともと預言的な終末論を特徴づけていた破局(カタストローフ)を生き延びた者たち、廃墟と救済とを結ぶ橋のようなものとして理解すると、初めから問題を誤解することになってしまう。しかし、それ以上に筋違いであるのは、同じ残りの者を、万民の最終的な破壊を生き延びる選ばれた民であるかぎりで、単純にイスラエルと同一視する解釈である。預言者たちの諸文書を注意深く読むならば、残りの者とは、むしろイスラエルがメシア的な選びないしは出来事との関係において引き受ける内容あるいは形姿にほかならないことが判明する。すなわち、それは全体でもなければ、その部分でもない。そうではなくて、全体にとっても部分にとっても、それ自体と、またそれらのあいだにおいて、一致することの不可能性を意味しているのである。決定的瞬間においては、選ばれた民——あらゆる民——は、必然的に残りの者として、すべてではないものとして、自らを立てるのである。

この預言的・メシア的な残りの者という観念こそ、パウロがすくいとり展開している当のものである。そして、これが、かれの分離の、かれの分割の分割の、最終的な意味でもある。かれにとっては、残りの者とはもはや預言者たちにおけるような未来にかんする観念ではなく、かれがメシア的な「今」と定義する現在的な経験なのだ。「今の時にも、……残りの者が産み出されている(gégonen)のです」。

全体と部分

ここには、なんの媒介もなしに三つの要素を召喚してみせる驚くべき弁証法がある。第一には、「すべて」または「全体」(pās, panta)。タウベスは『コリント人への手紙 一』の全体が、「すべて」(pās)という言葉をめぐる遁走曲(フーガ)のように構築されていると論じたことがある(ギリシア語聖書においては、「すべて」(pās)は「主」(kýrios)という語に次いでもっとも汎用される語であり、単独でおよそ七千回出てくる)。パウロにおいては、「すべて」(pās)は終末論的なテロスに固有の表現である。時の終わりには、神は「すべてにおいてすべて」(panta en pāsin)となるだろう(『コリント人への手紙 一』一五章28節——「すべて」(pās)の集積的な意味と分配的な意味を結合したこの定式は、やがて汎神論者たちによって採用されることになる)。同じ意味で、パウロは(「今の時にも、恵みによって選ばれた残りの者が産み出されているのです」という)前言に訂正をほどこして、最後には「全イスラエルが救われるだろう」(『ローマ人への手紙』一一章26節)と述べている。

つぎには、部分(meros)である。これは、世俗的な世界、律法のもとにある時間を定義する。ここでは、すべてが分割されており、すべてが「部分的に」(ek merous)存在している。『コリント人への手紙 二』一三章9-13節の有名なくだりを思い起こしていただきたい。「というのは、わたしたちの知っているところは一部分(ek merous)であり、預言することも一部分です。しかし、完全なもの(to téleion)がやって来たら、部分的なものは無効になるでしょうから。……わたしたちは、今は鏡におぼろに映ったものを見ていますが、そのときには顔と顔とを合わせて見ることになります。わたしは、今は一部分しか知りませんが、そのときには、わたしがはっきり知られているのと同じように、はっきり知るようになるでしょう。こういうわけで、信仰と、希望と、愛、この三つは、いつまでも残ります(menei)。そのなかで最も大いなるものは愛です」。

最後には、メシア的な残りの者。これは部分を超えたところにあるのではなくて、すでに見たように、部分を分割した結果出てくるのであり、部分と密接に結びついている。メシア的な世界は、この意味においては世俗的な世界と異なるものではないこと、それはなおも、なんらかの仕方で部分的なものであること、このことをパウロは『コリント人への手紙 一』一二章27節でメシア的共同体の成員たち自身にはっきりと想起させている。「あなたがたは救世主のからだであり、ひとりひとりはその部分(ek merous)なのです」。しかしまた、残りの者とは、まさしく分割が十全になされることを妨げるところのものであり、部分と全体とが自己自身と一致しうることを排除するところのものである。それは救済の対象ではなく、むしろその装置であり、本来的には、救済を可能にするところのものなのだ。『ローマ人への手紙』一一章11-26節において、パウロはこの残りの者の救済論的弁証法を明確に表明している。イスラエルを「部分」として、残りの者として描き出すところの「減少」(hḗttēma)は、非ユダヤ人たち(ethnē)の救済のために産み出されているのであり、それ〔イスラエル〕のプレーローマ(plḗrōma)の、それの全体としての充溢の、前触れをなしているのである。なぜなら、最後には、万民のプレーローマがやってきたときには、「全イスラエルが救われるだろう」からである。したがって、残りの者は全体の部分にたいする過剰であると同時に、部分の全体にたいする過剰でもあるのであって、格別の救済論的装置として働くのである。このようなものとして、それはメシア的な時間にのみかかわっており、メシア的な時間のなかにおいてのみ存在する。テロスにおいては、神が「すべてにおいてすべて」であるときには、メシア的な残りの者は、なんら特別の特典をうけることなく、その存在意義を使い果たして、プレーローマのうちに消え去っていくだろう(『テサロニケ人への手紙 一』四章15節――「主の来臨の日まで生き残っているわたしたちが、眠りについた人たちより先になることは、けっしてありません」)。しかし、唯一の現実的な時間である今の時には、残りの者しか存在しない。それは廃墟の終末論に属するものでも、救済の終末論に属するものでもなく、むしろベンヤミンの言葉を借りるならば、それを知覚することにおいてのみ救済が達成されるところの救済しえないものである。救済は存在するが、それは「わたしたちのためにではない」という、カフカのアフォリズムは、ここにおいてそのユニークな意味を見いだす。残りの者として、わたしたち「今の時に」(en tō nyn kairṓ)生き残っている者は、救済を可能にするものであり、その「初穂」(aparchḗ)(『ローマ人への手紙』一一章16節)であり、いってみればすでに救済されている。しかし、まさにこのために、わたしたちが救済されるのは、残りの者としてではない。メシア的な残りの者は、終末論的な全体を取り返しがたく乗り越えてしまっている。それは、救済を可能にする、救済しえないものなのである。

パウロの手紙のうちに直接アクチュアルな政治的遺産のようなものを指示しなければならないとすれば、残りの者という観念こそはそのひとつではないか、とわたしはおもう。それはとりわけ、時代遅れになったとはいえ、それでもなお、おそらくは放棄しえない、民衆とか民主主義といった観念を、新たな展望のもとに置きなおすことを可能にしてくれる。民衆とは、全体でも部分でもなく、多数派でも少数派でもない。それはむしろ、全体としても部分としても自己自身と一致することのけっしてできないもの、あらゆる分割において限りなく残っていて、あるいは抵抗していて、——わたしたちを統治する者たちと折り合いがよいことにも——多数派にも少数派にも還元されたままになっていることのけっしてないものである。そして、この残りの者こそは、民衆が決定的瞬間にとる形姿ないしは内実なのであり——そのようなものとして、それは唯一の現実的な政治的主体であるのだ。

* 残りの者というメシア的な観念は、疑いもなく、マルクスのプロレタリアートと類似以上の様相を呈している。マルクスのプロレタリアートは「階級」であるかぎりでは自己自身と一致することができず、必然的に国家的な弁証法をも「身分」の社会的な弁証法をも超え出ている。なぜなら、それは「特殊的な不正」ではなく、「絶対的な不正」(das Unrecht schlechthin)〔不正そのもの〕をこうむっているからである。さらには、それはドゥルーズが「弱小民」と呼ぶ、構成上少数派の立場にある存在をよ

りよく理解することを可能にしてくれる(この観念はたしかに起源をより古い時代にもっている。それというのも、スペイン内戦を生き抜いたホセ・ベルガミンが、ほとんど格言のように、「民衆はつねに少数派である」(el pueblo es siempre minoria)とつねづね口にしていたことをわたしは想い起こすからである)。たぶんこれと類似した意味で、フーコーは、一九七七年のジャック・ランシエールとのインタビューにおいて、権力関係に付託することができず、絶対に還元しえないものでありながら、しかしまた単純に権力関係にたいして外在的なものでもなく、なんらかの仕方でそれの限界を画すものとしての庶民について語っている。「庶民はたぶん存在するのではなく、与えられるのです(il y a de la plebe)。肉体において、魂において、個人において、プロレタリアートにおいて。しかしながら、その範囲、形態、活力、還元不可能性においては、そのつど異なったかたちで、庶民として与えられるのです。このような庶民の部分は、権力関係にたいしての外部ではなくて、むしろ、それらの限界を、それらの転覆を、それらへの反撃を表しているのです」(Foucault, 421)。

何年も経ってから、ランシエール自身このフーコーの観念をふたたびとりあげ、それを「部分をもたない者たちの部分」、あるいは民主主義を「争論の共同体」として制定する不正の運搬者たる定数外の存在というように理解された民衆の観念において展開しようとした。ここでは、すべては「不正」とか「争論」ということでなにが意図されているか、にかかっている。民主主義的な争論が真にそうであるところのもの、すなわちスタシス(stasis)あるいは内戦の可能性として理解されているのなら、そのときには定義は肯綮にあたっている。しかし、逆に、どうやらランシエールが考えているらしいように、民衆が体現している「不正」が——マルクスにおいてはなおもそうであったように——「絶対的なもの」ではなく、まさしく「取り扱い可能なもの」であるのなら(Rancière, 64)、そのときには民主主義をその合意主義的ないしはポスト民主主義的な偽造——これについてはランシエールもはっきり批判しているのだが——から分かつ線は抹消されてしまいかねない。

第四日　アポストロス〔使徒〕

アポストロス（apóstolos）という語は――これはわたしたちの読解においてはアフォーリスメノス（aphōrisménos）〔分かたれた〕に依存しており、それゆえ、いま註釈をくわえるべき時なのであるが――、パウロにおいては、格別の重要性をもっている。それというのも、かれは、それもおよそすべての「手紙」の前置きにおいてばかりでなく、その固有の機能を定義しているからである。ギリシア語の動詞アポステロー（apostéllō）〔遣わす〕に遡るその意味は、明確である。アポストロスとは使者、遣わされた者のことであり、この場合には、人間によって遣わされた者ではなく、救世主イエスおよび神の意志によってメシア的告知をもたらすために遣わされた者である（『コリント人への手紙　一、二』においても、『ガラテヤ人への手紙』『エフェソ人への手紙』『コロサイ人への手紙』においてもそうである）。それに先行するヘブライ語の用語シャリアー（šāliah）は、基本的に法律上の概念である。それは代理人、所定の任務のために遣わされた人間である。この任務の性質がどんなものであれ（契約、婚姻等々）、シャリアーには「ある人物の使者はその人物同様である」（代理人による法的決定の諸帰結は委託者の責任に帰す）というラビの格率が適用される（これはローマ法にも馴染みの格率である）。このもともとは法律上の概念が、ユダヤ教においては宗教的な意味を獲得することとなった（ユダヤ教において宗教と法的権利を区分することに意味があるとしての話であるが）。こうしてパレスチナの共同体はシェルーヒーム（šeluhim）（šaliah の複数形）をディアスポラの共同体に派遣したのである。しかし、たとえ任務が宗教的な性格のものであっても、いつも、その任務は限定されたものであり、人物もまた過度の要求を負うことがなかった。ここから、サバタイ・ツヴィにかんしての「シャリアー〔使者〕として出かけ、マシアー〔救世主〕として帰ってきた」という、何世紀も後になって流行することになる地口のユーモアが出てくることになるのである。

パウロはなぜ自らを使徒と定義し、たとえば預言者とはいわないのか。使徒と預言者の差異はどこにあるのか。この差異には、パウロ自身がこだわっていて、『ガラテヤ人への手紙』一章15-16節において、エレミヤの言葉を引用するにあたって、それに少しばかり修正をくわえている。主が「わたしはあなたを母の胎内で預言者と定めていた」と告げたとエレミヤが言っていたところを、「人々からでもなく、人をとおしてでもなく、救世主イエスと、救世主を死者のなかから復活させた父である神とによって使徒（apóstolos）とされた」と〔『ガラテヤ人への手紙』一章1節において〕自らを定義したばかりのパウロは、「預言者」を消去し、たんに「わたしを母の胎内にあるときから選び分け、恵みによって召し出した方」と記しているのである。メシア的時間においては、使徒が預言者の場所を占め、それに取って代わるのだ。

預言者

ユダヤ教において、また一般に古代世界において、預言者(nabi)の占める重要性については、たしかにあなたがたもよくご存じだろう。それほど知られていないのは、西洋文化において近代のとば口にいたるまで預言者という形姿が執拗に残りつづけてきたことである。これはじつのところ、現在にいたるも完全には消滅したといえないのである。アビ・ヴァールブルクは、ニーチェとヤーコプ・ブルクハルトを、それぞれ未来と過去とに目を向けた二つの対極的な預言者の型として分類した。また、記憶しているのだが、ミシェル・フーコーは、一九八四年二月一日のコレージュ・ド・フランスにおける講義のなかで、古代世界において真実を述べる存在として、預言者、賢者、専門技術者、寄留者の四つを区別し、ひきつづく講義で、近代哲学の歴史のうちにその後継者を跡づけてみせた(これは興味深い練習である。あなたがたも試してみられるとよい)。

預言者とは何者なのか。まずもって、それは「ヤハウェの息吹き」(ruah Jahwê)と直接的な関係にあり、自分のものではない言葉を神から受ける人のことである。「かく、ヤハウェは言いたまう——あるいは言いたもうた」というのが、預言的言説を始める決まり文句である。恍惚とした境地で神の言葉を伝える者として、預言者は使徒からはっきりと区別される。使徒のほうは、特定の目的のための代理人であるかぎりで、明晰さをもって自らの任務を遂行し、告知の言葉を自分自身で見つけださなければならないのであって、それゆえに「わたしの福音」(『ローマ人への手紙』二章16節、一六章25節)と定義することができるのである。しかしながら、ユダヤ教においては、預言とは、その機能を定義し、その形姿を限定することのできるような制度ではない。それはむしろ、それを話法のうちに、またなによりも時間のうちに制限しようとする他の諸力と永続的に闘争しつづけている力、もしくは緊張のようなものなのだ。こうしてラビの伝承は、正当な預言を、キリスト暦紀元前五八七年の最初の神殿破壊によって終わる理想的な過去の限界のうちに閉じこめようとする。「第二の時には、火、聖櫃、塗油、ウリムとトンミム、そして聖なる息吹き(すなわち預言をおこなう霊)という五つのものが、第一の時よりも少なくなる」とか、「最後の預言者たち、ハガイ、ゼカリヤ、マラキの死後、聖なる息吹きはイスラエルから遠ざけられてしまった。それでも、天上の言葉はバト・コル(bat kol)(字義どおりには、「声の娘」、すなわち、預言の反響あるいは余韻)をつうじてその地に到達する」といったようなタイプの主張は、この意味において読まれなければならない。しかし、このいってみれば外部からの預言の閉ざしには、興味深いことにも、預言それ自体の内部において働く制限が対応している。あたかも、それは自らの閉ざしと自らの不十分さの告知を、それ自身のうちに含みもっているかのようである。こうして、たとえば『ゼカリヤ書』一三章2-4節には、つぎのようなくだりが出てくるのである。「その日には……預言者たちをも、汚れた霊をも、わたしはこの地から追い払うだろう。それでもなお預言する者があれば、かれはその生みの親である父からも母からも、「主の名において偽りを告げたのだから、おまえは生きていてはならない」と言われ、その預言のゆえに生みの親である父と母によって刺し貫かれるだろう。その日、預言者たちはみな、預言をしても自分の幻のゆえに恥を受けるだろう」(ここには『悪の華』の巻頭における詩人の呪詛の元型が認められるだろう。また、これのようなくだりとの関連においてこそ、「わたしは福音を恥とはおもいません」(『ローマ人への手紙』一章16節)というパウロの断言は理解されなければならないのである)。

この閉ざしをどのように理解すべきであるにしても、預言者は本質的にかれの未来との関係において定義される。『詩篇』七四篇9節には、つぎのようにある。「もはや、わたしたちのためのしるしは見えません。今は預言者もいません。いつまで続くのかを知る者もありません」。「いつまで」――預言者たちがメシアの到来を告げるたびごとに、告知はいつも、なおも現在しない、来たるべき時にかんするものである。ここに預言者と使徒の相違がある。使徒はメシアの到来から出発して語る。その時点では、預言は沈黙せねばならない。預言はいまや、ほんとうに果たされたのである(これこそは、それが閉ざしに向かって内的な緊張状態にあることの意味である)。言葉は使徒へと、メシアの使者へと移るのであり、それの時間はもはや未来ではなく、現在なのである。このために、メシア的出来事のための専門的な表現は、パウロにおいては「今の時」(ho nyn kairós)なのである。また、このためにパウロは使徒なのであって、預言者ではないのである。

黙示録的

しかし、使徒はまた、しばしば混同されているもうひとつの形姿からも区別されなければならない。厳密にいえば、メシア的時間と終末論的時間との混同が生じているのだ。未来に向けられた預言ではなく、時の終わりを観照する黙示は、メシア的告知についてのもっとも油断のならない誤解である。黙示者は、最後の日、怒りの日に自らを位置づける。かれは終末が完遂されるのを見て、自分が見ているものを記述するのである。これにたいして、使徒が生きる時間は終末(éschaton)ではない。メシアニズムと黙示文書の、使徒と黙示者の相違をひとつの定式にまとめてみたければ、ジャンニ・カルキアの示唆を借りて、メシア的なものは時の終わりではなく、終わりの時なのだ、と言うことができるのではないかとおもう(Carchia, 144)。使徒に関心があるのは、最後の日、時間が終わる瞬間ではなく、収縮し、終わり始めている時間である(「時は縮まっています」(ho kairós synestalménos estín)『コリント人への手紙 一』七章29節)。あるいは、こう言ったほうがよければ、時間とその終末とのあいだに残っている時間なのである。

ユダヤ教の黙示文書の伝承とラビの伝統は、二つの時間＝時代あるいは二つの世界(olamim)の区別を知っていた。創造から終末までの世界の持続期間を指示するオラーム・ハゼー(olām hazzeh)と、オラーム・ハッバー(olām habbā)、来たるべき世界、この世の終わりに続く無時間的な永遠性との区別である。こうして、ギリシア語によるユダヤ教の伝統にあっても、二つのアイオーン(aiones)〔時間＝時代〕あるいは二つのコスモス(kosmoi)〔世界〕が区別されている。「このアイオーン、このコスモス」(ho aiṓn touto, ho kosmos houtos)と、「来たるべきアイオーン」(ho aiṓn mellōn)とである。これらの用語は、二つともパウロのテクストに姿を見せている。しかし、メシア的な時間、使徒が生きており、使徒にとって唯一関心のある時間は、オラーム・ハゼーでも、オラーム・ハッバーでもない。年代記的な時間でも、黙示録的な終末でもない。それは、ここでもまた、残りのものである。もしも、メシア的な区切り、あるいはアペレスの切断によって時間の分割そのものが分割されるのだとすれば、これら二つの時間のあいだに残っている時間なのである。

それゆえ、メシア的な時間を終末論的な時間の上に平準化してしまい、こうしてまさにメシア的なものの特殊性をなしているところのものについて思考することを不可能にしてしまう、よくある誤解をまずもって修正しておく必要がある。一九六〇年代の半ばごろ、ブルーメンベルクの著書『近代の正統性』(一九六六年)と、それに先立つレーヴィットの著書『世界史と救済史』(一九五三年)を皮切りに、ドイツでは世俗化と近代性を主題とした広範な議論が闘わされた。この二人の著者の立場は異なっており、いくつかの点では対立するものであったけれども、あるひとつの共通の前提をわかちもっていた。近代性と終末論とのあいだには、両立不可能な対立があるという前提がそれである。時間は終末論的救済へと、ひいては最終的な終末へと向かっていくものだ、というキリスト教的な時間概念は、ブルーメンベルクにとってもレーヴィットにとっても、もはや廃れてしまっていて、究極的には、近代性の体現する時間と歴史に対立することにならざるをえないのであった。ここでは、この論争の詳細に立ち入ることはせず、ただブルーメンベルクもレーヴィットも、メシア信仰を終末論と混同し、終わりの時を時の終わりと混同しており、こうしてまさにパウロにとって本質的であったところのもの、すなわち、二つのオラーム〔時間=時代〕のあいだの明確な分割の可能性そのものを問いにふすものとしてのメシア的時間を見逃すことになってしまっている、ということだけを注意しておきたい。

この時間はどのように表現されるのか。外見上は、事態は単純である。まずもっては、創造からメシア的出来事(これは、パウロにとっては、イエスの誕生ではなく、その復活である)にいたる世俗的な時間がある——これについては、パウロは通常クロノス(chronos)という用語でもって言及している。ここで、時間は収縮し、終わり始める。が、この収縮した時間——これについては、パウロは「今の時」(ho nyn kairós)という表現でもって言及する——はパルーシア(parousía)、すなわちメシアのまったき臨在にいたるまで持続する。そして、このパルーシアは、怒りの日および時の終わり(それは切迫しているとはいえ、不定のままにとどまっている)と一致する。ここで時間は爆発する——あるいはむしろ、内破する。もうひとつのアイオーンのうちに、永遠のうちに。

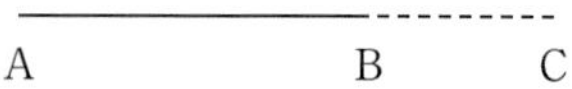

この図式を線上に表してみるならば、上のようなものとなるだろう。

Aは創造、Bはメシア的な出来事、イエスの復活、Cは終末で、そこにおいて時間は永遠へと移行する。この表象は、メシア的な時間——「今の時」——が時の終わりにして未来のアイオーンとも、世俗的な年代記的時間とも符合せず、しかしまた後者の外部にあるわけでもないことを明確に示すという長所をもっている。メシア的な時間は世俗的な時間の一部でありつつ、それを全面的に変質させる収縮を受けるのである(上の図においては、この異種性は破線によって不十分にしか表現されていない)。このためには、アペレスの切断の理念に訴えて、メシア的な時間を、二つの時間のあいだの分割自体を分割することによって、それのなかに分割を超えたひとつの残りのものを導入する区切りとして表象するほうが、たぶん、いっそう厳密だろう。

次頁の図式においては、メシア的な時間は、世俗的なアイオーンのうちの構成上クロノスを超えた部分と、永遠のうちの未来のアイオーンを超えた部分として、両方とも、二つのアイオーンのあいだの分割にたいする残りのものの位置にあるものとして表現されている。

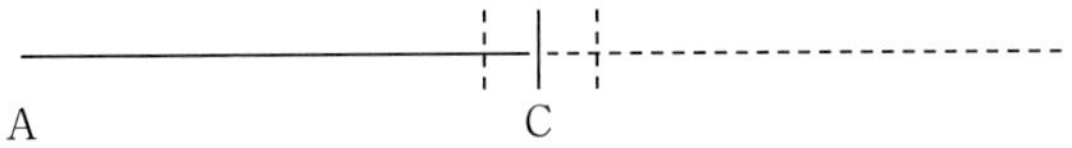

しかし、このような方法で、メシア的な時間経験をほんとうに理解したということができるのだろうか。ここには、わたしたちの時間表象が空間的なものであるということにかかわる一般的な問題がある。これまでもしばしば指摘されてきたように、これらの空間的表象——点、線、線分——には時間の生きられた経験を思考不可能なものにしてしまう変造の責任がある。終末とメシア的時間との混同は、その歴然たる一例である。時間を一本の直線で表象し、その終わりを点による瞬間で表象すれば、得られるのは、なにか絶対に表象可能ではあるが、絶対に思考不可能なものである。逆に、時間の現実的な経験について反省してみるならば、そこで持つことになるのは、なにか思考可能ではあるが、厳密には表象不可能なものである。同様にして、メシア的時間を二つのアイオーンのあいだに置かれた線分として表象すれば、イメージとしては明快であるが、残っている時間、終わり始めた時間の経験については、なにも語ってくれない。表象と思考のあいだ、イメージと経験のあいだの、この断絶はどこに由来するのだろうか。そしてまた、この曖昧さを免れうるような別の時間表象は可能なのだろうか。

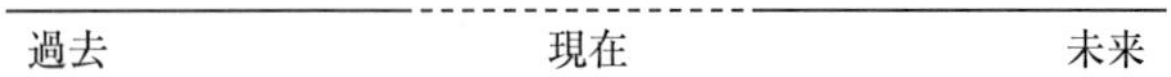

操作時間

これらの問いに答えるべく試みるために、わたしは哲学からでも科学からでもなく、二〇世紀の偉大な言語学者のなかでおそらく最大の哲学者である、ひとりの言語学者ギュスターヴ・ギヨームの著作からやってきた概念を利用しようとおもう。メイエやバンヴェニストの傍らで研究していたにもかかわらず、ギヨームの言語にかんする省察は、二〇世紀の言語学において奇妙にも孤立したままにとどまってきた。そして、今日になってようやく、その豊かさの全貌において探査され始めているというのが実情である。かれは、アリストテレスにおける可能態と現実態の区別から出発して、言語に目を注ぐ。こうして、すでにソシュールのラング(langue)とパロール(parole)の区別のうちに暗示されていたものではあるが、それよりもずっと込みいったオリジナルな見通しを、言語にかんして開いてみせることに成功している。ここでわたしたちにとって興味深いギヨームの著作は、それぞれ一九二九年と一九四五年に公表された二つの研究を一冊にまとめた『時間と動詞』である。なかでも、わたしがとりあげたいのは、どちらの研究にも登場する「操作時間」という概念である。ギヨームによると、人の心は時間の経験をもつが、その表象はもたないのであって、それゆえ、それを表象するためには、空間的な秩序に属する構築物に訴えなければならない。こうして文法は動詞の時制を、現在という切断によって分かたれた過去と未来という二つの部分からなる無限の直線として表象することになる。
　この表象は——これをギヨームは時間イメージとも呼んでいるが——不十分である。なぜなら、あまりに完全だからである。それはつねにすでに構成された時間をわたしたちに提供するが、思考のなかで構成されつつある時間については、これをわたしたちに示してくれることはない。ほんとうに何ごとかを理解するためには、それを構成された状態、あるいは達成された状態で考察するだけでは十分ではない、とギヨームはいう。思考が、それを構成するのにたどる諸相を表象できる必要があるというのである。あらゆる心的操作は、どれほど迅速なものであろうとも、完遂されるためには、なにがしかの時間を必要とするのであって、それはきわめて短いものかもしれないが、だからといって現実性の点で劣るわけではないのである。ギヨームは「操作時間」を心がある時間イメージを実現するために用いる時間と定義している。さて、言語活動のさまざまな現象についての注意深い検討が明らかにしてくれるところによれば、言語がその動詞体系を組織するのはさきの直線図式——完全すぎるために貧困な——にしたがってではないのであって、構成されたイメージをその構成の「操作時間」に関連させることをつうじてである。こうしてギヨームは時間のクロノロジカルな表象を複雑化して、それの上に時間イメージの形成過程についての表象を投影し、時間のクロノジェネティック〔時間生成的〕な表象という——もはや直線ではなく三次元の——新たな表象を獲得することができるのである。かくてクロノジェネーシス〔時間生成〕の図式は、時間イメージを言語のすべての動詞形式（相、法、時制）の統一モデルにしたがって考慮しながら、その純粋に可能的な状態（in posse の時間）において、その形成の過程（in fieri の時間）において、そして最後には構成された状態（in esse の時間）においてとらえることを可能にするのである。

＊ 言語活動の科学への操作時間概念の導入がいかに重要なものであるかは明らかである。それはギヨームに――あらゆるイメージがそうであるように――それ自体では時間をまったく奪われてしまっている空間的な表象に時間を取り戻させることを可能にしているばかりではない。言語が自らの生成の操作時間に関連しうるのだという観念は、二〇世紀の言語学のもっとも非凡な創案の基礎を――それと同時にいっそうの複雑化の原理を――すでに内包している。バンヴェニストの言表行為の理論がそれである。言表行為のもろもろの指標をつうじて、言語は自らの発生に、現に進行しつつある言述の純粋な行為にかかわる。そして、この言表行為の純粋な現在に自らかかわりうる能力は、バンヴェニストによれば、クロノテシス〔時間措定〕、すなわち、わたしたちの時間表象の起源と一致しており、それの中軸的準拠点を構成しているのであった。しかし、ギヨームのいうように、あらゆる心的操作、あらゆる「言語活動が現に進行中の状態のうちにある思考」が操作時間を含んでいるのだとすると、そのときには、現に進行しつつある言述の行為へのかかわりもまた、なにがしかの時間を含んでいることになり、クロノテシスはさらなる時間をその内部に包含して、言表行為の「純粋な現在」のうちに中断と捉え止めを導き入れることとなるだろう。そして、バンヴェニストは言表行為を主観性と意識の基礎そのものとするのだから、この断絶とこの遅延は主体の構造に構成的に属していることになるだろう。思考がつねに「言語活動が現に進行しつつある状態のうちに」あり、それゆえ必然的に自らのうちに操作時間を含んでいるかぎり――その速度とその飛翔力がどれほど大きいものであろうとも――、思考はけっして完全には自分自身と一致することができず、意識の自分自身への現前はすでにつねに時間の形式をとってい

ることになるだろう。このことはまた、なかんずく、時間の思考と時間の表象とがけっして合致しえない理由をも説明してくれる。自らを表現する——そしてなにがしかの時間イメージを実現する——言葉を形成するためには、思考は操作時間を必要とするのであるが、当の操作時間のほうは、それをなんらかの仕方で含んでいる表象においては表象されることはできないのである。

さて、ここで操作時間という範型を言語学の境界を越えて展開し、メシア的時間というわたしたちの問題に移し換えることを試みてみよう。わたしたちが時間についておこなうあらゆる表象、わたしたちが時間を定義し表象するさいのあらゆる言述には、それらに汲み尽くされることのできない、さらなる時間が内包されている。それはあたかも、人間が、考え話す存在であるかぎりで、クロノロジカルな時間にたいして、それについてのもろもろのイメージや表象がつくりだされうるような時間と完全に一致することを阻む、さらなる時間を産み出しているかのようなのだ。しかしまた、このさらなる時間は、もうひとつの時間、クロノロジカルな時間に外から付加される補足的時間のようなものではない。それは、いわば、クロノロジカルな時間の内部にあるひとつの時間——それに付け加わるのではなくて、内在する時間——であって、クロノロジカルな時間にたいするわたしの位相のずれ、わたしがわたしの時間表象にたいして断絶および不一致の状態にあることをしか測定せず、しかしまた、まさにこのために、わたしがわたしの時間表象を完遂し把捉することを可能にしてくれるものでもある。そこで、わたしたちはメシア的時間の第一の定義を提出することができる。それは時間の終わりへとわたしたちを向かわせる時間——あるいは、より正確には、わたしたちがわたしたちの時間表象を終わらせるために、完遂するために、雇い入れる時間なのだ。それはクロノロジカルな時間の——表象可能ではあるが、思考不可能な——直線でもなければ、その終わりの瞬間を表す——同様に思考不可能な——点でもない。しかしまた、それはたんにクロノロジカルな時間の上に重ね合わされた復活から時間の終わりにいたるまでの線分でもない。それはむしろ、クロノロジカルな時間のなかで湧き出し、それに働きかけ、それを内側から変容させる操作時間なのであって、時間を終わらせるためにわたしたちが必要としている時間——この意味において、わたしたちに残されている時間なのだ。わたしたちがそのなかに存在しているところの時間(tempo *in cui* siamo)としてのクロノロジカルな時間についてのわたしたちの表象は、わたしたちをわたしたち自身から切り離す。そして、逃れていく時間、それらがたえず自己自身から欠如していくありさまを、時間のない状態でながめている、わたしたち自身の無力な観察者へと、わたしたちを変えてしまう。これにたいして、そのなかにあってわたしたちがわたしたちの時間表象を把捉し完遂するところの操作時間としてのメシア的時間は、わたしたち自身がそれであるところの時間(tempo *che* noi stessi siamo)である——このために、それは唯一の現実的な時間、わたしたちが所有している唯一の時間なのである。

まさにこの操作時間のなかに引き込まれているために、メシア的召命は「でないもののように」の形式、あらゆる召し出しをたえず廃棄しつづける形式をとることができるのである。「兄弟たちよ、それからわたしはこう言いたいのです」と、長々と註解してきた「でないもののように」にかんする『コリント人への手紙 一』七章29節のくだりは始まっている。「時は縮まっています(ho kairós synestalménos estín.)(systéllō は、帆を巻く行為をも、動物が跳躍前に体を緊縮させる行為をも指す)。残りは(to loipón は、正しくも論じられてきたように、ここではたんに「あとは」という意味ではなくて、残っている時間としてのメシア的時間を指している)、妻のある者も妻のない者のように、泣く者は泣かない者のように……」。しかし、同じ理由から、メシア的な時間はすぐれてわたしたちが所有している時間なのである(「時を所有しているあいだに(hōs kairón échomen)善をおこないましょう」『ガラテヤ人への手紙』六章10節)。メシア的共同体の時間的な状態を表現しようとして、パウロは二度にわたって、「時をよく用いなさい」(ton kairón exagorazómenoi)(『エフェソ人への手紙』五章16節および『コロサイ人への手紙』四章5節)という表現を用いている。

カイロスとクロノス

一般にカイロス(kairós)とクロノス(chronos)は、質的に異なったものとして対置される。これはもちろん正しい。しかし、ここで決定的なのは、両者を対置することではなく、あるいは対置することだけではなく、両者の関係を問うことである。わたしたちはカイロスと言うとき、なにを了解しているのだろうか。わたしの知っているもっともみごとなカイロスの定義は、ヒポクラテス全集に見いだされるもので、そこではそれはまさしくクロノスとの関係において性格づけられている。「クロノスはそのうちにカイロスが存在しているところのものであり、カイロスはそのうちにクロノスがほとんど存在しないところのものである」(chronos esti en hō kairós kai kairós esti en hō ou pollos chronos)。文字どおり一方が他方のうちにある、二つの概念の驚くべき含蓄関係を見ていただきたい。カイロスは(これを単純に「機会」と訳してしまってはあまりに陳腐なものとしてしまうことになるだろう)、もうひとつの時間を用いない。わたしたちがカイロスを把捉するときに把捉しているものは、もうひとつの時間ではなく、収縮し短縮されたクロノスであるにすぎない。ヒポクラテスのテクストはつぎのように続いている。「治癒はあるときにはクロノスをつうじて、あるときにはカイロスをつうじてもたらされる」。明らかに、メシア的な「治癒」はカイロスのうちにあって生じる。しかし、これは把捉されたクロノス以外のものではない。機会の指輪に嵌め込まれた真珠は、クロノスのごくちっぽけな一部分、残っている時間にすぎないのである(ここから、メシア的な世界は別の世界ではなく、この世俗的な世界をほんのすこし移動させただけの同じ世界であって、世俗的な世界とごく小さな相違しかない、というラビの寓話が的を射たものであることがわかる。しかし、この小さな相違こそが——この相違の認識はわたしがクロノロジカルな時間から断絶していることを把捉するにいたったという事実から出てくることなのだが——、あらゆる意味において決定的なのである)。

パルーシア

では、ここでパウロにおけるメシア的時間の構造をより詳しく分析してみよう。周知のように、パウロはメシア的出来事を二つの時間に分けている。復活と、パルーシア(parousía)すなわち時間の終わりにおけるイエスの臨在である。ここからパウロにおける救済の観念を定義する「すでに」と「いまだ」のあいだの逆説的な緊張が出てくる。メシア的出来事はすでに起こっている。信徒たちにとって、救済はすでに成就している。しかしまた、救済は真に成就されるためには、さらなる時間を必要とする。メシア的なもののうちに構成上の遅延を持ち込むようにみえるこの特異な分離を、どのように解釈すべきなのか。問題は決定的である。というのも、メシアニズムについてわたしたちの時代があたえてきたもろもろの解釈を特徴づけているアンチノミーの正しい解決はそこにかかっているからである。ショーレムによれば——かれはユダヤ教においてきわめて広く行き渡った観点を代表しているのだが——、メシア的なアンチノミーは、なにひとつ成就にまでもたらされることのできない「遅延のうちにあって生きられる生」(Leben im Aufschub)として定義されるという。「いわゆるユダヤ的な実存とは」とかれは書いている。「けっして満足を見いだすことのない緊張である」と(Scholem, 1963, 73-74)。同様に袋小路に迷い込んだ状態にあるのは、メシア的な時間を一種の境界領域、あるいはむしろ「二つの時期のあいだの、すなわち、新しいアイオーンの始まりを画すパルーシアと、古いアイオーンの終わりを画すパルーシアのあいだの過渡の時間」、そしてそのようなものとして両方のアイオーンに属する過渡の時間というように観念する——ある種のキリスト教神学に特有の——立場である。ここでのリスクは、「過渡の時間」という観念にはそれ自体のうちになんらかの仕方で膨張がはらまれているということである。「過渡の時間」というのは、あらゆる過渡がそうであるように、無限に延長される傾向にあり、こうしてそれが産出しなければならない当の終わりを把捉不能なものにしてしまいかねないのである。

臨在のパウロ的な解体がその真の意味を見いだすのは、操作時間という展望のもとにおいてである。操作時間であるかぎりにおいて、いいかえれば時間の表象を終わらせるためにわたしたちに必要とされる時間であるかぎりにおいて、メシア的な「今の時」は、けっしてその表象にとって内的なものであるクロノロジカルな瞬間とは一致することがない。じっさい、時間の終わりとは、クロノロジーの均質な直線上の最終点を表象するひとつの時間イメージなのだ。しかし、時間の空虚なイメージであるかぎりにおいて、それはそれ自体としては把捉不可能であり、それゆえ無限に遅延する傾向にある。カントが『万物の終わりについて』において、「わたしたちが最終目的を誤解するときにわたしたち自身のうちに産み出される」時間の終わりという「自然に反する」「倒錯した」考え方(Kant, 223)について語るときに考えていたにちがいないのは、この種の時間のことであった。また、ジョルジョ・マンガネッリが、かれの驚嘆すべき異端宗派の指導者に、この世がすでに終わっていることにわたしたちが気づかないのは、この終わり自体が「それについてのわたしたちの経験をあらかじめ阻むような、わたしたちがそのなかに住まっている一種の時間を産み出すからである」と語らせるとき(Manganelli, 19)、暗にほのめかしていたようにみえるのも、終わりについての、この意味において不十分な表象のことなのであった。ここでの誤りは操作時間をクロノロジカルな時間に付加されてその終わりを無限に順延するような補足的時間に変えてしまうことである。それゆえ、パルーシアという用語の意味を正確に理解することが重要である。それはイエスの「再臨」、最初の到来に続いてやってきて、それを補完する第二のメシア的出来事を意味するのではない。パルーシアは、ギリシア語では、単純に臨在(文字どおりには、para-ousia＝傍らに在ること、いまの場合には、存在するものがいわば自分自身の傍らに存在していること）を意味する。それは、なにものかに付け加わって、それを完全なものにするような補完をも、けっして完了に到達することがないまま、さらに付加されていくような補足をも指示しない。パウロがその語を用いるのは、メシア的出来事の内奥に秘されている二分合一的な構造、それがカイロスとクロノス、操作時間と表象された時間という、連接してはいるものの加算することのできない二つの異質な時間からなることを描き出すためである。メシア的臨在（パルーシア）は、自分自身の傍らに存在している。というのも、それはけっしてクロノロジカルな瞬間と一致することはなく、またそれになにかを追加することもないまま、それを内側から把捉して完遂にもたらすからである。メシア的臨在のパウロによる解体の試みは、カフカの驚くべきテオログーメナ〔神事にかんする思弁〕に含まれている解体の試みに似ている。それによると、メシアはその到来の日にではなく、やっとその次の日に、最後の日にではなく、最後の最後の日に到来するというのである (er wird erst einem Tag nach seinen Ankunft kommen, er wird nicht am letzten Tag kommen, sondern am allerletzen —— Kafka, 67)。メシアはすでに到来している、メシア的出来事はすでに成就している、けれども、その臨在はその内側にもうひとつの時間を含んでいて、パルーシアを遅延させるためにではなく、逆にパルーシアを把捉できるものにするために、パルーシアを引き延ばすのである。このために、ベンヤミンの言葉によれば、あらゆる瞬間は「メシアの入ってくる小さな扉」でありうるのだ。メシアはつねにすでに自らの時間を形成している——すなわち、時間を自らのものにすると同時に、それを成就しているのである。

操作時間——終わるために時間を雇い入れる時間——を時間に無限に付加される補足的な時間と取り違えるという——今日蔓延している——誤りにかんしては、『創世記ラバー』として知られるラビの註釈書が教訓的な省察を含んでいる。それらの省察は——ユダヤ教においてだけでなく、キリスト教会の教父たちにおいても——メシア的時間の一種のモデルをなしてきた安息日に言及したもので、とりわけ、『創世記』二章2節「神は第七の日に自分がしていた仕事を完成し、第七の日に自分がしていた仕事から離れて休んだ」の解釈にかんするものであった。七十人訳聖書では、この完了と中断の一致という矛盾を避けるために、当初の命題を修正して、「第七の日に」ではなくて「第六の日に」(en tē hēmérā tē hektē)と書き、創造の作業の終わりが別の日(tē hēmérā tē hebdómē)となるようにしている。しかし、『創世記ラバー』の著者は、逆に「およそ時なるものを知らない人間は、世俗の時間からなにものかを取り、それを聖なる時間に付加する。しかし、聖人は、ありがたいことにも、時なるものを知っていて、ほんの肌一枚のところで安息日に入ったのであった」と註釈している(『創世記ラバー』10, 9)。安息日——メシア的時間——は、他の日々と均質のもうひとつの日なのではない。それはむしろ、時間のうちにあって、——肌一枚のところで——時間を把捉し、それを完成に導くことができる内的な断絶なのだ。

＊千年王国　ここで、パウロにおける千年王国——あるいはメシア的「中間の王国」(Zwischenreich)——のテーマを想起しておきたい。たしかにユダヤ教起源であるが、キリスト教の伝承のうちにも固く根を張ったある考え方によれば、パルーシアのあと、時間の終わりまで、この地上には千年にわ

たるメシア的王国が続くであろうとされている(ここから「千年王国説」という語が出てくる)。エウセビオスが——さらに後の世代ではヒエロニュムスが——この「ユダヤ教のつくり話」を広めたといってパピアスを非難したにもかかわらず、この想念は、『ヨハネの黙示録』や偽バルナバのうちにあるばかりでなく、一二世紀にフィオーレのヨアキムとともに力強く再浮上する以前にも、ユスティヌス、テルトゥリアヌス、イレネウス、そして少なくともある時期までのアウグスティヌスにも見られる。

パウロにかんしていえば、問題は基本的に『コリント人への手紙 一』一五章23-27節および『テサロニケ人への手紙 一』四章13-18節の解釈に還元される。これらのくだりの千年王国説的解釈に抗して、ヴィルケは「救世主の王国(basileia Christi)は、パウロにとっては新たなアイオーンに——したがって、終末論的な神の国とは区別された、現在する偉大なる卓越に等しいものでなければならなかった」(Wilke, 99)としており、また「パウロの終末論においては……救世主による地上の過渡の王国のための場所はなく、それは時間の終わりに、媒介段階なしに直接、神の永遠の王国になだれこむのである」(Wilke, 156)と述べている。またブルトマンも、かれ独自の立場から、「初期のキリスト教共同体〔原始教会〕は、自分たちが「時代のあいだに」置かれていると、すなわち、自分たちが古いアイオーンの終わりと新しいアイオーンの初め、あるいは少なくともその直前にあると自覚している。ひいては、自らの現在を格別の「あいだ」として理解する。『コリント人への手紙 一』一五章23-27節において、そのことはとりわけ明快な表現を見いだす。律法学者の理論は、古いアイオーンと新しいアイオーンのあいだには、救世主による王国が設定されると考える。パウロにとっては、この王国は、復活と再臨のあいだに見いだされる現在である」(Bultmann, 691)と書いている。

王国という問題を正しく理解しているかどうかは(それの世俗化された等価物である、前史と歴史とのあいだの過渡段階というマルクスの問題についてもそうであるように）、この「あいだ」をどのような意味にとるかにかかっている。このことは、千年王国説的解釈は誤っていると同時に正しいということを意味している。それが文字どおり、メシア的王国をパルーシアと時間の終わりのあいだに位置するクロノロジカルな時間の一時期と同一化しようというのならば、誤っている。しかし、パウロにおけるメシア的時間が――操作時間として――世俗的時間をいまここで裁断する能力のある時間経験のアクチュアルな変容を含意しているかぎりでは、それは正しいのである。王国は、クロノロジカルな瞬間のどれとも一致することはないのであって、それらのあいだに存在していて、それらを臨在(para-ousia)において引き延ばす。これこそがそれに特有の「近さ」なのであって、それはパウロにおいては、後述するように、信仰の言葉の近さと符合する。この意味において重要なのは、「神の国は enthos hymōn にある」というルカのくだりにおいて（『ルカによる福音書』一七章21節）、enthos hymōn は一般におこなわれている翻訳にあるように「あなたがたのあいだに」を意味するのではなく、「手の届くところに、行為可能な範囲内に」――つまりは、近くに、を意味するということである(Rüstow, 214-17)。

テュポス

パウロは、メシア的な時間がクロノロジカルな時間と、すなわち創造から復活にいたるまでの時間と親密な関係にあることを、二つの基本的概念をつうじて定義している。ひとつはテュポス(typos)〔フィグーラ、予型〕という概念である。鍵となるくだりは『コリント人への手紙 一』一〇章1-11節である。ここにおいてパウロは、流れるようにイスラエルの歴史の一連のエピソードを喚起している。「そこで兄弟たち、わたしはあなたがたにつぎのことをぜひ知っておいてほしいのです。わたしたちの先祖は、みな、雲の下におり、みな、海を通り抜け、みな、雲の中、海の中で、モーセに浸され、みな、同じ霊的な食べ物を食べ、みな、同じ霊的な飲み物を飲みました。かれらが飲んだのは、かれらに離れずについてきたひとつの霊的な岩からでしたが、この岩こそじつに救世主だったのです。しかし、かれらの大部分は神の心に適わず、荒野で滅ぼされてしまいました」。そして、ここにいたって、かれは付け加えている。「これらの出来事は、わたしたちを戒める予型として(typoi)起こったのです。かれらがむさぼったように、わたしたちが悪をむさぼることのないために」と。また、その数行後にも、かれは同じイメージをふたたび取り上げている。「これらのことは予型として(typikṓs)かれらに起こったのであり、それが書かれたのは、時間の終わりが互いに向かい合っている(ta telē tōn aiṓnōn katḗntēken)(antáō は antí に由来する語で「対面する、向かい合う」を意味する)状況に直面しているわたしたちにとっての教訓とするためなのです」。

アウエルバッハは、このフィグーラ(figura)〔予型〕的世界観(ヒエロニュムスは『コリント人への手紙 一』一〇章6節の typoi を in figura と訳している)が、キリスト教中世においていかに重要な意義をおびるにいたって、寓意(アレゴリー)的解釈の一般理論の基礎となっているかを明らかにした。テュポスの概念をつうじて、パウロは過ぎ去った時間のあらゆる出来事と「今の時」すなわちメシア的時間とのあいだに存在する——これ以降、テュポス論的と呼ぶことのできるような関係を確立する。たとえば、『ローマ人への手紙』五章14節では、この世に罪が入り込むきっかけをつくったアダムが「来たるべき方の予型」(typos tou méllontos)、すなわち、人々に恵みを惜しみなく与えるメシアの予型と定義されている(『ヘブライ人への手紙』九章24節では、人々によって建てられた神殿が天上の神殿の「アンチテュポス」(antítypos)と定義されている。これはテュポスとの対称的な関係を含意したものなのかもしれない)。ここでわたしたちに関心のある観点からするなら、決定的なのは、過去のあらゆる出来事が予型となって未来のある出来事を告知し、その未来の出来事のうちにその成就を見いだすという事実よりも、テュポス論的関係が含意している時間の変容のほうである。問題になるのは、たんにテュポスとアンチテュポスを中世文化において支配的となるにいたったパラダイムにしたがっていわば解釈学的な、すなわち、基本的に聖書の解釈にかんする関係において結びつけている一対一的な対応であるばかりでなく、過去と未来の関係というようにとらえられた同じテュポスとアンチテュポスの関係をひとつの分かちがたい星座的布置関係において結びつけるとともに変容させる緊張なのだ。メシア的なものというのは、たんにこのテュポス論的関係にある二つの語のうちのいずれか一方であるのではない。それは、この関係そのものなのである。これがパウロの「時間(aiónōn, olamim)の終わりが互いに向かい合っている状況に直面しているわたしたちにとっての」という表現の意味である。オラーム・ハゼーとオラーム・ハッバーという二つの極は互いに向かい合うまでに収縮しているが、けっして一致することはない。そして、この対面、この収縮こそがメシア的時間なのであって、それ以外のなにものでもないのである。ここでもまた、パウロにとっては、メシア的なものは二つの時間のあいだにある第三のアイオーンではない。そうではなくて、それはむしろ、時間と時間との分割そのものを分割し、それらのあいだに、残りのもの、過去が現在へと移し換えられ、現在が過去へと伸び広がっていく、割り当て不能の無関心地帯を導き入れる切断なのである。

ショーレムが一九一八年、ベンヤミンの二六歳の誕生日に贈ろうとしたテーゼのひとつ（正確には八三番目のテーゼ）は、「メシア的な時間は逆転の waw の時間である」（Scholem 1995, 295）と謳っている。ヘブライ語の動詞体系は動詞型を時制（過去と未来）によってではなく、完了（通常過去形をもって翻訳される）と未完了（通常未来形をもって翻訳される）という相（アスペクト）によって区別する。しかし、いったん waw が完了形に前置されると、それは未完了に変わり、逆に未完了形に前置されると、完了に変わる（このためにそれは逆転ないしは転換の waw といわれる）。ショーレムの鋭い示唆によると（このことについてベンヤミンはずっと後年になってから想起せざるをえなかったのだが）、メシア的な時間とは完了でも未完了でもなく、過去でも未来でもなく、それらの逆転関係であるという。パウロにおけるテュポス論的な関係は、この転換運動を完全に表現している。それは、この使徒が「今の時」と呼ぶ、過去（完了したもの）が現勢化していまだ完了していないものとなり、現在（いまだ完了していないもの）が一種の完了のかたちを獲得するような星座的布置関係のうちに二つの時間が入り込む、ひとつの緊張の領域なのである。

総括帰一

パウロがメシア的時間を明確にするために用いている、「テュポス」という概念と相補的な二つ目の概念は、「総括帰一」ないしは「ひとつにまとめる」という概念である(パウロは名詞形のアナケファァライオーシス(anakephalaíōsis)を用いないで、それに対応する動詞形で字義どおりに「ひとつにまとめる」を意味するアナケファライオウマイ(anakephalaióumai)を用いている)。鍵となるくだりは、『エフェソ人への手紙』一章10節である。パウロは、メシアによる救済(apolýtrōsis)という神の計画を開陳したすぐあとで、つぎのように書いている。「〔その計画というのは〕時が満ちるに及んで、あらゆるものが、天にあるものも地にあるものも、救世主のもとにひとつにまとめられるというものなのです(eis oikonomían tou plērṓmatos tōn kairṓn, anakepalaiṓsasthai ta panta en tō christṓ, ta epi tois ouranoís kai ta epi tēs gēs en autṓ)」。このくだりには、じつに破裂しそうなほど意味が充填されている。西洋文化のいくつかの基本的テクスト——オリゲネスとライプニッツにおける更新(アポカタスターシス)の理論、キルケゴールにおける再生の理論、ニーチェにおける永遠回帰とハイデッガーにおける反復——は、その爆発によって生じた破片にすぎないと言うことすらできるほどの充填である。

ここで、パウロはなにを言おうとしているのか。メシア的時間は、そこでは時間の成就(「カイロスの充満」(plḗrōma tōn kairṓn)——ここでは「カイロスの」であって、「クロノスの」ではない。『ガラテヤ人への手紙』四章4節——「クロノスの充満」(plḗrōma tou chronou)を参照のこと)に向かうものであるかぎりにおいて、天にあるものも地にあるものも含めて、すべてのもの、すなわち、創造からメシア的な「今」にいたるまでに起こったすべてのもの、要するに過去の総体の総括帰一、一種の要約的短縮をおこなうということである。すなわち、メシア的時間とは、過去の要約的なのである。

――この形容詞が「要約的裁決」という法律的表現においてもっている意味をも込めて――総括なのである。

この過去の総括帰一は、神が「すべてにおいてすべてとなるだろう」終末論的なプレーローマ〔充満充溢〕を先取りするプレーローマを、カイロスの充満充溢と成就を産み出す(したがって、メシア的カイロスは文字どおりクロノスに、ただし、要約されたクロノス、短縮されたクロノスに満ちあふれている)。それゆえ、メシア的プレーローマは終末論的プレーローマの短縮であり先取りである。「総括帰一」とプレーローマとが並置されているのは偶然ではない。同様の並置は『ローマ人への手紙』一三章9‐10節にも見られる。そこではパウロは、メシア的なものにおいて、あらゆる掟(entolē)は「「あなたの隣人をあなた自身のように愛しなさい」という言葉に要約されます(anakephalaioútai)」と言い、ただちに「愛は……律法のプレーローマ(plērōma)〔律法を全うするもの〕なのです」と続けている。パウロにおける律法の総括帰一が、通常ヒレルの格言に帰されるもの(トーラーのすべてを教えるよう求めたゴイ〔非ユダヤ人〕にたいして、ヒレルは「あなたの好まぬことを、あなたの隣人にもなさぬように」と語ったという)以上のなにごとかを含んでいるとすれば、その理由は、それがたんに実践的な格言であるにとどまらず、時間のメシア的成就と分離しえず、メシア的総括帰一であることに求められるのである。

ここで決定的に重要なのは、カイロスのプレーローマにあっては、あらゆる瞬間がメシアとつながっているというように理解されており――あらゆるカイロスは「神に直接している」(unmittelbar zu Gott)――、ヘーゲルがマルクス主義に遺すことになるモデルのように、ある過程の最終的結果とは理解されていないことである。ティコニウスがその『規律集』の「総括について」の章において直観していたように、あらゆる時間はメシア的な今であり(totum illud tempus diem vel horam esse)、メシア的なものとは時間のクロノロジカルな終わりではなく、成就の要請としての現在、「未来の名において」設定されるものとしての現在なのである(licet non in eo tempore finis, in eo tamen titulo futurum est)(Ticonius, 110)。

この意味において、総括帰一はメシア的カイロスが現在と過去のあいだにうち立てるテュポス論的関係の別の面にほかならない。それは、たんにひとつの予型であるばかりでなく、ほとんど二つの時間のあいだの統一の星座的布置関係に近いものだということは、全過去がいわば要約的に現在のうちに包含されているという観念において暗示されている。こうして、ある残りのものが全体として立てられるという主張は、ここにおいてさらなる根拠を見いだすことになる。『コリント人への手紙 二』一三章13節において「残る」三つのもの(「信仰と、希望と、愛、この三つは、いつまでも残ります」)は、心的状態ではなく、時間のメシア的経験を志向し成就する三つのアーチなのだ。たしかに問題となっているのは、たんに要約的な総括帰一であるにすぎない。神は、「終末」においても(もはや反復がなくなるときに)そうであるようには、いまだ「すべてにおいてすべて」ではない。しかし、そのことはそれゆえになおさら決定的である。なぜなら、まさにそれらのメシア的総括帰一をつうじてこそ、過去のかずかずの出来事は、それらの真の意味を獲得するからであり、いってみれば救済されるにふさわしい存在になるからである(わたしたちがここで問題にしてきた一節を含む『エフェソ人への手紙』一章3-14節は、その全体が「救済の福音」(euaggélion tēs soterías) の叙述に捧げられている)。

記憶と救済

ここにおいて、死につつある者たちが、一瞬のうちに自分の全生涯が目も眩むような短縮を生じて眼前に展開するのを見るという、かれらの生についてもつパノラマ的なヴィジョンにおけるのと同様のことが起こる。この場合のように、メシア的総括帰一においても、なにか記憶のようなものが問題になる。しかし、それはもっぱら救済のことがらとかかわる特殊な記憶である(しかしまた、このことはどんな記憶についてもいえることではないのか)。記憶は、ここでは救済の予備知識および先取りのようなものとしてあらわれる。そして、想起においてのみ、過去は生きられてしまったもののもつ疎遠さから解き放たれて、初めてわたしの過去となるように、人々は「時間の充満充溢」においてこそ、かれらの歴史を自らのものとするのであり、あるときユダヤ人たちに起こったことがメシア的共同体の予型かつ現実として承認されるようになるのである。また、想起において、過去がなんらかの仕方でふたたび可能的なものとなるように――完了していたものがいまだ完了していないものとなり、いまだ完了していないものが完了してしまったものとなるように――、メシア的総括帰一において、人々は過去から永久に決別し、過去も反復も知らない永遠のうちへと入る準備をするのである。

このようなわけで、メシア的時間をもっぱら未来へと向かうものであるかのようにみる通有の表象は偽りである。救済の瞬間には未来と永遠にこそ眼を向ける必要があると繰り返し語られるのに、わたしたちは聞き慣らされてきた。総括帰一は、パウロにとっては、逆に「今の時」が過去と現在の収縮であるということを意味しているのであって、決定的瞬間においては、まずなによりも過去とこそ決着をつけるべきなのだ。いうまでもなく、それはなにも執着や懐旧を意味するのではない。そうではなくて、過去の総括帰一とは、過去にたいして宣告される要約的判決でもあるのである。

＊ メシア的時間のこのような二重の方向性は、パウロがかれのメシア的緊張を表現するのに用いているエペクテイノメノス(epekteinómenos)という特異な定式を理解することをも可能にしてくれる。ファリサイ派および肉にしたがってのユダヤ人としての自らの過去を想起したあとで、かれは「兄弟たち、わたしは、自分がすでに捕らえたなどとはおもっていません。ただ、この一事に励んでいます。すなわち、後ろのものを忘れ、前のものへとエペクテイノメノス(epekteinómenos)することを」(『フィリピ人への手紙』三章13節)と記している。「伸ばされる」を意味する動詞にこれとは反する二つ前置詞 epi(もとづいて)と ek(から)を置くことによって、この語はパウロの所作の二重の動きを表現している。前にあるものに向かう緊張は、ただ背後にあるものにもとづいてのみ、そして背後にあるものから出発してのみ、産み出されうるのである。「過去を忘れることによって、過去にもとづいて、そして過去から出発することによってのみ、未来へと向かうことによって」。このために、この二重の緊張に囚われて、パウロは自ら捕らえることも完全にされることもできない。ただ自分が捕らえられていることを捕らえることができるにすぎない。「わたしがすでに捕らえたとか、すでに完全にされているというのではありません。ただ、わたしも捕らえられないかどうか、追求しているのです。わたしも、救世主イエ

スに捕らえられたのですから」(『フィリピ人への手紙』三章12節)。

詩と押韻

ここで、パウロのテクストのうちにつかみとろうと試みてきたメシア的時間の構造の、なにか具体的な例のようなもの、あるいはむしろ一種のミニチュア・モデルのようなものを提示してみたい。このモデルは、ことによると、あなたがたを驚かせるかもしれない。しかし、それが呈している構造的類似(アナロジー)は全然的を外してはいないとわたしは確信している。詩がそれである。あるいは、近代詩において、とりわけ起源のロマンス語抒情詩において、押韻の制度が代表している詩的構造といったほうがよいかもしれない。

押韻は古典時代の抒情詩においては偶発的にしか登場しなかった。それが四世紀以降、キリスト教ラテン詩のうちで発展し、やがてロマンス語抒情詩において本質的な構成原理と化すにいたる。さまざまあるロマンス語の韻律形式のうちから特別の一形式であるセスティーナを選び、その名だたる元型であるアルナウト・ダニエルのセスティーナ「私の心に入るゆるぎなき欲望は」(Lo ferm voler qu'el cor m'intra)によって例解してみることにしよう。

その読解に入るまえに、抒情詩一般、とくにそれがソネット、カンツォーネ、セスティーナ等々の既存の韻律形式において体現される場合の時間構造にかんして、ひとつの観察をくわえておきたい。この意味では、詩とはなにかしら、それが終わることが最初から知られているものであって、ある点にいたると——ソネットであれば一四詩行——、なんらかの遅延の可能性——ソネットがいわゆるコーダをもつ場合の三行連句——を保留しつつ、必然的に閉じることが予定されているということができる。

したがって、詩は最初から自らの終わりに向かって引っ張られたひとつの組織体ないしは時間装置なのであって、いってみれば詩にはひとつのうちなる終末論が存在しているのである。しかし、それが持続する時間こそ多かれ少なかれ短いものであるにしても、詩にはまぎれもない特殊な時間性がある。詩はそれ固有の時間をもっているのだ。そして、ここにおいてこそ、押韻——セスティーナの場合には言韻——が関与することになるのである。

じっさい、セスティーナは、つぎのような特殊性を有している。すなわち、セスティーナにおいては、押韻の規則に修正がくわえられ、最後の音節における同音の規則的回帰に取って代えて、六つの詩節(ストローフ)のいちいちを閉じる詩行の六つの言韻が再登場する。そして、最後に、トルナダ(tornada)〔再帰詩節〕が三行連句のうちにそれらの言韻を取り込んで総括するのである。

それでは例の詩を読んでみよう。

Lo ferm voler qu'el cor m'intra
no'm pot ges becs escoissendre ni ongla
de lauzengier qui pert per mal dir s'arma;
e pus no l'aus batr'ab ram ni ab verja,

sivals a frau, lai on non aurai oncle,
jauzirai joi, en vergier o dins cambra.

Quan mi sove de la cambra
on a mon dan sai que nulhs om non intra
-ans me son tug plus que fraire ni oncle-
non ai membre no·m fremisca, neis l'ongla,
aissi cum fai l'enfas devant la verja :
tal paor ai no'l sia prop de l'arma.

Del cors li fos, non de l'arma,
e cossentis m'a celat dins sa cambra,
que plus mi nafra'l cor que colp de verja
qu'ar lo sieus sers lai ont ilh es non intra :
de lieis serai aisi cum carn e ongla
e non creirai castic d'amic ni d'oncle.

Anc la seror de mon oncle

non amei plus ni tan, per aquest'arma,
qu'aitan vezis cum es lo detz de l'ongla,
s'a lieis plagues, volgr'esser de sa cambra ;
de me pot far l'amors qu'ins el cor m'intra
miels a son vol c'om fortz de frevol verja.

Pus floric la seca verja
ni de n'Adam foron nebot e oncle
tan fin'amors cum selha qu'el cor m'intra
non cug fos anc en cors no neis en arma :
on qu'eu estei, fors en plan o dins cambra ;
mos cors no·s part de lieis tan cum ten l'ongla.

Aissi s'empren e s'enongla
mos cors en lieis cum l'ecors'en la verja,
qu'ilh m'es de joi tors e palais e cambra ;
e non am tan paren, fraire ni oncle,
qu'en Paradis n'aura doble joi m'arma,

si ja nulhs hom per ben amar lai intra.

Arnaut tramet son cantar d'ongl'e d'oncle
a Gran Desiei, qui de sa verj'a l'arma,
son cledisat qu'apres dins cambra intra.

私の心に入るゆるぎなき欲望は、悪口によって己が魂を失うおべっか者の嘴も爪も引き裂くことができない。木の枝でも小枝でも彼を打てないので、せめてこっそりと〔私を見張る〕伯父のいないところで愛の喜びを、果樹園か寝室の中で楽しもう。

私にとって不利益なのだが誰も入ることがない、しかし皆が私に対して兄弟や伯父を〔厳しさで〕超えるのだということを知っている寝室のことを思う時、私の体には、爪でさえ、震えないところはない。それは小枝〔の鞭〕の前で震える子供と同じようだ。あのひとの魂の近くにいないことを私はそれほど恐れているのだ。

魂でではなく体であのひとの近くにいて、そしてあのひとが私を寝室の中に導き入れることにひそかに同意してくれさえすれば……というのも、あのひとのしもべ〔である私〕は今彼女のいるところに入ることはないので、小枝によるよりも〔鞭で打たれるよりも〕痛めつけられるのだ。

私はあのひとと肉と爪のように〔共に〕いよう、そして友達や伯父の諫めは信じまい。

私の魂にかけて、私は伯父の姉〔私の母〕のことさえこれ以上もこれほども愛したことはない。

指が爪と隣接するように、あのひとが良ければあのひとの寝室の中にいたいものだ。私の体の中に入る愛は、強い人が細い小枝に対して以上に、私を好きなようにできるのだ。


枯れた小枝が花をつけ〔聖母マリアがイエスを生み〕、アダムからの甥たちや伯父たちが現れて以来、私の心に入る愛ほどの完全な愛が〔いかなる〕体の中、魂の中にさえあったとは思わない。

私が外の広場でも寝室の中でも、どこにいても、私の心は爪の幅ほどもあのひとから離れない。


こうして私の心は、樹皮が小枝にするのと同様に、あのひとにしがみつき、爪を食い込ませる。

というのも、あのひとは私にとって喜びの塔であり宮殿であり寝室なのだ。そして私は親も兄弟も伯父もこれほどには愛さない。もしひとが良く愛したという理由で天国に入るのならば、私の魂はそこで二重の喜びを得るだろう。


アルナウトは爪と伯父の歌、格子で組まれたこの歌を小枝の魂を持つ「大いなる欲望」に贈る。

この歌は読み取られることで部屋に入るのだ。


(川口順二 訳)

おわかりのように、押韻の反復を支配する秩序は、いわゆる交差逆進(retrogradatio cruciata)、逆行と順行の交替であって、ひとつの詩節の最後の行の言韻がつぎの詩節の最初の行の言韻となり、一行目のものが二行目に移り、最後から二行目のものが三行目に、二行目のものが四行目に等々となっていて、もしも、この置換が第六詩節を越えてまだ続くとしたなら、第七詩節は最初の詩節と同一の順序の繰り返しとなってしまうだろう。しかしまた、わたしたちに興味があるのは——少なくともさしあたっては——数論的なたくらみではなくて、セスティーナがこのようにして作動させている時間構造のほうである。三九の詩行(三六＋三)からなるシークエンス(連続)は、配置しようとおもえば直線的なクロノロジカルな時間と完全に同位相的な連鎖にしたがって配置することもできただろうにもかかわらず、言韻の交錯の戯れをつうじて、そのひとつひとつが先行する詩節(ストローフ)の別の言韻を(より正確には、同一の言葉を別の言葉として)再取し想起すると同時に、後続する詩節における自らの反復を告知するようなふうにして、強勢をつけられ、賦活されている。同時に前進と後退に向かおうとするこの込み入った往還をつうじて、直線的な等質的時間のクロノロジカルなシークエンスは変容をこうむり、それ自体流動しつつある韻律の布置関係へと完全に構成され直される。しかしまた、ここに存在するのは、どこからかわからないがやってきてクロノロジカルな時間に取って代わる別の時間ではない。そうではなくて、クロノロジカルな時間そのものが多少なりとも秘匿された内的鼓動をつうじて組織され、詩の時間を生じさせるのである。そして、ついには交差逆進の運動が完了し、詩が反復を余儀なくされているようにみえる、まさに終わりの瞬間にいたって、再帰詩節(tornada)が言韻を再取し総括して、それらの独自性と隠された連関とを同時に示した新しい詩節のシークエンスを開始させるのである。

わたしがセスティーナをメシア的時間のミニチュア・モデルとして提示したのはどのような意味においてであったのか、いまでは完全にわかっていただけているのではないかとおもう。セスティーナは——そして、この意味では、あらゆる詩は——、過去と現在のあいだのテュポス論的関係に符合する言韻の告知と再取の凝ったメーカネー（mēchanē）〔仕組み〕をつうじて、クロノロジカルな時間をメシア的な時間に変容する救済論的装置なのだ。そして、メシア的な時間は、クロノロジカルな時間や永遠と別の時間なのではなくて、時間が変容をこうむって、残りのものとして立てられたものであるように、セスティーナの時間も、時間が終わりの時間であるかぎりにおいて、すなわち、詩が終わるためにわたしたちをそれのもとに置く時間であるかぎりにおいて、こうむる変容なのである。

もっとも驚くべきことは、——少なくともセスティーナの場合には——構造的類似が偶然ではないようにおもわれることである。近代の学者たちは、中世詩における数論的関係の重要性を再発見してきた。たとえば、セスティーナと六という数とのあいだに認められる明瞭な関係は、適切にも、この数が創造の物語においてもつ格別な意味との関連において論じられてきた（Durling and Martinez, 270）。すでにオノリオ・ディ・アウトゥン〔ホノリウス・アウグストドゥエンシス〕は、あるディスティコ〔二行連句〕で、第六の日——人の創造と堕落が起こった日——と人の救済が成就する第六の時代の重要性を強調している——「神は第六の日に人間を造り、第六の時代、第六の祭日、第六の時に人間を救う」（sexta namque die Deus hominem condidit, sexta aetate, sexta feria, sexta hora eum redimit)。ダンテにおいては、「第六時」は明白に天国におけるアダムの六時間に照応している(『天国篇』二六、一四一―一四二――「第一時より、日が象限を変える／第六時まで」(de la prim'ora a quella che seconda/come 'l sol muta quadro, l'ora sesta))。また、かれの『ピエトラのための詩集』におけるセスティーナの使用は、いかにも救済論的意味に彩られている(アダムはメシアの予型である)。六つの詩節をとおしてのセスティーナの運動が創造の六日間の運動を反復し、同時に、それらと時間のメシア的成就の暗号としての安息日＝再帰詩節との関係を際立たせるのである。アルナウトは、『創世記ラバー』の著者同様、安息日を他の日々と同質な一日とは考えず、創造の歴史のメシア的な総括にして短縮であると考えているといってもよいのかもしれない(再帰詩節はその三行連句において詩全体の構造を総括する)。このために、セスティーナは真に終わることができないのであり、その終わりは、いってみれば、欠けているのである――第七詩節が欠けているのと同じように。

おそらく、これらの考察はヨーロッパ詩における押韻の起源の問題になんらかの光を投げかけるものではないだろうか。この問題については、研究者たちは、合意の影らしきものに到達したといえることからすら、はるかに隔たった状態にある。さきにパウロの文体(スタイル)に関連してたまたま引用する機会のあったエドゥアルト・ノルデンの著書『古代芸術散文』には、押韻の歴史についてのきわめて興味深い長文の付論が載っている。ノルデンによれば――どの民族が西洋の近代詩における押韻を「発明」したのか、あるいは導入したのか、という古くからの問題(W・メイヤーによれば、押韻はその起源をセム人にもつという)については、かれはこれを放擲してしまっているが――、押韻は古典修辞学、それもとりわけ並置法と呼ばれる喩法を強調していたホモイオテレウトス(homoioteleutos)〔最後にくる言葉の最終音節の語尾の同音調化〕のなかで生じたのだという。ノルデンがその分析の大部分を費やしているいわゆる「アジア的」修辞法は文章を短いコンマ(comma)もしくはコロン(colon)〔文節〕に分断し、それがつぎには同じ統語構造の反復をつうじて関連づけられ結合される。そして、まさにこのようなコロンの並置的反復の領域においてわたしたちは初めて押韻のようなものが出現するのをみるのであって、それは対置された文要素を最後にくる言葉の最終音節の語尾の同音調化(ホモイオテレウトス)をつうじてさらに結合していくのである。

これは興味深い理論であると同時に、どこか皮肉めいたところもある理論である。それというのも、わたしたちがもっぱら詩に結びつけることに慣れている規則を、散文から導出してみせているからである。しかし、要するに副次的なものでしかない散文における修辞法が、どのように転移され、絶対化されて、あらゆる意味において決定的なものである詩の規則となるまでにいたったのかという理由については、それはわたしたちになにも教えてくれない。押韻がローマ帝国時代末期にキリスト教ラテン詩のうちに登場して、その後漸次発展していき、近代のとば口にたどりついたところでわたしたちに親しい重要性を獲得するにいたったことについては、すでに述べたとおりである。ジョルジュ・ロートは、そのすばらしい『フランス詩史』において、押韻詩のごく最初期の例のひとつとしてアウグスティヌスの作を引いている。ご存じのように、時間の問題に格別敏感であった著作家である。ドナティスト派を論駁するために書かれたこの詩には、まさにアウグスティヌスが天上の国を魚を漁どるための網に譬えている福音書の譬えを再取している部分に、いくつかの正真正銘の押韻が登場する(Lote, 38)。そして、押韻がいまではもう形式的組織の原理となるにいたっている詩作品をロートが引用しようとするとき、かれが提供している例はまさしくメシア的出来事の「いとも新しき時」(hora novissima)に関係したものなのだ(Lote, 98)。

Hora sub hac novissima　　いとも新しき時を
mundi petivit infima,　　この世のもとにあっての最下層の者たちは求めてきたのだ、
promissus ante plurimis　　多くの預言者たちに先立って
propheticis oraculis.　　神託によって約束されていたところの。

しかしまた、それだけではない。キリスト教ラテン詩の研究者たちはキリスト教のラテン詩が聖書との関係をあるテュポス論的構造にしたがって組織していることにも気づいていた。時として、セドゥリウスやラバヌス・マウルスの同一語句反復をもつディスティコ(二行連句)の場合のように、このテュポス論的構造はテュポスとアンチテュポスが二つの半句のあいだの並置語をつうじて一致する(詩行Aの前半が詩行Bの後半に一致する)ような押韻構造に翻案されるのである。

ここまでくれば、わたしが示唆しようとおもっている仮説がどのようなものか、すでにわかっていただけているのではないだろうか。もっとも、それは歴史的 - 生成論的な仮説というよりは、むしろ認識論的なパラダイムとして理解されるべきものではあるのだが。すなわち、押韻は、キリスト教詩において、パウロにおいてテュポス論的関係と総括帰一の働きにしたがって構造化されてい

たメシア的時間の韻律‐言語論的なコード変換として生まれたものなのだ。しかし、パウロのテクスト自体——とりわけ、いくつかの版がおこなっているように、スティコス(stichoi)、すなわち、古典修辞学におけるコロンやコンマとさほど違わない連辞単位ごとに表記されるならば——、完全に内的押韻、頭韻、言韻の前代未聞の戯れによって賦活されているのが明らかになる。ノルデンは、パウロがギリシア人の芸術散文の形式的並置法をセム人の散文や詩の意味論的並置法とともに使っていると指摘している。また、すでにアウグスティヌスも、パウロをラテン語で読んでいたにもかかわらず、そこに「言葉と意味が交錯するように繋がるときに生じる……ギリシア人がクリマックス(klimax)と呼び、ラテン人がグラダーティオ(gradatio)と呼ぶ喩法」が使用されていることに気づいていた(Augustinus, 266)。ヒエロニュムスは、解釈者としてはパウロへの評価は散々なもので、時として意地悪なところすらあるが、翻訳者としてはホモイオテレウトスのもつ押韻価値をきわめてよく理解しており、なんとしてもそれを保存しようと努めている。パウロは、古典修辞学とヘブライ語散文における並置法、対照句、同音反復の使用を極限まで推し進める。しかし、文節を短くて息切れするようなスティコスに破砕し、押韻によって分節化し強勢をつけるという方法は、かれにおいてはギリシアの散文にもセムの散文にも見られない絶頂点を達成しており、それはひとつの内的な要請とひとつの時代を画するような動機づけへと立ち戻ってかんがえるほかないようにおもわれる。

いくつかの例だけを提示しておくことにしよう。最初の例は、さきに長々と論じてきた『コリント人への手紙 一』七章30‐31節の「でないもののように」(hōs mē)にかんするくだりである。いくら忠実な翻訳でも、原文のいってみれば韻律論的な構造を公正に伝えてはくれない。

kai oi klaíontes　泣く者は
hōs mē klaíontes,　泣かない者のように、
kai oi chaírontes　喜ぶ者は
hōs mē chaírontes,　喜ばない者のように、
kai oi agorázontes　物を買う者は
hōs mē katéchontes,　物を持たない者のように、
kai oi chrṓmenoi ton kosmon　世の富を用いる者は
hōs mē katachrṓmenoi　用いすぎることのない者のようにしていなさい

さらに、同じ『コリント人への手紙 一』一五章42-44節では、

speíretai en phthorá　朽ちるもので蒔かれ
egeíretai en aphtharsía,　朽ちないものに復活し、
speíretai en atimía　卑しいもので蒔かれ
egeíretai en doxē,　輝かしいものに復活し、
speíretai en astheneía　弱いもので蒔かれ

egeíretai en dynámei,
speíretai sōma psychicón
egeíretai sōma pneumatikón

力強いものに復活し、
自然の命の体が蒔かれ
霊の体に復活するのです

また、『テモテへの手紙 二』四章7-8節では、この使徒の生そのものが終わりにいたって自ら韻と化しているかのようにみえる(ヒエロニュムスはそのことに気づいていたようである。なぜなら、かれの翻訳では押韻が増幅されているからである。Bonum certamen certavi/cursum consummavi/fidem servavi)。

ton kalón agóna ēgónismai,
ton dromon tetéleka,
tēn pistin tetérēka
loipón apókeítai moi
ho tēs dikaiosýnēs stéphanos.

わたしは、戦いを立派に戦いぬき、
決められた道を走りとおし、
信仰を守りぬきました。
いまや、義の栄冠を
受けるばかりです。

押韻は――これがメシア的時間についてのわたしたちの解釈を締めくくりたいとかんがえている仮説なのであるが――、それが広い意味において記号論の系列と意味論の系列との差異を接合するものとして理解されるならば、パウロが近代詩にのこしたメシア的遺産であり、押韻の歴史と運命は、詩において、メシア的な告知の歴史と運命とに合致する。このことがどの程度まで文字どおりに理解されるべきであるのかは——すなわち、いかなる意味において、ここではたんに世俗化ではなく、詩が目録の蓄積によることなしに帯びる正真正銘の神学的遺産であるとかんがえられるのかは——、ひとつの例があらゆる疑いを越えてそのことを証し立ててくれる。ヘルダーリンが二〇世紀のとば口において神々との——とくに最後の神、キリストとの——別れについてのかれの理論を練りあげるとき、そのときには、かれがこの新しい無神学を身に帯びる時点では、かれの抒情詩の韻律形式は粉々に破砕され、最後の讃歌のなかではいっさいのそれと識別できる自己同一性を失うまでにいたる。神々との別れは完結した韻律形式の消失と一体をなしているのであり、アテオロジー〔無神学〕はただちにアプロソディー〔無韻律学〕なのである。

第五日　エイス・エウアゲリオン・テウ〔神の福音のために〕一

エイス

ある著者の用語においては、文法的性格の位階秩序は重要性をもたず、小詞、副詞、はては句読の記号までもが、名詞に劣らず、専門用語の位置を引き受けることがありうる。M・プーダーは、カントにおける副詞「にもかかわらず」(gleichwohl)の戦略的重要性を指摘したことがある。同じ理由で、ハイデッガーにおいて副詞「すでに」(schon)の果たしている決定的な役割や、In-der-Welt-sein〔世界‐内‐存在〕とかDa-sein〔現‐存在〕といった言い回しにおいてハイフンが果たしている決定的な役割についても注意を喚起しておいてよいだろう。ハイフンは、句読の記号のうちでも、もっとも弁証法的なものである。それというのも、それが結合するのは、それが分離するかぎりにおいてのみであるからである。

ひいては、パウロにおいて、ギリシア語で一般になにものかに向かう運動を指示する前置詞エイス(eis)〔への〕が専門用語としての性格を獲得しているとしても、驚くにはあたらない。じっさいにも、かれはそれをピステウエイン(あるいはピスティス)・エイス・クリストン・イエースゥン(pisteúein eis—pístis eis—christón Iēsoûn)(これは、ヒエロニュムスの翻訳を介して、わたしたちの現代語訳で「を信じる」「への信」となることになる)というような定式において信仰の性質を表現するために用いている。しかし、このパウロにおける特殊な用法については、わたしたちはそれにつづくエウアゲリオン(euaggélion)〔福音〕という語との関連において検討することになるので、さらなる考察はそのときに回すことにしよう。

エウアゲリオン

エウアゲリオン(euaggélion)は、ヘブライ語のベソーラー(besōrā)もそうであるように——ただし、聖書とその七十人訳においては、なによりも動詞型 bsr および euaggelízesthai が登場する——、「喜びの使者」(euággelos)によって告げられる「良き報知」「悦ばしい伝言」を意味する。この語は、福音の行為を指し、また、その内容をも指示している。このために、二つの意味をまったく区別することなく、パウロは『ローマ人への手紙』において「わたしの福音によれば」(katá to euaggélion moû)という定式を二度用いている(二章16節および一六章25節)。のちに正典文書が編纂されるようになってようやく、この語は書かれたテクスト〔つまりは福音の内容〕と同一視されることとなったのであった。たとえば、すでにオリゲネス(三世紀前半)は、まさにパウロの定式「わたしの福音によれば」にかんして、行為を指すのか、内容を指すのかの違いをはっきりさせておく必要を感じている。「パウロの文書群のうちに」と、かれは書いている。「わたしたちはエウアゲリオンと呼ばれる書物を見いだすのではなく、かれが口にし語ったことのすべてがエウアゲリオン、すなわち福音なのであった」と(Origenes 1993, 73)。ギリシア語とヘブライ語のあいだの言葉遊びによって、キリスト教徒たちの「福音」(euaggélion)を「災厄の余白」(awen gillaion)と呼んだラビ・メイルの地口も、同じ時期にまでさかのぼる。これはエウアゲリオンがいまや書物をも指すようになっていた場合にのみ理解可能となるのである。

　使徒が預言者から区別されるように、使徒の福音のうちに含まれている時間構造は預言者の預言のもつ時間構造から区別される。福音がかかわるのは、未来に起こる出来事ではなく、現在する事実である。オリゲネスは書いている。「エウアゲリオンとは、信じる者にとって、善の臨在(parousía)を内包している、もしくは待望する善が臨在する(pareînai)ことを宣べ伝える言説(logos)である」(Origenes 1993, 75)。この定義は、以下でその意味を理解することがわたしたちにとって課題となる、エウアゲリオン〔福音〕—ピスティス〔信仰〕—パルーシア〔臨在〕の連関を完全につかみとっている。エウアゲリオンという語の意味の問題は、ピスティスおよびそれが含むパルーシアという語の意味の問題から分離することはできないのである。それに耳を傾け、臨在を信じる者に働きかける力のある言説(logos)とは、いかなるものであるのか。

　この意味では、『ローマ人への手紙』のすべては、書き出しに登場するエウアゲリオン〔福音〕という語を反復したものでしかない。と同時に、それはその福音の内容と一致する。それどころか、

『ローマ人への手紙』は、福音とその内容とを区別することの不可能性としてあるのである。近代の神学辞書のたぐいが、パウロにおいては「救済の約束としてのエウアゲリオンが、約束する言葉の神学的観念を約束の対象である善の観念と一つに結びつけている」と指摘するとき、ここで考えてみなければならないのは、まさにこの一致の意味なのだ。エウアゲリオンによって自らを試すとは、必然的に、『ローマ人への手紙』のテクストがあらゆる点で福音と入り混じり、そして福音が宣べ伝えられた善と入り混じるような、そのような言語活動の経験のうちに入り込むことを意味しているのである。

ピスティス〔信仰〕とは、パウロがこのような無差別地帯にあたえている名である。『ローマ人への手紙』の前置きのすぐあとで、パウロはエウアゲリオン〔福音〕とピスティス〔信仰〕のあいだの本質的な関係をつぎのように定義している。「福音は、……信じる者すべてに(panti to pisteúonti)救いをもたらす神の力(dýnamis)だからです」(『ローマ人への手紙』一章16節)。この定義は、福音は――デュナミスすなわち可能態であるかぎりで(デュナミスは能力をも可能性をも意味する)――その効力を発揮するためには信仰の補い(「信じる者すべてに」)を必要とする、と言おうとしているかにみえる。パウロは、可能態(dýnamis)と現実態〔現勢化〕(enérgeia)とのあいだの、言語と思考のあいだの対置とならんで典型的にギリシア的な対置を完全に知っており、一再ならず言及している(『エフェソ人への手紙』三章7節――「そのデュナミス〔可能態〕(dýnamis)のエネルゲイア〔現勢化〕(enérgeia)によって〔その力を働かせて〕」、『フィリピ人への手紙』三章21節――「デュナスタイ〔可能的なるもの〕(dýnasthai)のエネルゲイア〔現勢化〕(enérgeia)によって〔万物を支配下に置くことさえできる力を働かせて」」)。さらに、かれはしばしば、信仰とエネルゲイア、すなわち、現勢化されてあることとを隣接させてもいる。信仰とは、能力にたいして、卓越した意味において「働くもの」(energouménē)のことであり、現勢化と活動の原理なのである(『ガラテヤ人への手紙』五章6節──「愛によって働いている信仰(pístis di' agápēs energouménē)」、『コロサイ人への手紙』一章29節──「わたしのうちにあって力強く働く(energouménē)、救世主のエネルゲイア(enérgeia)によって」)。しかし、この原理は、パウロにとっては福音の外部にあるなにものかではなく、まさしく、福音のうちにあって、能力を働きにもたらすものにほかならない(『ガラテヤ人への手紙』三章5節──「あなたがたのうちにあって能力を働きにもたらす(energṓn dynámeis)ものは、信仰の聴従からやってくる」)。それゆえ、それは福音の内容そのものとして提示されうるのである(『ガラテヤ人への手紙』一章23節──「かれ〔パウロ〕は、いまは信仰を福音として宣べ伝えている(euaggelízetai tēn pistin)」)。宣べ伝えられるにいたることがらは、福音の能力を実現する信仰そのものである。信仰は、福音の現勢化、エネルゲイアなのだ。

プレーロフォリア

じっさい、福音は、発話の場所とそれを聴く主体とは独立に、なにごとかについてなにごとかを言う、たんなる言説、たんなるロゴスではない。そうではなくて、「わたしたちの福音があなたがたに伝えられたのは、言葉だけに(en logō̄)よったのではなく、力と聖霊とにもよったのであり、強いプレーロフォリア(plērophoría)のもとで産み出された(egenḗthē)〔伝えられた〕のでした」(『テサロニケ人への手紙 一』一章5節)。プレーロフォリア(plērophoría)はたんに内的な心の状態という意味においてのではなく、いわんや、だれかが示唆したように、「神の働きの充溢」を意味するのでもない。この語の意味は、語源的には明快である。プレーロス(plērōs)は「充溢した、成就した」を意味しており、フォレオー(phoréō)はフェロー(pherō)の反復を示す語で、「たゆまず持ち運んでいく」、あるいは受動形で「むりやり移される」に相当する。したがって、その組み合わさったものは、「充溢にまで持ち運んでいく」、あるいは受動形で、「空白を残すことなく、充溢に移される、なにごとかに完全に同意する」――そして、この意味において、「確信する」(心理的な意味においてではなく、ミヒェルシュテッターが「信」という語にあたえている存在論的な意味において)という意味になる。福音は、それ自体としては空虚なものでありながら、しかしまた信じられ、真実であることが検証されることのできる言説なのではない。それは、それを語る者およびそれに耳を傾ける者の信仰のうちにあって産み出される(egenḗthē)のであり、ただその信仰のうちにあってのみ生きるのである。福音、信仰、プレーロフォリア〔確信〕のあいだの相互的な含蓄関係については『ローマ人への手紙』四章20-21節でも繰り返されているが、そこでは、使徒は約束(epaggelía)――この語については、パウロは前置きにおいて福音(euaggélion)との語源的関連を強調している。「前から約束されていた福音」(euaggélion ho proepēggeilato)『ローマ人への手紙』一章1-2節――という語のうちに暗示されている特殊な行為遂行的能力の自覚にほとんど近づいているようにみえる。信仰は、約束と実現との必然的な合一についてのまったき信のうちに存している。「かれ〔アブラハム〕は……神は約束したことを実現する力もあると固く信じていたのです」。福音は約束がメシア的時間の収縮において取る形式なのだ。

律法

「福音」という語の意味を理解することは、この意味において、「信仰」および「約束」という語の意味を理解することを含意している。他方で、信仰と約束についてのパウロの論述は、律法批判とのきわめて緊密な対位法のなかで展開されている。したがって、それが含意している困難とアポリアは、かれの律法批判の困難あるいはアポリアと全面的に符合しており、後者の解明によってのみ前者に入ることができると言えるほどなのだ。律法の問題にかんするパウロの論述のアポリア的な性格については、すでに最古の註釈者たち、なかでも『ローマ人への手紙』に最初の体系的註釈をほどこしたオリゲネスによって指摘されてきた。オリゲネス以前には、ほぼ二世紀にわたる謎めいた沈黙があるばかりで、それはかならずしもつねに好意的ではなかったいくつかの引用によってかろうじて破られていたにすぎない。オリゲネス以降は、数知れぬ註釈が開始されることとなる。ギリシア語でも――ヨハネス・クリュソストモス、盲目のディデュモス、キュロスのテオドレトゥス、モプスエスティアのテオドロス、アレクサンドリアのキュリロス等々。また、ラテン語でも――最初はマリオ・ヴィットリーノである。かれはどうみても退屈な著作家であるが(ハドゥは後悔しきれないことにも、自らの生涯の二〇年をかれに捧げた)、ギリシア文化とキリスト教文化の仲介者としては基本となる働きを展開した。オリゲネスは——解釈の理論家としては、かれを凌駕しうる者はいないのだが——、(このことについてはかれ自身が情報を提供しているように)あるラビから聖書のテクスト群を一軒の家にある多数の部屋に譬えるすべを学んだ。これらの部屋には、それぞれに錠がかかっている。そして、それぞれの錠の上にはひとつずつ鍵が載せられているが、だれかそれを面白がって取り替えた者がおり、そのせいでもはや鍵はそれぞれの扉と一致していないというのである。しかし、『ローマ人への手紙』においてパウロが展開している律法にかんする論述の晦渋さを前にして、オリゲネスはこのラビの寓話をさらに込み入ったものとする必要を感じ、テクストを広壮な大広間に満ちた王宮になぞらえる。その大広間のそれぞれには、隠された扉がいくつもあるというわけである。使徒は、かれの文章を書くにあたって、ある扉から入り、人に知られることなく、別の扉から出る(per unum aditum ingressus per alium egredi とルフィヌスの描い訳はうたっている。残念ながらオリジナルは失われてしまった——Origenes 1993, 42)。そこで、わたしたちはテクストがなにを言おうとしているのかを理解することができず、律法についてパウロが矛盾に陥っているような印象を受ける。その一世紀後、ティコニウスは——この人物は非常に興味深い人物で、その『規律集』は聖書解釈にかんする最初の論述という域をはるかに超えた内容を有している——、伝承の秘密を開いて照明を当てるために「鍵束と灯火」を準備しようとして(Ticonius, 3)、まさにパウロの論述のアポリアとそこに含まれている約束と律法との矛盾対立とみえるものにかれの『規律集』のもっとも長い頁を捧げた。

　問題の条件については、よく知られているとおりである。『ローマ人への手紙』においても『ガラテヤ人への手紙』においても、パウロは一方における約束と信仰を他方における律法に対置している。重要なのは、かれにとっては、信仰、約束、律法を、救済の基準という決定的な問題を前にして、『ローマ人への手紙』三章20節の「律法を実行することによっては、だれひとり神の前に義とされないだろうからです」、および三章28節の「人が義とされるのは、行ないの律法によるのではなく、信仰によるというのが、わたしたちの考えです」という絶対命法的な主張にしたがって、どう位置づけるかということにある。パウロはここで、ひどく二律背反的な響きをもつ定式化を推し進めて、「律法が言うことはみな……すべての口がふさがれて、全世界が神にたいして有罪となるためなのです」といい、また、律法は救済のためではなく、「罪の認識(epígnōsis〔アポステリオリな認識〕)」のためにあたえられたのだと主張するまでにいたっている(『ローマ人への手紙』三章19-20節)。

アブラハムとモーセ

すぐあとで、約束が律法に対置され、——さらに明確には『ガラテヤ人への手紙』において——アブラハムがいわばモーセに対置されるのは、この意味においてである。「世界の相続人になるという約束がアブラハムとかれの子孫になされたのは、律法によってではなく、信仰の義によってであったのです」(『ローマ人への手紙』四章13節)。アブラハムになされた約束は系譜的にみるとモーセの律法に先立つものであり(モーセの律法が定められたのは——ユダヤ年代記によれば——やっと四三〇年も後のことにすぎない)、したがって、律法は約束を取り消すことはできないのである。「神によってあらかじめ結ばれた契約をそれから四三〇年後にできた律法が無効にして、その約束を反故にすることはありません。なぜなら、相続がもし律法に由来するものなら、もはやそれは約束に由来するものではないからです。ところが、神は約束によってアブラハムにその恵みを与えたのです。では、律法はなんでしょうか。それは約束を与えられたあの子孫がやって来るときまで、違犯を明らかにするために付け加えられたものなのです」(『ガラテヤ人への手紙』三章17-19節)。

約束-信仰と律法との対立は、ここではどこからみても異質な二つの原理のあいだの対立のようにみえる。しかしまた、問題はそれほど単純ではない。まずもって、パウロは——たしかに戦略上の配慮からばかりでなく——律法の聖性と善性をたえず繰り返し強調している(「律法は聖なるものであり、掟も聖なるものであり、正しく、そして善いものなのです」『ローマ人への手紙』七章12節)。さらに、かれはその対立自体を多くの点で相殺し、約束-信仰と律法とのいっそう込み入った関係を表現しようとしているようにみえる。たとえば、『ローマ人への手紙』三章31節では、かれは——たとえ修辞疑問のかたちにおいてであるにしても——、その二律背反的所作を緩和してみせている。「それでは、わたしたちは信仰によって、律法を無効にすることになるのでしょうか。けっしてそうではありません。かえって、律法を確立することになるのです」。また、『ガラテヤ人への手紙』三章11-12節では、使徒は信仰にたいする律法の位階的な従属をアポリア的に排除しているようにみえる。「律法によってはだれも神の前で義とされないことは、明らかです。「義人は信仰によって生きるだろう」からです。しかし、律法は信仰によってはいません。「これらのことをなしたものは、これらのことをとおして生きる」のです」。『ハバクク書』二章4節（「義人は信仰によって生きるだろう」）と『レビ記』一八章5節（神はモーセに言う。「イスラエルの人々に告げてこう言いなさい。……あなたがたは、わたしの掟と法とを守りなさい。これらをおこなう人は、それによって生きることができるのです」）からの交錯した引用は、ここでは律法と信仰のあいだの対立、あるいは位階的従属関係を示唆するものではなく、かえってより親密な関係を形成していて、ティコニウスが洞察したように、まるで相互に強化しあっている（invicem firmant）かのようである。

これまでにも頻繁に議論されてきたこのアポリアを構成する条件を、パウロのテクストに即してもっと仔細に検討してみることにしよう。知られているように、「ノモス」は七十人訳聖書やパウロのユダヤ‐ギリシア語においてはごく一般的な語で、多くの意味をもっている。だからこそパウロは、ノモスが約束や信仰に対置されるのはいかなる意味においてであるかということについて、一再ならず正確を期そうと努めているのである。すなわち、それは規定的かつ規範的な観点から見られた律法のことであって、これをかれは「戒めの律法」（nomos tōn entolōn）（『エフェソ人への手紙』二章15節）——戒め（entolē）は、七十人訳において、ヘブライ語ミツヴァー（miṣwa）〔法的規定〕の翻訳である。ユダヤ人ひとりひとりが遵守しなければならない六一三ものミツヴァーがあることを想起されたい——、あるいはまた「行ないの律法」（nomos tōn ergōn）（『ローマ人への手紙』三章27‐28節）、すなわち、規定を実行に移す行為の律法と呼んでいる。したがって、対立は、一方における約束および信仰と、他方におけるたんなるトーラー（律法）ではなくて、その規範的な側面とにかかわっていることになる。このために、パウロは重要なくだり（『ローマ人への手紙』三章27節）において、である。二律背反は無関係でまったく異質な二つの原理にかんしてのものではなく、律法自体に内在する対立、すなわち、規範としての要素と約束としての要素との対立なのだ。律法のうちには、なにか構成上規範を超え出ていて、規範に還元されえないものがある。そして、パウロが「約束」(これに関連するのが「信仰」である)と「律法」(これに関連するのが「行ない」である)の対をつうじて言及しているのは、この過剰なのであり、律法に内在するこの弁証法なのである。同じ意味で、『コリント人への手紙 一』九章21節においては、自分は「律法をもたない者のように」(hōs ánomos)なって、律法をもたない人々(すなわちゴイーム〔非ユダヤ人たち〕)とともにあると語ったのち、すぐさまかれはこの言明を修正して、「神の律法の外に」(ánomos theoû)あるのではなく、「救世主の律法の内に」(énnomos christoû)あるのだ、と述べている。メシア的な律法とは信仰の律法であって、単純に律法を否定したものではない。しかし、このことは古いミツヴァーを新しい規定に代えることが問題だということを意味するのではない。そうではなくてむしろ、律法の規範的なありかたに非規範的なありかたを対置することこそが重要であるということを意味しているのである。

カタルゲイン

これが真実であるとすれば、この律法の非規範的な側面はどのように理解されるべきなのか。また、律法のこの二つのありかたのあいだの関係はいかなるものであるのか。第二の問いに答えることから始めよう。まずもっては、語彙的性格の考察をひとつの手がかりとして。約束‐信仰と律法との——そして、より一般的には、メシア的なものと律法との——関係を表現するために、パウロは一貫してあるひとつの動詞を用いている。これについて、少々立ちどまってみないわけにはいかない。というのも、この点にかんして、わたしはたまたま、哲学者にとってはいささか驚くべき発見をすることになったからである。カタルゲオー(katargéō)という動詞がそれであって、パウロのメシア的語彙集のまさにキーワードというべきものである(新約聖書に二七回登場するうちの、なんと二六回はパウロの「手紙」のなかに出てくるのだ)。動詞カタルゲオー(katargéō)は動詞アルゴス(argós)の合成語で、一方、このアルゴス(argós)という動詞は「働いていない、行為‐に‐ない(a-ergōs)、不活性の」を意味する形容詞アルゴス(argós)に由来する。ひいては、このカタルゲオー(katargéō)という合成語は「働かなくする、不活性にする、効果をとめる」——あるいは、ステファヌスの『語彙宝鑑』が示唆しているように、「行為になく無効な状態に引き戻す、行ないを停止させる、取り除く、廃止する」(reddo aergon et inefficacem, facio cessare ab opere suo, tollo, aboleo)——という意味になる。すでにステファヌスによって指摘されているように、この動詞は本質的に新約聖書のものであり、ひいては、わたしたちが見たように、純粋にパウロのものである。パウロにいたるまでは、それが出てくることはごくまれでしかない(それは、エウリピデスにおいて、働かぬままにぶらりと投げだされた両手にかんして出てくるのと、ポリュビオスにおいて、スーダが「働かないでいる」(anenergéton einai)と註解している一節のうちに見いだされる)。パウロ以降は、ギリシア教父たちのうちに頻繁に見いだされるが(ヨハネス・クリュソストモスのうちにだけでも一四六回)、それらは明らかにパウロに由来するもので、ただパウロの用法を知るために間接的に役立ちうるにすぎない。パウロ以前では、かれが無視することのできなかったコンテクストのなかに、安息日の休息を意味するヘブライ語の動詞を翻訳するために七十人訳で使われたアルゲオー(argéō)というかたちでの使用例がある(たとえば『マカバイ記 二』五章25節)。使徒が、律法の働きへのメシア的なものの効力を表現するのに用いている用語のなかに、安息日における作業の中断を意味する動詞が出てくるというのは、たしかに偶然ではない。

新約聖書辞典をひもといてみれば、この動詞がパウロのテクストにおいて二二回用いられているのが確認されるだろう。ここでは、意味深長な例をひとつ挙げるにとどめたい。まずもっては、この用語の意味にかんする一般的な性格の考察をひとつ述べておく。すでに見てきたように、この用語は——ヒエロニュムスは思慮深くも evacuari〔空っぽにする〕という訳語をあてている——、近代訳にしばしば見つかるように、「無に帰す、破壊する」という意味ではない。あるいは、もっと悪いことに、最近の辞典のひとつにあるように、「滅びさせる」(「創造主は、その権能において、あれ! というばかりか、滅びよ! ともいう〔カタルゲオー(katargéō)はポイエオー(poiéō)の否定形に符合する〕」)を意味するものではさらにない。ギリシア語のもっとも初歩的な入門書でも教えてくれるにちがいないように、カタルゲオー(katargéō)の肯定形に符合するのはポイエオー(poiéō)ではなく、エネルゲオー(energéō)〔作動させる、活性化する〕である。なによりもパウロ自身が、意味深長な一節でこの符合関係を用いており、ここからわたしたちの例証を始めることができる。

「わたしたちが肉にしたがって生きているあいだは、罪へ誘う欲情が律法によってわたしたちの五体のなかに働いていて(enērgeíto)、死にいたる実を結んでいました。しかし、今は、わたしたちは律法にたいして働かなくされて(katergēthémen)います」(『ローマ人への手紙』七章5-6節)。エネルゲオーとの語源的対置が明確に示しているように、カタルゲオーはエネルゲイア〔現勢化〕から逃れ出させること(受動形では、もはや働きにないこと、宙吊り状態にあること)を指し示している。パウロは——これについてはすでに見たところであるが——典型的にギリシアのものであるデュナミスとエネルゲイア〔可能態と現実態ないしは現勢化〕という対置関係を完全に知っており、それを一再ならず用いている。この関係にあっては、メシア的なものは、ショーレムによれば逆転の waw を特徴づけているというものに類似した転倒を作動させる。逆転の waw の結果、いまだ完了していないものが完了したものと化し、完了したものがいまだ完了していないものと化すように、ここでは、可能態が現実態へと移行し、自らのテロス〔目的〕をエルゴン(ergon)〔力〕の形式によってではなく、アステネイア(asthéneia)〔弱さ〕の形式によって達成するのである。パウロは、この可能態と現実態ないしは現勢化の関係のメシア的転倒の原理を、有名な一節で定式化している。肉に打ち込まれた棘から解き放ってくれるようにと主に願っていると、「力は弱さのなかでこそ完全に現れる」(dýnamis en astheneíā teleítai)(『コリント人への手紙 二』一二章9節)という答えが聞こえてくるというのである。つづくくだりでは、「わたしは弱いときにこそ強い」と繰り返されている。

アステネイア

弱さにおいて実現される力なるもののテロス〔目的〕を、わたしたちはどう理解すべきなのか。ギリシア哲学は、欠如(stérēsis)も無能力(adynamía)もともあれ力の一種である、という原理を知っていた(「あらゆるものは、なにかを所有していることによっても、あるいはその欠如を所有することによっても、能あるもの〔可能的なもの〕である」(『形而上学』1019b 9-10)。「あらゆる能力は、それぞれに対応する無能力の属するのと同じものに属し、それぞれに対応する無能力の関係するのと同じものに関係している」(『形而上学』1046a 32))。パウロにとっては、メシア的な能力はそのエルゴン(ergon)〔力〕に尽きるものではなく、それのうちにあって、弱さという形式において可能的なものでありつづけている。メシア的なデュナミスは、この意味では、構成上「弱い」ものである。しかし、まさにその弱さをつうじてこそ、それは効果を発揮することができるのである。「力ある者に恥をかかせるため、神は世の弱い者を選んだのです」(『コリント人への手紙 一』一章27節)。

可能態と現実態ないしは現勢化の関係のメシア的転倒には、また別の側面もある。メシア的能力が弱さという形式において実現し働くように、それは律法とその行為の領域に、それらをたんに否定したり無化したりするのではなく、それらを働かなくし、機能不全で、もはや作動していない状態にすることによって、効力をおよぼす。これがカタルゲオーという動詞の意味である。律法において、約束の能力が行ないと義務的規則に転移されていたように、いまやメシア的なものはこれらの行ないを働かないものとなし、不活性と無効力の形式において可能態に差し戻すのである。メシア的なものとは、律法の破壊ではなく、非活性化であり、遂行不可能性なのだ。

このような展望のもとでのみ、救世主は一方で「あらゆる支配とあらゆる権威や勢力を働かないものにする(katargésē)」(『コリント人への手紙 二』一五章24節)とともに、他方で「律法のテロス」(『ローマ人への手紙』一〇章4節)を構成する、というパウロの言明は理解可能となる。テロスはここでは「終焉」なのか「成就」なのか、と──じつをいえば思慮に欠けることにも──問う者がいる。メシアが律法を働かなくさせ、働きから逃れ出させ、可能態に差し戻すかぎりにおいてのみ、それは終焉であるとともに成就であるようなテロスを表象することができるのだ。律法を成就へともたらすことが可能なのは、それがまえもって可能態の無活動状態に差し戻されている場合に限られるのである。『コリント人への手紙 二』三章12-13節のきわめて独創的なくだりで言われているように、メシアは「非活性化されていた(現勢化から逃れ出させられていた)ものの成就」(telos tou katargouménou)──すなわち、非活性化であると同時に成就なのである。

ここから、パウロの律法批判についてのあらゆる読解の躓きの石をなしている『ローマ人への手紙』三章31節の所作の曖昧さが出てくる。「それでは、わたしたちは信仰によって、律法を無効にする(katargoumén)ことになるのでしょうか。けっしてそうではありません。かえって、律法を確立する(histánomen)ことになるのです」。すでに初期の註釈者たちは、使徒はここでは自己矛盾に陥っているようにみえると指摘してきた(「自分に逆らって書いている(contraria sibi scribere)」──Origenes 1993, 150)。メシア的なものが律法を働かなくさせると何度も主張しておきながら、ここでは逆のことが言われているようにみえるというわけである。しかし、じつをいえば、まさにこれこそがパウロにとって、それを語源にまでさかのぼって明確にすることが問題になっている、その専門用語の意味なのである。このために、非活性化され、エネルゲイア〔現勢化〕から逃れ出させられるものは、無化されるのではなく、その成就のために保存され維持されるのだ。

このカタルゲインのパウロにおける二重の意味を分析してみせている、ヨハネス・クリュソストモスの驚くべき一節がある。使徒がこの動詞を用いるとき——たとえば、「知識ならば無効になるでしょう」(gnōsis katargēthḗsetai)(『コリント人への手紙 一』一三章8節)という言い回しにおいて——、じっさいには、かれは存在するものの破壊(aphánisis tēs ousíās)ではなく、より善い状態へ向かっての前進をカタルゲーシス(katárgēsis)と呼んでいる。

これこそは、かれがもっとあとで説いてみせるように、カタルゲイタイ(katargeítai)という語の意味である。この言葉を聞いて、それが総破壊のことではなくて、なんらかの仕方でより善きものに向かっての増進であり賜物のことであるとみなすように、カタルゲイタイと言ったあとで、かれは「わたしたちの知っているところは一部分であり、預言することも一部分です。しかし、完全なものがやって来たら、部分的なものは無効になるでしょう(katargēthḗsai)」と付言している。すなわち、もはや部分的なものではなくて、完全なものとなるであろう、と。……働かなくさせること(katárgēsis)とは成就(plḗrōsis)なのであり、より善きものに向かっての付加(pros to meizōn epídosis)なのである。

(Crysostomos, 104)

メシア的なカタルゲーシスは、たんに廃棄するのではなく、保存し、成就へともたらすのである。

止揚

ここで、カタルゲインという動詞がカタルゲインというヘブライ語のかたちでは死に絶えてしまったのちに哲学的分野においてたどることになった運命について、わたしがさきに触れた発見のことを話しておかなければならない。じっさい、『ローマ人への手紙』三章31節や、それ以外にもさまざまな「手紙」の該当個所において、パウロが用いているこの動詞を、ルターがドイツ語に訳したさいの用語とはなんであったのか。それはアウフヘーベン(Aufheben)〔止揚〕——すなわち、まさしくその二重の意味(「廃棄する(aufhören lassen)」と「保存する(aufbewahren)」)において、ヘーゲルがかれの弁証法を基礎づけるのに用いている言葉なのだ。ルターの用語を検討してみれば、かれがこの動詞の二重の意味に自覚的であったこと、かれ以前にも使用例は確認されるが、頻用されるものではなかったこと、したがって、ヘーゲルが採用し発展させずにはおかなかったような特殊な相貌をこの語が獲得するにいたったのは、まずまちがいなく、パウロの「手紙」のルターによる翻訳をつうじてであったことが明らかになる。パウロのカタルゲーシスの二律背反的な所作を表現するために用いられていた(heben wir das Gesetz auff/durch den glauben? Das sey ferne/sondern wir richten das Gesetz auff〔わたしたちは信仰によって律法を廃棄することになるのでしょうか。けっしてそうではありません。かえって、律法を確立することになるのです」)からこそ、このドイツ語の動詞は「思弁的思索者」が「悦ばずには」いられないような(Hegel, 113)、二重の意味を引き受けることとなったのである。信仰と福音の可能態の効果による律法の変容を表現した、もともとは純然たるメシア的な用語が、こうして弁証法のキーワードと化す。これが――この意味において――キリスト教神学の世俗化であるということは、すでに言われてきたことである。しかし、ヘーゲルが――いささか皮肉なことにも――神学自体のもっていた武器を神学に適用したということ、そしてこの武器はまがうかたなくメシア的なものであったということは、たしかに瑣末なことではない。

＊ここで提起した止揚(Aufhebung)の系譜が正しいとすると、ヘーゲル思想だけではなく、近代全体が――この語によって弁証法的止揚の印しのもとにある時代を指すとして――、メシアニズムとの解釈学的な近接関係に引き込まれていることになる。それも決定的な概念のすべてがメシア的テーマの多かれ少なかれ意識的な解釈であり世俗化であるという意味においてである。

『精神現象学』においては、止揚は、感覚的確信およびその言語活動の場面における「ここ」(diese)と「いま」(jetzt)をつうじての表現の弁証法に関連して登場する。止揚をつうじて、ヘーゲルは言語活動の運動そのものを描写すること以外のことをしていないのであって、言語活動は、感覚的確信を否定的なものおよび無に変容させ、そのあとでこの無を保存して、否定的なものを存在へと変えていくという「神的性質」をもっている。すなわち、「ここ」と「いま」において、直接性はつねにすでに止揚されている、取り去られつつ保たれている。「いま」は発語される(あるいは記述される)ときにはすでに存在することをやめてしまっているかぎりで、「いま」を把捉しようとする試みはすでにつねに過去、「あった」(gewesen)を産出することになるのであり、それはそのようなものとして非在、kein-Wesenなのである。そして、この非在こそが言語活動のうちに保存されるのであって、こうして最後になってはじめて真に存在するところのものとして立てられるのである。『精神現象学』の叙述の初めに置かれた感覚的確信の「エレウシスの神秘」は、言語的指示活動一般の構造を陳述したものにほかならない。近代言語学の用語でいえば、自らが生じたことに「ここ」と「いま」という言表の指示詞をつうじて言及しつつ、言語活動はそれにおいて表現される感覚的確信を過去として産出し、同時に未来に向けて遅延する。このようにして、つねにすでに歴史と時間のうちに捉えられているのである。いずれにしても、止揚の前提をなすのは、取り去られたものは完全に無化されるのではなく、なんらかの仕方で存続するのであり、かくして保存されることが可能となるということである(Was sich aufhebt, wird dadurch nicht zu Nichts〔止揚されるものは、そのことによって無へとは向かわない〕—— Hegel, 113)。

ここで止揚の問題はメシア的時間の問題とのつながりを——それと同時に差異を——明らかにする。メシア的時間もまた、それが操作時間であるかぎりで、表象された時間に断絶と遅延を導き入れるが、これは時間に補足あるいは無限の順延を付加するものではありえない。そうではなくて、メシア的時間——「いま」の不可把捉性——とは、まさしくそれを介することによって時間を把捉することが可能となるような、いいかえれば、わたしたちの時間表象の表出を完了させ終わらせることが可能となるような、突破口なのだ。メシア的なカタルゲーシスのうちにあっては、働かなくされた律法は、無限の遅延や転移にとらえられることはない。それはむしろ、そのプレーローマ〔充溢〕を見いだすのである。ヘーゲルにおいても、純然たるメシア的な要請が、時間のプレーローマと歴史の終わりという問題のなかで再浮上してくる。しかし、プレーローマは、ヘーゲルによっては一瞬一瞬のメシアとの関係とはかんがえられず、あるひとつの地球規模における過程の最終結果とみなされる。たとえば、ヘーゲルのフランス人解釈者たちは――じつは、コイレにしてもコジェーヴにしても、かれらはむしろロシア人解釈者なのであって、二〇世紀のロシア文化における黙示録の重要性を考えてみれば、それは驚くにはあたらないのだが――、「ヘーゲルの哲学、「体系」が可能であるのは、歴史が終わったときでしかない、もはやなにも到来せず、時間が停止するときでしかない」(Koyré, 458)という確信から出発する。しかし、――コジェーヴにおいて明々白々であるように――かれらはメシア的なものを終末論的なものの上に均質化してしまって、メシア的時間の問題をポスト歴史の問題と同一視する結果となっている。「無為」(désoeuvrement)という概念――これはパウロのカタルゲインの翻訳としては立派なものである――が二〇世紀の哲学のうちに最初に登場するのはまさにコジェーヴにおいてであり、ポスト歴史の人間の条件、歴史の終わり以後の「人間の安息日」としての「無為の浮浪児」(voyou désoeuvré)(Kojève, 396)を定義するためであったということは、しかしながらメシア的なテーマとのつながりが、ここではなおも中立化されたというにはほど遠い状態にあることを十分に立証している。

＊ 零度　なんらかの仕方でこれに類似した考察は、二〇世紀の人間科学における欠如的対置、零度、シニフィアンの過剰といった概念や、現代思想における痕跡および根源的代補といった概念についてもおこないうる。トゥルベツコイにおける欠如的対置という概念は、二つの項のうちの一方はあるひとつのマークの存在によって特徴づけられ、他方はそれの欠如によって特徴づけられるといったような対置関係を定義したものである。ここで前提となっているのは、マークされていない項はマークされた項に

たいして、現在しないもの(無)が現在するものにたいするように単純に対置されるのではなくて、現在しないものはなんらかの仕方において現在するものの零度に相当するということ(すなわち、現在するものはその不在において「欠如している」ということ)である。このことは、トゥルベッコイによれば、対置関係が中立化されるときには——ここでトゥルベッコイは止揚(Aufhebung)という語を用いているが、これは偶然のことではないのであって、その語はヘーゲルの『論理学』においては、まさに対立物の統一を意味しているのである——、マークされた項は価値を失い、マークされていない項がもっぱら価値あるものとして残って、元音素、すなわち二つの項に共通する識別特徴の総体を代表したものとしての役割を引き受ける、その事実において明らかにされるという。すなわち、止揚においては、マークされていない項は——記号の欠如の記号であるかぎりで——、元音素、シニフィアン・ゼロとして妥当し、対置関係は取り去られると同時に差異の零度として保存されるのである(「零記号」および「零音素」という表現を、マークされていない度数や元音素という表現に代えて、体系的に用いたのは、——バリーの跡をうけて——ヤコブソンであった。たとえば、ヤコブソンにとっては、零音素は、いかなる差異的性格をも随伴することがないままに、音素のたんなる不在に対置されるという機能を自らの機能としてもつのである。これらの概念の哲学的基礎は、アリストテレスの欠如の存在論のうちにある。じっさいにも、アリストテレスは欠如(stérēsis)をたんなる不在(apousía)から区別している(『形而上学』1004a 16)。欠如はなおも存在への、あるいはそれが欠けていることをつうじてなんらかの仕方で明らかになるような、それの欠如があるところの形式への送付を含意しているという理由からである。このためにアリストテレスは、欠如も一種の形相(eidos)である、と記すことができるのである)。

一九五七年、レヴィ＝ストロースは、これらの概念をシニフィエにたいするシニフィアンの構造的過剰の理論として展開した。この理論によれば、意味作用とは本来それを詰め込むことのできるシニフィエ群にたいして過剰なものであり、ここから、それ自体においては意味をもたず、その唯一の機能はシニフィアンとシニフィエの格差を表現することであるような、自由なシニフィアンあるいは浮遊するシニフィアンの存在が要請されることとなる。それは非記号、あるいは無為(désoeuvrement)と止揚(Aufhebung)の状態にある記号なのであって、「零象徴価として、たんに代補的な象徴内容の必要性を表現しているにすぎない」(Lévy-Strauss, L)のであり、なんらかの個別的なシニフィエを随伴することのないまま、意味作用の不在に抗するのである。

『声と現象』および『グラマトロジーについて』(いずれも一九六七年)に始まって、デリダはこれらの概念に哲学的市民権を取り戻してやり、それらをヘーゲルの止揚と関連づけ、痕跡および根源的代補の存在論において展開してきた。フッサール現象学の細心な脱構築をつうじて、デリダは形而上学的伝統における現前の優位を批判し、それのうちには、すでにつねに現前しないものと意味作用とが忍び込んでいることを示す。そして、このような地平に立ったところから、かれは「根源的代補」という概念を導入する。それはなにものかに付加されるのではなく、これはこれでつねにすでに意味作用のうちに捕らえられている根源的な欠如と現前しないものを代補するためにやってくるのである。「わたしたちが思考にあたえたいとおもっていることがらは、反省的なものであれ前反省的なものであれ、現象学的自己贈与として伝統的に与格によって規定されてきた、自己への現前の対自(für sich)が、本源的置換としての代補性の運動のなかで、「の代わりに」(für etwas)という形式において、すなわち、すでにみたように、意味作用一般の操作そのものとして生起するということである」(Derrida 1972, 98)。「痕跡」という概念は、記号が現在および絶対的現前の充溢のうちに消え去ることの、この不可能性を名指している。

この意味において、痕跡とは「存在以前のもの」として考えられなければならない。事物自体がすでにつねに記号および表象されたもの（repraesentamen）と考えられなければならず、シニフィエはすでにつねにシニフィアンの位置にあるものと考えられなければならないのである。そこには、起源へのノスタルジアはない。なぜなら、起源は存在するのではなく、非起源および痕跡からの退行的効果として産み出されるのであり、こうして非起源が起源の起源に転化するからである。これらの概念群（というよりも、これらの非概念群、あるいはデリダが好んで言うように、これらの「決定しえないもの」）は、哲学的伝統における現前とシニフィエの優位性を疑問にふすものではあるが、じつをいえば意味作用一般の優位性をまで問うものではない。「欠如」（stērēsis）と零度の概念を深化させるにあたって、それらは現前するものの排除を前提にしているだけでなく、記号を絶滅させることの不可能性をも前提にしている。すなわち、それらは現前と不在を超えたところになおも意味作用が存在すること、この意味では非在もなんらかの仕方で「原痕跡」、現前と不在のあいだに存在する一種の元音素を意味しており、そうした「原痕跡」ないしは元音素であるということを前提にしているのである。そこに起源へのノスタルジアがないとすれば、それはその記憶が意味作用の形式そのもののなかに、止揚および零度として含み込まれているからである。脱構築が機能しうるために排除されなければならないものがあるとすれば、それは現前と起源がなくなってしまうことではなくて、たんに無意味なものと化すことなのだ。「必要なのは、（現前にかんする記号の）この過剰の記号が、同時に、存在一般のあらゆる産出ないしは消滅の、あらゆる可能な現前と不在にたいして、絶対的に過剰なものであるとともに、しかしまた、なんらかの仕方で、なおも意味作用を果たしているということである。形而上学的テクストにおけるこのような痕跡の刻印の仕方は、それを痕跡そのものの抹消として記述する必要があるほど思考不可能なものである。

痕跡は、そこでは痕跡そのものの抹消として産出されるのである」(Derrida 1967, 75-77)。ここにおいて、原痕跡は、ヘーゲルの止揚およびそれのメシア的テーマとの関連——と同時に差異——を明らかにする。シニフィエを中立化し、それらを保存しつつ完成させる止揚の運動は、ここでは無限の差延の原理と化す。意味作用の自己表示は、けっして自己自身を把捉することはなく、けっして表象の空無へと到達することはなく、けっしてなにものも意味しない状態のままになっていることはなく、追放されると同時に順延される。この意味において、痕跡は、けっしてプレーローマ〔充溢〕を知ることのない宙吊りにされた止揚である。脱構築とは阻止されたメシアニズムであり、メシア的テーマの停止にほかならない。

わたしたちの伝統においては、形而上学的テーマ——こちらはとりわけ基礎づけと起源の瞬間に固執する——は、メシア的テーマ——こちらは成就の瞬間に固執する——と共存している。しかし、本来の意味でメシア的であり歴史的であるのは、成就は基礎づけを再開しては廃絶し、それとの清算を済ませることによってのみ可能となる、という考え方である。これら二つの要素が分裂を来たすときには、フッサールの『危機』によってもっとも歴然と証言されている状況が生じる。無限の課題のみが対応するような基礎づけという状況である。メシア的テーマを捨て置いたまま、基礎づけと起源の瞬間のみに、あるいは——同じことであるが——それらの不在のみに固執するならば、空虚な零度の意味作用と、その無限の遅延としての歴史が生じるほかなくなる。

メシア的なカタルゲーシスの効果のもとにある律法の状態をどのようにかんがえるべきなのであろうか。宙吊りにされると同時に成就される律法とはなんであるのか。これらの問いに答えるためには、法律および主権的権力についての自らの考え方をはっきりと反メシア的な星座的布置関係のもとで提起してきた、しかしながらまさにそれゆえに、「反革命の黙示論者」として、そのなかにいくつかの純粋にメシア的なテオログーメナ〔神についての思弁〕を導入することを避けえないでいる、ひとりの法学者の著作の核心にある認識論的パラダイムに訴える以上に教訓的なものはない。カール・シュミットによれば――わたしが言及しているのがかれのことであることはあなたがたも気づいておられるだろう――、法の本来の構造と機能を定義するパラダイムは、規範ではなくて、例外なのだという。

例外事例は、国家的権威の本質をもっとも明瞭にあらわす。ここにおいて、決定は法的規範から分離し、かつ(逆説を定式化してみるならば)権威は法権利をつくりだすために法権利を必要としないということを明らかにする。……例外は通常の事例よりも興味深い。通常の事例はなにも証明せず、例外がすべてを証明する。例外は規則を裏づけるだけでない。規則はそもそも例外によってのみ生きるのである。(Schmitt 1921, 41)

ここで重要なのは、例外において規範から排除されるものは、そうであるからといって法との関係をもたずにいるのではなく、逆に法は自らの自己停止というかたちにおいて例外と関係を保っている、ということを忘れないでいることである。規範は、いってみれば、それに適用されず、それから退却することによって、例外に自らを適用する。すなわち、例外とは、たんなる排除ではなく、包摂的な排除、文字どおりの意味でのエクス - ケプティオー(ex-ceptio)である。それは、外にあるものを捕らえることなのだ。例外を定義しながら、法律は同時に法的・政治的秩序が価値をもちうる空間を創設し定義する。この意味で、例外状態こそはシュミットにとって法律の実効性の純粋にして根源的な形式を代表しているのであって、そこから出発することによってのみ、法律はその適用の規範的な範囲を定義することができるのである。

例外状態における法律の性格をより詳しく分析してみることにしよう。

一、まずもって、ここでは内と外の絶対的な非決定性が生じる。主権者は、法律の実効性を停止する正統な権力をもっているかぎりで、同時に法律の内と外にあるということこそは、シュミットが主権者の逆説ということで表現しているものなのだ。例外状態においては、法律はそれの停止というかたちにおいて実効性をもつのであり、適用されないことによって適用されるのだとすれば、そのときには法律はいわば自らが外に排除するものを包含していることになる——あるいは、こう言ったほうがよければ、法律の外部は存在しないことになる。すなわち、至高なる自己停止の状態において、法律はその実効性の最大限度に到達するのであり、自らの外部を例外というかたちにおいて包含しつつ、現実そのものに合致するのである。

二、これが正しいとすると、例外状態においては法律の遵守と侵犯とを区別することは不可能であるということになる。法律がその停止のかたちにおいてのみ実効性をもつときには、通常の状況において法律に適ったものとして提示されるどんな振舞いも――たとえば、静かに道を歩くこと――侵犯であることが明らかになることがあり――たとえば、外出禁止令のあいだ――、逆に、侵犯が遵守として立ち現れることもありうる。この意味では、例外状態においては、法律は純粋かつ単純に現実と合致するものである以上、絶対に履行不可能であり、この履行不可能性こそが規範の本源的な姿なのだということができる。

三、このような規範の履行不可能性から帰結するのは、例外状態においては、法律は絶対に定式化不能であり、もはや――あるいはいまだ――、ある規定もしくは禁止の形式をもつことができないということである。定式化不能ということは、ここでは文字どおりに理解されなければならない。例外状態を、そのもっとも極限的なかたちにおいて考えてみるとよい。ドイツで一九三三年二月二八日、すなわち、ナチス党が権力を掌握した翌日、『人民と国家の保護のための政令』によって樹立された例外状態がそれである。それは、ただたんにこう規定している。「帝国(ライヒ)憲法の一一四、一一五、一一七、一一八、一二三、一二四、一五三条は新たな指示があるまで停止される」(じっさいには、この政令はナチス体制の存続期間中ずっと効力を発揮しつづけた)。この簡潔な言明は、なにも命じず、なにも禁じていない。しかし、個人の自由にかんする憲法の諸条項をたんに停止することをつうじて、なにが合法でなにが非合法であるのかを知り語ることを不可能にするのである。すべてが可能となる強制収容所は、この法律の定式化不能性によって開かれた無防備な空間において生まれる。このことは、例外状態においては、法律は新たな禁止や新たな義務を言明する新たな規範化のかたちをとらないということを意味している。それはむしろ、もっぱらその定式化不能性をつうじて行動するのである。

さて、例外状態における法律のこのような三重の傾向を、メシア的なカタルゲーシスの地平にある律法の状態と比較してみることにしよう。

第一点(法律の内部と外部の識別不可能性)にかんして。メシア的なものにおいては、——すでに見たように——ユダヤ人と非ユダヤ人、律法の内にある者と外にある者の区別は、もはや機能しえない。このことは、パウロがたんに非ユダヤ人にまで律法の適用を拡張したことを意味しない。むしろ、かれは残りの者を導入することをつうじて、ユダヤ人と非ユダヤ人、律法の内にある者と外にある者を識別不能なものにするのである。この残りの者——非ユダヤ人でない者たち——は、本来的には、律法の内にあるのでも外にあるのでもなく、(『コリント人への手紙 一』九章21節において パウロが自分自身に適用している定義にしたがうなら)「律法に従っている」(énnomos)のでも「律法を持っていない」(ánomos)のでもない。それは律法のメシア的な不活性化の、そのカタルゲーシスの記号なのだ。残りの者というのは、極限まで推し進められた、その逆説的な定式化にまでもたらされた例外である。信徒のメシア的状態にあって、パウロは、法律が適用されないことによって適用され、もはや内も外もわからなくなる、そのような例外状態の条件を深化させるのである。適用されないことによって適用される律法に、いまや、それを働かないものにして成就へともたらす所作——信仰——が対応する。

メシア的な例外状態における律法のこの逆説的な姿こそ、パウロが「信仰の律法」(nomos písteōs)(『ローマ人への手紙』三章27節)と呼ぶものなのだ。なぜなら、それはもはや行ない、ミツヴァーの実践をつうじて定義されるのではなくて、「律法なき義」(dikaiosýnē chōris nomou)(『ローマ人への手紙』三章21節)の顕現として定義されるからである。このことは——ユダヤ教においては、義とされるのは卓越した意味において律法を遵守する者であることを考えるならば——「律法なき律法の遵守」を言うに等しい。このためにパウロは言うことができるのである、信仰の律法は行ないの律法の「除去」(exekleísthē)——停止!——である、と(『ローマ人への手紙』三章27節)。パウロがこのコンテクストのなかで信仰とは律法の不活性化(katargeîn)であると同時に保存(histáneín)であると主張して定式化する弁証法的アポリアは、この逆説と通底する表現以外のなにものでもない。律法なき義とは律法の否定なのではなく、その実現であり成就——プレーローマ——なのだ。

例外状態のさらに二つの傾向——法律の履行不可能性と定式化不能性——にかんしていえば、それらは、パウロにおいては、信仰の律法によって実現される行ないの除去の必然的帰結として登場する。『ローマ人への手紙』三章9-20節における律法批判のすべては、律法の履行不可能性という正真正銘のメシア的原理を確固として言明したものにほかならない。「「義人はいない。ひとりもいない」。……わたしたちは、律法が言うことはみな、律法のもとにいる人々に向けて言われていることを知っています。それは、すべての口がふさがれて、全世界が神にたいして有罪となるためなのです。なぜなら、律法を実行することによっては、だれひとり神の前に義とされないだろうからです」。第12節でパウロが用いている特殊な表現、「だれもかれもエークレオーテーサン(ēchreṓthēsan)」——ヒエロニュムスは inutiles facti sunt と翻訳している〔新共同訳では「役に立たない者となった」〕——は、字義どおりにはア-クレイオオー(a-chreioō)〔使用することができなくされてしまった」という意味であって、使用の不可能性、すなわち、メシア的時間における律法を特徴づけている履行不可能性、そして信仰のみが解決して新たにクレーシス(chrēsis)〔使用〕にもたらすことのできる履行不可能性を完全に表現している。また、『ローマ人への手紙』七章15-19節における主体の分裂についての有名な叙述(「わたしは、自分のしていることがわかりません。わたしは自分がしたいとおもうことをしているのではなく、憎んでいることをしているからです」)も、かれにとって絶対に履行不可能なものと化してしまい、そうしたものとして、ただ普遍的な告発の原理として機能しているにすぎないような律法を前にした者の、苦悩に満ちた状態を同じく明瞭に提示している。

その少し前のところで、モーセの戒めを思いきって要約した箇所――モーセの十戒はたんに「むさぼるな」とは言っておらず、「隣人の女、家、奴隷、驢馬等々をむさぼるな」と言っている――は、それを履行不可能なものにするのみならず、定式化不能なものにしている。「では、どう言えばよいのでしょうか。律法は罪なのでしょうか。けっしてそうではありません。しかし、律法によらなければ、わたしは罪を知らなかったでしょう。じっさい、律法が「むさぼるな」と言わなかったら、わたしはむさぼりを知らなかったでしょう」(『ローマ人への手紙』七章7節)。律法は、もはやここでは、なにごとかをはっきりと規定したり禁止したりするエントレー(entolē)〔規範〕ではない。「むさぼるな」は戒めではない。それは罪の認識、カフカ的な意味での審判、処罰規定のない不断の自己告発であるにすぎない。

モーセの律法のこのような縮約には、パウロが『ローマ人への手紙』一三章8-9節において語っている、信仰の側からの十戒のメシア的総括が対応している。「他人を愛する者は、律法を全うしているのです(peplḗrōken)。じっさい、「姦淫するな、殺すな、盗むな、むさぼるな」、そのほかどんな掟があっても、それらは「あなたの隣人をあなた自身のように愛しなさい」という言葉に要約されます」。律法を行為の律法と信仰の律法に、罪の律法と神の律法に区分したのち(『ローマ人への手紙』七章22-23節)、そして、このようにして、それを働かなくし履行不可能なものにしたのち、パウロはそれを愛の姿のうちに成就させ、総括することができるのである。律法のメシア的なプレーローマ〔充溢〕は、例外状態の止揚であり、カタルゲーシスの絶対化なのだ。

アノミアの秘密

この点にいたって、『テサロニケ人への手紙 二』二章3-9節におけるカテーコーン(katēchōn)〔抑えている者〕あるいはカテーコン(katēchon)〔抑えているもの〕にかんする有名であるとともに謎に満ちたくだりと比較してみないわけにはいかない。パウロは今、メシアのパルーシア〔臨在〕について語っているところなのだが、ここでテサロニケの人たちに騒乱切迫の告知ともみえる危険を報せる。

だれにも、どのようにも、だまされないようにしなさい。まず背教が起こり、不法の者、すなわち滅びの子が出現するまでは。この者は、すべて神と呼ばれるもの、また礼拝されるものに反抗して、傲慢にふるまい、ついには、神殿に座を占め、自分こそは神であると宣言するのです。まだわたしがあなたがたのもとにいたとき、これらのことを繰り返し語っていたのを思い出しませんか。今はかれを抑えているもの（to katēchon）があることはあなたがたも知っているとおりですが、それは定められた時にかれが現れるためなのです。不法の秘密はすでに働いています。ただ、今のところは抑えている者（ho katēchōn）があって、取り除かれるときまで抑えているのです。その時が来ると不法の者が現れるでしょうが、主イエスはかれを自分の口から吐く息で殺し、かれが来臨するとき（parousía）の輝かしい光で滅ぼしてしまうでしょう。不法の者の出現（parousía）はあらゆる権力における†サタンの働きによるのであって、……。

この「不法の者」は『ヨハネの手紙』のアンチメシア（antíchristos）〔反キリスト〕であるというのが一般に受け入れられているところであるとして――異論がないわけではまったくないが――、カテーコーン〔抑えている者〕がだれであるのか、あるいはカテーコン〔抑えているもの〕がなんであるのか（『テサロニケ人への手紙 二』三章6節では非人称型、7節では人称型）という問題が残っている。すでにテルトゥリアヌスに現れている古い伝承によると、時間の終わりを遅らせたり阻んだりするこの権能をローマ帝国がもっていて、それはこの意味においてひとつの積極的な歴史的機能を果たしているのだという（このためにテルトゥリアヌスは「わたしたちは、この時代の永続のために（pro statu saeculi）、万物の平和のために、終末の引き延ばしのために（pro mora finis）祈る」と言うことができるのである）。この伝承は『テサロニケ人への手紙 二』二章のうちにキリスト教的国家権力理論なるものの唯一可能な基礎をみようとするシュミットの理論において頂点に達する。

> キリスト教帝国の本質的特徴は、それが永遠の王国であるということではなくて、自らの終わりと現在の時代(アイオーン)の終わりをつねに意識しており、それにもかかわらず、歴史的権能を行使する力があるということである。その継続性の基礎にある決定的で歴史的に重要な概念は、「抑止する者」(kat-échōn)という概念であった。「帝国」は、ここでは反キリストの到来と現在の時代(アイオーン)の終末を阻むことのできる歴史上の権力を意味している。使徒パウロの『テサロニケ人への手紙 二』二章における言葉にしたがえば、抑えている(qui tenet)者がそれである。本来のキリスト教信仰が、総じて、抑止する者(kat-échōn)のイメージとは異なった歴史的イメージをもつことができるとは、わたしはおもわない。この世の終わりを阻むことができる抑止する者への信仰こそが唯一の架け橋となって、あらゆる人間的な出来事の終末論的麻痺状態から、ゲルマンの王たちのキリスト教帝国といったようなひとつの壮大な歴史上の権力への道は切り開かれていくのである。
> (Schmitt 1974, 43–44)

事情は、カテーコーン〔抑止する者〕を神そのものと同一視し、パルーシア〔臨在〕の遅延のうちに神慮による救済計画の表現をみる近代の諸解釈とさほど変わらない(「正しく理解されたカテーコーン〔抑止する者〕は神そのものである。……それは反キリストの到来を遅らせる現世内的な権能のことではなく、神の時間計画のうちに含まれているパルーシアそのものの遅延のことなのである」

——Strobel, 106–07)。

見られるように、ここで賭けられているものは相当のものである。ある意味では、国家のうちに破局を阻止したり遅延させたりする使命を担った権能をみる国家理論はどれも——ホッブズのものを含めて——、この『テサロニケ人への手紙 二』二章の解釈の世俗化とみなすことができる。しかしまた、じつをいえば、パウロのくだりは、その晦渋さにもかかわらず、カテーコーン〔抑えている者〕についての肯定的な評価をいっさい含んでいない。それどころか、それは、「アノミア(anomía)の秘密」が十全に啓示されるためには、取り除かれねばならないものなのだ。したがって、決定的なのは7-9節の解釈である。

不法の秘密はすでに働いています(energeîtai)。ただ、今のところは抑えている者があって、取り除かれるときまで抑えているのです。その時が来ると不法の者(ánomos)が現れるでしょうが、主イエスはかれを自分の口から吐く息で殺し、かれが来臨するとき(parousía)の輝かしい光で滅ぼしてしまうでしょう(katargēsei)。不法の者の出現(parousía)はあらゆる権力におけるサタンの働きによる(kat' enérgeian tou satanā en pasē dynámei)のであって、……。[†]

ここでアノミアは、ヒエロニュムスのなしたように、一般的な意味での「不正」、あるいはより悪いことには「罪」と訳されてはならない。アノミアは「律法の不在」を意味するものでしかなく、アノモス〔不法の者〕とは律法の外にある者にほかならない(パウロ自身、異教徒たちに「律法を持たない者」と自己紹介していたことを想起されたい)。すなわち、パウロは、ノモス〔律法〕が働かなくされ、カタルゲーシスの状態になった、メシア的時間における律法の状態のことに言及しているのである。だからこそ、ここでわたしたちはエネルゲイア〔現実態ないしは現勢化〕とデュナミス〔可能態〕、「働いていること」(energeîn)と「働かなくされていること」(katargeîn)というパウロの専門用語に出会うのである。そのときには、「抑えている者」は、カタルゲーシス〔働かなくすること〕、つまりはメシア的なものを特徴づけている傾向的なアノミアの状態と対照をなし、それを隠蔽する力――ローマ帝国、しかしまたあらゆる構成された権威――であることになる。そして、まさしくこの意味においてこそ、「アノミアの秘密」の開示を遅らせる権力なのだ。ひいては、この秘密の開示は、メシア的時間における律法の機能停止と、あらゆる権力の実質的な非正統性が白日の下にさらされることを意味している。

そうであるとすると、「抑えている者」と「不法の者」とは(パウロはヨハネのように「反キリスト」ということをけっして口にしていない)、明瞭に区別された二つの姿体ではなく、最終的な啓示の前と後とにおける同じひとつの権力の二つのありようを指し示していると言ってもよさそうである。世俗の権力は――ローマ帝国であれ、その他の権力であれ――、メシア的時間の実質的な律法不在の状態を覆っている見せかけなのだ。「秘密」が解けるとともに、この見せかけは取り除かれ、その権力はアノモス〔不法の者〕の形姿、絶対的な無法の形姿をとることとなる。メシア的なものは、こうして二つのパルーシア〔来臨〕の衝突するなかで成就される。あらゆる権力におけるサタンの働きによって印しづけられる不法の者の到来と、それの働きを働かなくさせるメシアの到来である(『コリント人への手紙 一』一五章24節の「それから〔世の〕終わりが来ます。そのとき、かれ〔メシア〕はあらゆる支配とあらゆる権威や勢力を働かなくさせ、父である神に国を引き渡します」はそのことへの明らかな言及である)。どうみても、『テサロニケ人への手紙 二』二章は、権力の「キリスト教的理論」を基礎づけるのに役立つものではありえないのだ。

† この箇所は、聖書の原文どおりに訳せば、付録「パウロ書簡」にもあるように、「不法の者の出現はサタンの働きによるのであって、あらゆる偽りの力としるしと不思議がそれにともないます」となる。しかし、アガンベンは、en pase dynamei chai... chai... psendous の chai 以下を恣意的に削除して、「あらゆる権力における(in ogni potenza)サタンの働き」というように解釈している。そして、この文節を『コリント人への手紙 一』一五章24節の「あらゆる支配とあらゆる権威や勢力を働かなくさせる」メシアの力に対比しようとしている。(訳者註記)

＊ 反キリスト　この展望のもとで、ニーチェとこのパウロのくだりとの関係を問うてみるのも有益かもしれない。なぜニーチェがキリスト教とパウロにたいする宣戦布告を『反キリスト』と題したのか、と問われることはまれにしかなかった。しかしながら、キリスト教の伝統においては、反キリストはまさしく時間の終わりとあらゆる権力にたいする──ニーチェにとって「驚嘆に値する偉大な様式の芸術作品」であったローマ帝国も含めて──キリストの勝利を印しづける姿なのである。「不法の者」をかれは最終的に反キリストであると特定することになるのだが、この「不法の者」というのがパウロの創案になることをかれが知らないでいたなどと真面目に信じることはたしかにできない。ひいては、かれが、キリスト教にたいする宣戦布告を、その伝統にまるごと属しており、その伝統のなかで厳密な機能

をもっている、ひとつの形姿の名によっておこなうにあたっての所作には、なにかパロディー的な意図のようなものが含まれていないわけがない。すなわち、『反キリスト』はひとつのメシア的パロディーなのであって、そこにおいてニーチェは、反メシアの衣装をまといつつ、パウロの著した脚本を徹底的に演じてみせる以外のことをしていないのである。とすると、なにゆえに、この書物がすでに副題において「呪詛」として提示されており、それ自体「聖なる歴史にたいする呪詛」にすぎない、いくつかのメシア的主張をともなった「律法」の公布(「救済の日に布告された」)でもって閉じられているのか、その理由も理解される。律法と呪詛の同等視という着想が純粋にパウロのものであるだけではない(『ガラテヤ人への手紙』三章13節――「救世主は、……わたしたちを律法の呪いから贖い出してくれました(ek tēs katárās tou nomou)」)。「不法の者」がそのような律法‐呪詛を公布するよりほかになにもできないというのは、『テサロニケ人への手紙 二』二章6‐7節の「抑えている者」の明快このうえないアイロニー的読解なのだ。

第六日　エイス・エウアゲリオン・テウ〔神の福音のために〕二

この演習の冒頭でブーバーの書『信仰の二類型』について話した。そこでは、著者はユダヤ教のエムナー(emunà)、すなわち、自分が生きる共同体への直接的な信頼と、パウロ的なピスティス(pistis)、すなわち、なにごとかを真実として承認する行為とを対置している。一九八七年、エルサレムのヘブライ大学の教授ダヴィド・フルッサーは、同書の新版のためのあとがきを準備中、アテネの街路を散歩していて、ある扉の上にトラペザ・エンポリケース・ピステオース(Trápeza emporikḗs písteōs)という文字が記されているのに気づいた。ピスティス(pistis)という言葉の出てくる謎めいた文句に興味を引かれて、立ちどまってよく見てみたところ、それはたんに銀行の看板にすぎないことがわかったという。商業信用銀行であったというのだ。そこからフルッサーはかれがすでに知っていたことを改めて確認することになる。すなわち、ブーバーによってなされたエムナーとピスティスの対置は、言語学的観点からは、なんの根拠もないということである。「本来、ギリシア語のピスティスはヘブライ語のエムナーと同一のことがらを意味しており、それに相当するヘブライ語の動詞とギリシア語の動詞にかんしてもまったく同様のことがいわれなければならない」(Buber, 211)。ひいては、ブーバーの書物の重要性は、別のところに求められねばならないことになった。これこそは、見るように、フルッサーが深い理解力をもっておこなうことに成功したところのものなのだ。

宣誓

ピスティスが「真実として承認すること」を意味するものではないとすると、つまり、この意味では信仰の二類型が存在しないとすると、それでは、この言葉がパウロのテクストにおいてもっている意味をわたしたちはどのように解釈すべきなのであろうか。そして、なによりもまず、ギリシア語におけるピスティスという語族の意味はなんなのか。ピスティス(pistis)という語とその形容詞形ピストス(pistós)〔信頼されている〕のもっとも古い語義のひとつは、ホルコス(horkos)〔宣誓〕という語の同義語として——あるいは、ピストス(pistós)の場合には、付加形容詞としても——、ピスティン・カイ・ホルカ・ポイエイスタイ(pistin kai horka poieísthai)〔宣誓をおこなう〕とか、ピスタ・ドウナイ・カイ・ランバネイン(pistá dounai kai lambáneín)〔誓いを交わす〕といったタイプの表現のうちに見られる。ホメロスにおいては、ピスタ(pista)〔信頼のしるし〕は、すぐれてホルコス〔宣誓〕そのものである。太古のギリシアにおいては、ホルコスは、宣誓とともに、宣誓するときに手にする器物をも指していた。そして、この器物には、偽誓者(epíorkos)に死をもたらす権能があり、このようにして宣誓履行の最良の保証をなしていたのであった。ステュクス川の水に誓った神々〔ステュクス川は渡し守カローンに案内されて死者が渡ったというギリシア神話に出てくる黄泉の国の川。神々もこの川にかけて固い誓いを立てたという〕もまた、ホルコスのこの恐ろしい権能を免れることはできなかった。偽誓した神は、一年間死者のごとくに地表に横たわり、その後九年間にわたって他の神々の前から排除されたのである。すなわち、宣誓は、フランス人学者たちがプレ‐ドロワ(pré-droit)〔法に先立つもの〕と呼ぶ、法の最古の領域に属しているのであって、そこでは魔術、宗教、法はまったく見分けがつかない(というよりも、まさしく宗教と法の識別不能性を「魔術」と定義することができるのかもしれない)。しかしそのとき、このことが意味しているのはとりもなおさずつぎのことにほかならない。それはすなわち、ピスティスが——これはそもそもの起源から宣誓と緊密に結びついていたのであり、のちになってようやく、「保証」および「信用」という、より専門的‐法律的な意味を帯びるようになるのだが——この先史の暗い闇そのものから出てきたということ、パウロは、ピスティスを律法に対置するにあたって、いまや古くさくなってしまった律法に新しくてより輝かしい要素を導入するのではなく、むしろ法に先立つひとつの要素をもうひとつの要素にたいして作動させている——あるいは少なくとも、起源においては緊密に絡みあっていた二つの要素の一方を他方から解きほぐそうと試みているということである。

あるひとりのセファルディムの偉大な言語学者——おそらく二〇世紀最大の言語学者であるエミール・バンヴェニスト——は、かれの大いなる功績のひとつに挙げられることにも、純粋に言語学的な資料から出発して、ギリシア人たちがピスティス(pistis)と呼び、古代ローマ人たちがフィデス(fides)と呼んでいたもの、そしてかれが「個人的な忠誠」(fidelité personnelle)と定義する、インド・ヨーロッパ語族の太古来の制度の起源を再構成してみせた。「信」とは、わたしたちがだれかにわたしたちの信頼を置き、その者にわたしたちが忠誠関係で結びつくさいの担保のようなものを、その者に託した結果として、その者のもとにおいて享受される信用のことである。このために、信は、だれかに同意する信頼――わたしたちが与える信――でもあれば、だれかのもとで享受する信頼――わたしたちが所有する信、信用――でもある。「信」という語の対称的な二つの意味、すなわち、能動と受動、客観と主観のそれぞれの位相にかかわる意味、すでにエドゥアルト・フレンケルがその有名な論考で注意を喚起していた「所与としての保証」と「霊感としての信頼」をめぐっての古くからの問いは、この展望のもとで難なく説明される。

> ある人物によって自分のうちに置かれたフィデス(fides)〔信〕を保持する者は、この人物を自らの権能のうちに保つ。これによって、フィデスは、ほぼディキオー(dicio)〔支配〕およびポテスタース(potestas)〔権力〕の同義語と化す。原始的な形態においては、これらの関係はなんらかの相互性を含意している。だれかのうちにフィデスを置くことは、それと交換に、その人物からの保証とその人物からの援助を獲得することであったのだ。しかし、ほかでもないこの事実が、互いの置かれている条件の不平等性を際立たせている。服従する者に、その服従と引き替えに、またその服従の程度に応じて、保護が与えられると同時に、権威が行使されるようになるのである。
>
> (Benveniste 1969, 118–19)

同じ意味において、キリスト教徒にとって非常に重要なものとなる、ラテン語のフィデス(fides)とクレーデレ(credere)という二つの語のあいだの緊密な関係も、容易に了解できるものとなる。バンヴェニストによれば、クレードー(credo)は文字どおり「クレド(*kred)を与える」、すなわち、そこからの保護が期待される存在のうちに魔術的権能を置く、ひいては、その存在を「信じる」という意味なのだというのである。そして、古い名詞、語根クレド(*kred)はラテン語において消滅してしまったので、それに非常によく似た概念を表現していたフィデス(fides)がクレードー(credo)に相当する名詞の位置を占めてきたのであった、と。

デーディティオー・イン・フィデム

「個人的な忠誠」の再構成作業の過程で、バンヴェニストはこの制度のいわば政治的な側面にもかろうじて言及している。これについてはサルヴァトーレ・カルデローネが注意を喚起しているように、それは個々人ではなくて都市とその住民にかかわるものである。戦争においては、敵の都市は力づくで(kata kratos)うち負かされ破壊されて、その住民たちは殺されるか奴隷とされるのが通例であった。しかし、これとは違って、弱いほうの都市がデーディティオー・イン・フィデム(deditio in fidem)〔敵方を信じての降伏〕の制度に訴えること、すなわち、降伏して敵の手中に無条件に自らを委ねながら、しかしまた、こうしてなんらかの仕方によって勝者をより温情ある態度へと強いていく、という事態も起こりえた(Calderone, 38–41)。このような場合には、都市は破壊を免れ、その住民たちには十全とは言えぬまでも個人の自由が許された。かれらは特別の集団、まさに「捧げられた者たち」(dediticii)の集団を、一種の無国籍者を形成していたのであって、パウロによるメシア的な者たちの身分について考えるときには、この非奴隷ではあるが十全には自由でない特別の集団のことを想起してみる必要があるのではないだろうか。この制度が、ギリシア人たちによってピスティスと呼ばれ、ローマ人たちによってフィデスと呼ばれたのであった。この点について、二つの重要な考察をくわえておこう。まずもって、ここにわたしたちは冒頭で注意しておいた信頼と宣誓の緊密なつながりを、ほとんど同義的な関係性を見いだす。それどころか、おそらく、まさにこのコンテクストのうちにこそ、ほかでもないそれらはその存在理由を見いだすのである。デーディティオー・イン・フィデムにおいて相互に結びついた都市とその住民たちは、この関係を認可するために厳粛な宣誓を交わしたのであった。他方、この関係は――すでにローマ人たちには周知であったフィデス(fides)〔信〕とフォエドゥス(foedus)〔同盟〕のあいだの語源的類縁関係のうちに含意されているように――住民たちのあいだの協約あるいは同盟条約と多くの類似性を呈している。もっとも、近代の学者たちは、協定を結ぶ当事者間の条件の不平等性を強調しようとして、デーディティオー・イン・フィデムの場合には「偽協定」というように語るのを好んでいるのだが。

したがって、信とは、ギリシア‐ローマ世界においては、法的‐政治的であるとともに宗教的でもある、ひとつの複雑な現象であって、その起源を宣誓のように法に先立つものの太古的領域のうちにもっているのである。しかし、法的領域との結びつきが消え去ることはけっしてないだろう。それは、法律家たちが近代法の歴史においてかくも重要なものとなるボナ・フィデス(bona fides)

〔善意〕という概念を彫琢したローマにおいても、ピスティスやピストスという言葉が契約上の拘束力一般に由来する信用や信頼を指して用いられていたギリシアにおいても、同様である。

パウロのテクストにおけるピスティス〔信〕とノモス〔法〕の対置の意味を了解しようと欲するのであれば、このように信が法――というよりも法に先立つものの領域に、すなわち、法、政治、宗教が緊密に絡みあった何ものかのうちに、深く根ざしたものであることを忘れないでおきたい。パウロにおいては、ピスティスはどこかデーディティオーのようなもの、なにか他人の権力に無条件に身を委ねながら、しかしまた受託者にも義務を強いるところのあるものを保持しているのである。

契約

しかし、これに類した考察は、なんらかの仕方でヘブライ語のエムナーについてもおこなってみることができる。よく知られているように、聖書において、ヤハウェはイスラエルとあるベリート(berît)〔契約あるいは同盟関係〕を結ぶ。『申命記』二六章17-19節に記されているように、「今日、あなたは主と契約した。「主を自分の神とし、その道にしたがって歩み、掟と戒めと法を守り、主の声に聞き従います」と。主もまた、今日、あなたと契約した。「あなたに約束したところにしたがって、あなたは主にとって宝の民となるだろう。そして、あなたが主のすべての戒めを守るなら、主はあなたを主が造ったあらゆる国民にはるかにまさるものとし、あなたは約束のとおり、あなたの神ヤハウェの聖なる民となるだろう」と」。さて、このことは法的な道をつうじて実現される神学的意図について語ることを好む神学者たちを困惑させるかもしれないにしても、この契約は、たとえばヤコブとラバンのあいだで結ばれた契約（『創世記』三一章44節以下）と同じく、法的契約となんら区別されるものではない。どちらの場合にも、契約は、双方が相互の忠誠関係によって結びつけられているような一種の法的同盟を指し示しており、ひいては、バンヴェニストによって再構成された「個人的な忠誠」関係の起源にある法に先立つものの領域に属するもののようにみえる。モーセが半分を祭壇（ヤハウェを表す）に注ぎ、半分を民に注いだ「契約の血」（『出エジプト記』二四章8節——『マタイによる福音書』二六章28節に再録されている）は、犠牲ではなくて、契約が契約者双方のあいだに確立する親密な連帯の裁可なのだ。このために、ヘブライ語では「ベリート〔契約〕を切る」と言われるのであり、またギリシア語ではホルキア・テムネイン（horkia témnein）と言い、ラテン語ではフォエドゥス・フェリーレ（foedus ferire）と言うのである。ヤハウェとイスラエルのあいだの契約が神学的契約であるのか法的契約であるのかという問題は、ひとたびそれが個人的な忠誠と法に先立つものの領域に差し戻されるやいなや、およそいっさいの意義を失う。そこでは、すでに見たように、これらの区別自体が可能ではなくなってしまうのである（ユダヤ教を神との法的関係を定めようとすることから出てくる逆説的な状況についての粘り強い省察と定義することは、ユダヤ教についてのけっして悪しき定義ではないのではないか、とわたしはおもう）。

さて、ヘブライ語のエムナーという語は、まさしくベリート〔契約〕から帰結することとならざるをえない態度を意味しており、この意味において、完全にギリシア語のピスティスに対応している。そして、忠誠の関係を定義している対称的構造にしたがうならば、エムナーは、人間たちからの信でもあれば、ヤハウェからの信でもある。たとえば『申命記』七章9節を見られたい。そこで七十人訳ギリシア語聖書においてピストス(pistós)とあるのは、すぐれて神の属性なのである。「それゆえ、あなたは知らねばならない。あなたの神である主は誠実な(pistós = ne eman)神であることを。主を愛し、主の戒めを守る者には、主はその契約(diathḗkē = berīt)とその恵み(éleos = hesed)を千代にわたって守るであろうことを」。このくだりにおいては、信と契約のあいだの関係、ピスティスと、ヤハウェとイスラエルのあいだで結ばれた個人的忠誠契約のあいだの関係が明瞭であるばかりではない。パウロが、律法とその働きに対置しているもうひとつの概念、カリス(charis)、「恵み」もまた、なんらかの仕方でその先触れをヘセド(hesed)、すなわち、神がその信徒たちのためにとっておいてある善意と恩顧のうちにもっているのである(もっとも、七十人訳は通常ヘセド(hesed)をエーレオス(éleos)と翻訳しており、カリス(charis)をヘン(hen)のためにとりおいている)。

さきほどわたしは述べた。パウロは、ピスティス〔信〕とノモス〔法〕を対置することによって、たんに二つの異質な要素を対立させているのではなく、法の——というよりも、法に先立つものの——内部にある二つの形姿、あるいは二つの水準、あるいは二つの要素を、いってみれば相互に競わせているということができる、と。それがどのような意味においてであるか、ここにいたっていまや明らかであろう、とわたしはかんがえる。これら二つの水準とはいかなるものか。それはすでに見たところである。パウロは、前者をエパンゲリア(epaggelía)〔約束〕あるいはディアテーケー(diathḗkē)〔契約〕と呼び、後者をエントレー(entolḗ)〔戒め〕——あるいはノモス・トーン・エントローン(nomos tōn entolṓn)〔戒めの律法〕——と呼んでいる。そのうえ、『創世記』一五章18節においては、ヤハウェがアブラハムにたいしてなす——パウロの戦略においてかくも重要な——約束はたんにディアテーケーと言われており、ヤハウェがアブラハムの子孫となした原初の契約であって、あらゆる意味においてモーセの律法に先行している。それゆえ、パウロは、『エフェソ人への手紙』二章12節において、ヤハウェがアブラハムの子孫となした契約について、「約束された契約」(diathḗkai tēs epaggelías)というように言及することができるのである。パウロの立てているアンチテーゼを近代法の用語に翻訳してみるならば、パウロは基本法を実定法に対置しているのだということができるだろう。あるいは、より厳密には、構成する権力の次元を構成された権力の次元に対置しているといったほうがよいかもしれない。この意味において、政治神学にかんするシュミットのテーゼ(「近代的な国家理論のもっとも重要なすべての概念は世俗化された神学的概念である」)は、さらなる確認を受けとることとなる。わたしたちの時代において格別の明瞭さをともなってあらわになっている、構成する権力と構成された権力の分離は、その神学的基礎を、信の次元と法の次元のあいだの、個人的な忠誠とそれから導き出される実際的な義務のあいだの、パウロによる分離のうちにもっているのである。このような展望のもとでは、メシアニズムは法の内部における闘争としてあらわれる。契約および構成する権力の要素が、エントレー〔戒め〕、すなわち狭い意味での規範の要素に対立し、それから解き放たれようとするのである。要するに、メシア的なものとは、ホルコス〔宣誓〕のうちにその魔術的パラダイムをもっている、法と宗教の太古的な連関が危機に陥り、ピスティス、つまりは契約への信の要素が、逆説的にも、義務的な振舞い、ならびに実定法（契約を履行するなかで果たされる働き）の要素からの解放をめざそうとする歴史的過程のことなのだ。

無償

このために、パウロにおいては、信というテーマとならんで、恵み（charis）のテーマが力強く立ち現れるのを、わたしたちは見ることとなる。これは——ここでもまたバンヴェニストが明らかにしているように（Benveniste 1969, 201-02）——、本質的に、対価や命令といった義務的拘束から免れた無償の貸与という意味をもっている。律法と恵みの対置（たとえば『ローマ人への手紙』六章14節において表現されているような）の意味は、法に先立つものの領域におけるエパンゲリア〔約束〕とノモス〔律法〕、宗教と法の原初的統一の断裂という本来のコンテクストにそれを置いてみないとすれば、誤解することとなる。ここで問題となるのは、二つの異質な原理を対置することでもなければ、信仰のためにもろもろの行為を排除することでもなく、その断裂から帰結するアポリアに立ち向かうことである。宗教と法のあいだの連関とともに、いまや失われつつあるのは、貸与と対価、履行と命令のあいだの連関である。それによって、一方には、「聖にして義にして善なる」——しかしまた、履行不可能となり、救済を生み出す能力がなくなってしまった、すなわち、狭い意味での法の領域に転化した——律法があり、他方には、もとはといえば契約によるものでありながら、「律法なし」で救済の働きをなすことのできる信仰があることとなる。法に先立つもののなかで魔術的無差別状態において結合されていた信仰と律法とは、いまでは分離して、両者のあいだに無償性の空間を生じさせたままにする。信仰は――それがその起源をもつ個人的な忠誠の領域においては――いうまでもなく宣誓によって裁可された忠誠の行為が完遂されることを含意していた。しかし、いまや、その忠誠の要請を満たそうとして試みられるいかなる貸与をも構成上超え出た契約の一要素が登場し、こうして律法の領域のうちに非対称と断絶を導き入れる。約束はそれにもとづいているいかなる要求をも凌駕し、同様に信仰はいかなる対価の義務をも超出する。恵みとはこの過剰のことであって、――法に先立つものの二つの要素をことあるごとに分離し、それらが合致するのを阻止しながらも――同時にそれらが完全に分離しきるのもゆるさない。しかしまた、信仰と義務、宗教と法の断裂の結果生じる恵みは、これはこれで、分離したひとつの実質的な領域をなすものではなく、宗教と法の敵対的な関係をつうじてのみ、すなわち、宗教と法のうちにあって、それがなくては宗教も法も衰弱してしまわざるをえないようなメシア的要請を代表している審級としてのみ、維持されることができるのである。

ここから、パウロにおいて、恵みの領域と律法の領域のあいだの込み入った関係が出てくることとなる。両者が完全な断裂にいたることはけっしてない。逆に、恵みは律法における義の審級の成就としてあらわれ(『ローマ人への手紙』八章4節)、律法のほうもメシア的なものに向けての「養育係」(『ガラテヤ人への手紙』三章24節)としてあらわれる。律法は、罪を罪としてあらわれさせることによって、自らの履行が不可能とされていることを誇張して(kath'hyperbolén)示すという任を負っているのである(『ローマ人への手紙』七章13節)。問題として残っているのは、パウロにおいては、恵みと罪、無償と貸与のあいだの関係があるひとつの構成上の過剰(perisseía)をつうじて定義されているということである。「恵みの賜物は罪とは比較になりません。一人の罪によって多くの人が死ぬことになったとすれば、それにもまして、神の恵みと、一人の人、救世主イエスの恵みの賜物とは、多くの人に豊かに注がれるのです。……律法が入り込んできたのは、罪が増し加わるためでした。しかし、罪が増したところには、恵みはなおいっそう満ちあふれました(hyerperisseusen)」(『ローマ人への手紙』五章15-20節)。それどころか、その重要性がいままでおそらく十分には気づかれることのなかったあるくだりにおいては、恵みは律法の働きにたいするメシア的なものの正真正銘の「主権性」(autárkeia)〔自己統治性〕を定義しているようにみえる。「喜んで与える人を神は愛してくれます。神は、あなたがたがつねにすべてのことにおいて十分な主権を有していて(en pantí pántote pāsan autárkeian)、あらゆる善い業にあふれるようにするために、あらゆる恵みをあなたがたに満ちあふれさせることができる方です」(『コリント人への手紙 二』九章7-8節)。いうまでもなく明らかであるはずだが、アウタルケイアは、ここでは、財物の十分な配布のことではなく、律法とは無関係に善い業を無償で成就する主権的=自己統治的な能力のことを意味している。パウロにおいては、じつのところ、もろもろの権能のあいだの葛藤といったようなものは存在しないのであって、それらの連結の欠如があるのみであり、そこから恵みが主権的=自己統治的なかたちであらわれ出るのである。

二つの契約

信仰の概念の法律的――ないしは前法律的――起源、および信仰と義務の断裂のうちにあっての恵みの状況は、パウロの「新しい契約」および二つの「契約」にかんする教義を正確に理解することも可能にしてくれる。モーセの律法――規範としての契約――は、アブラハムになされた約束によって先立たれている。そして、モーセの律法のほうは、アブラハムになされた約束を働かなくさせる(katargeîn)権能をもたない以上(『ガラテヤ人への手紙』三章17節――「神によってあらかじめ結ばれた契約を、それから四三〇年後にできた律法が無効にして、その約束を働かなくさせる〔反故にする〕ことはない」)、アブラハムになされた約束は、位階秩序においてモーセの律法よりも上位にある。逆に、義務と行為からなるモーセの律法――『コリント人への手紙 二』三章14節では「古い契約」(palaiá diathḗkē)と記されている――は、救世主によって働かなくさせられる。コリント人たちにパウロが語る「新しい契約」(kainḗ diathḗkē)(kainḗ はあらゆる意味において「新しい」のであって、たんに時代的に最近のこと(neā)を指しているのではない)(『コリント人への手紙 一』一一章25節――「この杯は、わたしの血によって立てられる新しい契約である」)。『コリント人への手紙 二』三章6節――「神はわたしたちに新しい契約に仕える資格、文字ではなく霊に仕える資格を与えてくださいました」)は、『エレミヤ書』三一章31節(「見よ、わたしがイスラエルの家とユダの家と新しい契約を結ぶ日が来る、と主は言われる」)の預言の成就をあらわしており、それと同時に、

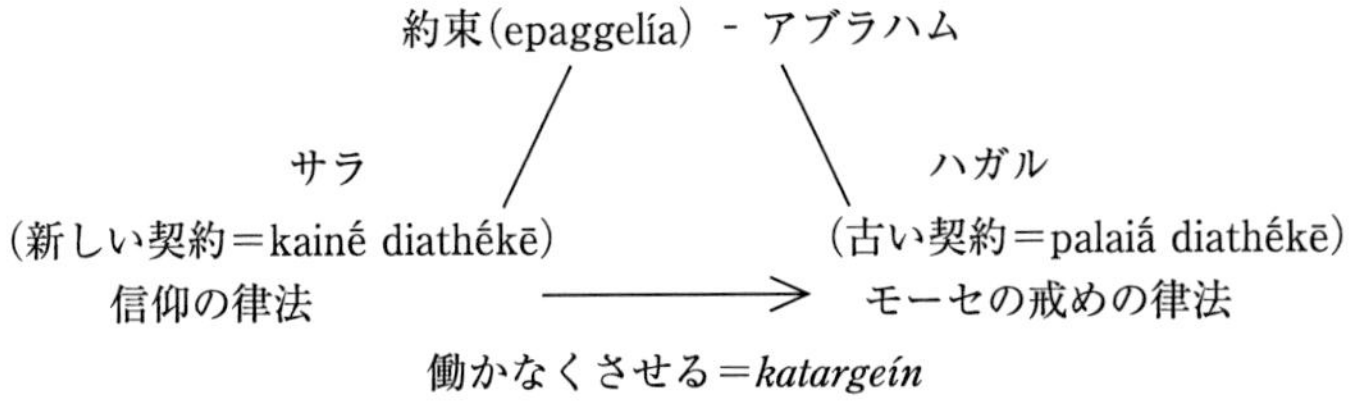

そのことがそこからその正統性を引き出しているところのアブラハムになされた約束にまでさかのぼるものである。

『ガラテヤ人への手紙』四章22-26節で、パウロは二つの「契約」の寓意的な系譜を跡づけている。「そこには、アブラハムには二人の息子があり、ひとりは女奴隷から生まれ、もうひとりは自由な身の女から生まれた、と書かれています。ところで、女奴隷の子は肉によって生まれ、自由な身の女から生まれた子は約束によって生まれたのでした。これらはアレゴリー〔寓意〕として言われています。すなわち、二人の女とは二つの契約を表しているのです。ひとつは、シナイ山から出ていて、奴隷となる子を産むほうで、これがハガルです。このハガルは、アラビアにあるシナイ山のことで、今のエルサレムに当たります。なぜなら、彼女はその子供たちとともに奴隷となっているからです。これにたいして、上にあるほうのエルサレムは自由であり、わたしたちの母です」。二つの「契約」は、どちらもアブラハムにまでさかのぼるとはいえ、二つの截然と区別された系譜を代表しているのである。モーセの律法はハガルに由来し、戒めと義務への隷属に対応する。そして、サラに由来する新しい契約は、律法からの自由に対応する。

歴史的時間のうちにあって働くメシア的審級は、モーセの律法を働かなくさせつつ、系譜的にこれを超えて、約束に向かってさかのぼっていく。二つの契約のあいだに開かれた空間が、恵みの空間である。それゆえ、「新しい契約」は、——実際にはそのようなものと化してしまったが——いろいろな規定を含んだ、新しく書かれたテクストのようなものではありえない。「新しい契約」の宣言に先立つ驚くべきくだりが語っているように、それは石の板の上に墨で記された手紙ではなく、人の心の板に神の霊〔気息〕によって書かれた手紙——すなわち、テクストではなく、メシア的共同体の生そのもの、書字ではなく、生の形式なのだ。「わたしたちの推薦状は、あなたがたです」(hē epistolḗ hēmṓn hȳmeís este)(『コリント人への手紙 二』三章2節)。

＊この信仰と律法の断裂のなかにあっての恵みのアポリア的状況は、教会史において最初に力強くあらわれた例の抗争をそれがどのようにして生じさせえたのかを理解させてくれる。アウグスティヌスの『自然と恩寵』に記録されているペラギウス主義をめぐる論争がそれである。ペラギウスによれば、贖罪をつうじてひとたび恵みが人性に与えられたならば、それはその後もずっと、キリスト教徒においては、罪の可能性と現実性をすでにつねに超越したかたちで、「譲渡しえない」、失うことのできない善として所有されるという。これにたいして、教会のほうでは、恵みは譲渡しうるものであり、罪をつうじてのその喪失に対決すべく、さらなる介入が必要であると主張することになる。このことは——よく考えてみれば——恵みを前にして純粋に法的なテーマをふたたび導き入れ、カリスとノモスのあいだの一種の妥協を図ろうとするものにほかならない。契約への忠誠の対価としてのみあった恵みを、逸脱と罪過をとおして人はたえず喪失しつづけるのだ。より一般化するならば、キリスト教神学へのノモスの再導入とともに、恵みは、ユダヤ教において律法がそうであったのと同様の、アポリア的な場に転化す

るにいたるものとおもわれる。まさしく、ユダヤ教において律法のカフカ的世界が存在するのと同様に、キリスト教の教義学においても恵みのカフカ的世界が存在するのである。

＊贈与と恵み　ここでパウロのカリス〔恵み〕とモースが『贈与論』で記述している「全面的貸与」の体系との類似点と相違点について検討しておきたい。あわせて、恵みというわたしたちの文化における格別の無償性の領域にかんして、モースが奇妙にも沈黙している(民族誌的資料ばかりか、ギリシア、ローマ、はてはイスラームのテクストまで引いておきながら)のはなぜなのか、その理由についても問うてみたい。たしかに贈与は、モースにおいては、功利的な貸与に先行するものとして観念されている。しかし、かれの学説において決定的な――同時にもっともアポリア的な――点は、贈与と義務とが絶対的に分離しえないものとみられていることである。贈与者による義務づけが、ポトラッチの本質であるというばかりでなく、贈与はそれを受けとる者にも無条件の対価の義務を設けるのである。さらに、モースがその論考の終わりで指摘しているように、全面的貸与の理論は、わたしたちが対置することに慣れている諸概念(自由／義務、施与／吝嗇、鷹揚さ／欲得づく、奢侈／有用性)が中立化され、混合されることを要請している。つづめていえば社会民主主義的で進歩主義的なその結論において明らかであるように、『贈与論』が定義しているのは、無償性の理論ではなく、無償性と義務とのあいだの逆説的な連関についての理論なのだ(今日でも、基礎的な社会的パラダイムとして、契約に代えて贈与をもってこようと試みている者たちは、なんらこれと違うことを考えているわけではない)。

すでに見たように、パウロにおいても、信仰と恵みは単純に律法の領域から解き放たれているわけではなく、律法との複雑な関係のうちに置かれている。しかしまた、モースの場合とは違って、無償性は義務的貸与を基礎づけるようなことはなく、それにたいして解消不能な過剰として生み出されるのである。恵みは、社会的交換や義務の基礎ではない。それはむしろ、それらの中断なのだ。メシア的所作は基礎づけるのではなく、完遂するのである。

ジョルジュ・バタイユは、かれの非生産的消費の至高性の理論において、無償性を構成するこの過剰をつかみとろうと試みた（この「非生産的消費」という言い回しがすでにパウロのうちにあったことにかれが気づいていないのは奇妙である）。しかしまた、この試みにおいて、かれは、無償性を功利的な範疇に対立する特権的な行為範疇（笑い、過剰、エロティシズム……）に変容させてしまう。パウロにおいては、恵みが義務と律法の領域と並存するひとつの個別的な領域ではありえないのは明らかである。それはもろもろの社会的な限定と貸与の領域全体を使用する能力以外のものではないのだ。

分割された信仰

したがって、ブーバーによるユダヤ教のエムナーとパウロのピスティスの対置は、なんら言語学的基礎をもたない。「契約を切る〔結ぶ〕」ことから生じる態度を指す言い回しとしては、それらは実質的に等価であり、それらを「自分が生きる共同体に信頼を置く」と「なにごとかを真実として承認する」というように区別することは不可能なのである。しかしまた、『信仰の二類型』の新版に付されたあとがきにおいて、フルッサーは、ブーバーの提起した区別にはもうひとつの意味があることを指摘している。それをキリスト教内部における信仰の分離というようにとらえようというのである。すなわち、フルッサーによれば、キリスト教のうちには「おそらくキリスト教徒たちが今日になってようやく気づきはじめた悲劇的な問題」(Buber, 241)を構成している和解困難な二つの信仰類型が共存してきたのだという。ひとつは、イエスの信仰、言葉と行為とをもってイエスその人によって表明された歴史的イエスの宗教である。もうひとつは、イエス・キリストへの信仰である。こちらのほうはイエスが十字架につけられたのち、キリスト教共同体のうちで成熟したものであって、キリスト論の構築、およびイエスは神のひとり子が人間になり、わたしたちの罪を贖うために死んだということを真として受けいれることと一致する。

　最初にこの区別を明瞭にとらえてみせたのは、レッシングが一七八〇年に著した『キリストの宗教』という断片であった。

> キリストの宗教とキリスト教徒の宗教とは、完全に異なった二つのことがらである。キリストの宗教というのは、かれ自身が人間であると認識し、人間として実践した宗教である。……キリスト教徒の宗教というのは、かれが人間以上の存在であることを真であるとし、そのようなものとしてかれを自らの崇拝の対象に祀りあげる宗教である。この二つの宗教、キリストの宗教とキリスト教徒の宗教が、どのようにして単一の同じ人物としてのキリストのうちに集約されうるのか、まったくもって了解しがたい。……キリストの宗教は、キリスト教徒の宗教とはまったく違った仕方で、福音書のうちに含まれている。キリストの宗教は、そこにきわめて明瞭かつ明確な言葉でもって記されている。これにたいして、キリスト教徒の宗教のほうはき

わめて不確かで曖昧な仕方でしかそこに記されておらず、二人の人間がこの世の初めからそこに同一の理念を結びつけていたことを証し立てるただの一句をも見いだすことが困難なほどである。(Buber, 246–47)

フルッサーが示唆しているように、こうした展望のもと、一方で新約聖書、福音書、『使徒言行録』を構成しているテクスト群と、他方でパウロ、ヨハネ、ヤコブ等々の「手紙」類を考察してみるならば、レッシングの洞察の正しさはさらにいっそう明瞭なものとなる。もしも後者のみしか残されていなかったとすれば、イエスの人物と生涯にかんするわたしたちの知識は、極端に断片的なものとなったことであろう(パウロは、歴史上のイエスについてはほとんどなにも語っていない)。これにたいして、前者だけが残されていたとしたら、キリスト教神学やキリストを題材にしたドラマについては、わたしたちはごくわずかに知るのみであっただろう。このことは、福音書からのみ、わたしたちはイエスの信仰を知るのであり、一方、キリストへの信仰——すなわち、ブーバーのいう意味でのピスティス〔信〕のようなもの——は、その他のテクスト群からのみ知られるということを意味している。

レッシングの洞察をブーバーの理論と結びつけることによって、フルッサーは、メシア的な問題、そしてとりわけキリスト教神学の歴史を理解するうえで、たしかに教訓的なひとつの二律背反をつかみとっている。イエスの「メシア的意識」という偽問題のすべては、まさにこれら二つの信仰のあいだに開かれた裂け目を覆おうとしたところから生まれているのである。イエスはなにを信じていたのか。それをつぎのようなかたちにしてみると、この問いはどこかグロテスクなものと化す。イエスにとって、イエス・キリストを信じるとはなにを意味するのか、と。福音書のうちには、その答えは見つからない。『マルコによる福音書』八章29節のくだりも——何人かの学者たちがそれなりの理由をもって主張しているように、たとえあとから挿入されたものではないにしても——、ごくわずかのことしか語っていない。イエスは弟子たちに問う。「「それでは、あなたがたはわたしを何者だと言うのか」。ペトロが答えた。「あなたは救世主です(sy ei ho christós)」。するとイエスは、自分のことはだれにも話さないようにと、弟子たちを戒められた」。同じことは、三世紀に教会を揺るがし、オーヴァーベックがコンスタンティヌスの「個人的な理髪師」(friseur)と呼ぶカイサリアのエウセビオスの忠言を容れた皇帝の介入をもって、ニカイア公会議において頂点に達したキリスト論論争についても指摘することができる。ここで練りあげられ、いまもしばしば繰り返されるニカイア信経——「全能の父、唯一の神を……そして父のひとり子として生まれた唯一の主、イエス・キリストを信じ……」(pisteúomen eis hena theón...)——の定式化へと仲介したものこそは、ブーバーのいう二つの信仰ならびにレッシングのいう二つの宗教をともに確保しようとする——多かれ少なかれ成功を収めた——試みなのであった。

しかし、パウロにおいては、事情はどうであろうか。ここで見てきたような意味での信仰の分離を、かれについても語ることはできるのだろうか。わたしは、そうとはおもわない。パウロの信仰は、復活とともに始まる。そして、パウロが知っているのは、肉によるイエスではなく、救世主イエスでしかない。この区別は、ここで註釈をしている『ローマ人への手紙』の前置きにおいてすでに明らかである。「かれの子は、肉によればダビデの子孫から生まれ、聖なる霊によれば、死者たちのなかから復活して、力ある神の子と定められたのです」(『ローマ人への手紙』一章3-4節)。また、『コリント人への手紙 二』五章16節にはつぎのように記されている。「肉によって救世主を知っていたとしても、今はもうそのように知ろうとはしません」。「メシアの生」のようなものは現存しえない(メシア――あるいは少なくともその名前――はこの世の創造以前につくられている)とみるユダヤ教の伝統と完全に一致して、パウロの信仰の本質的内容は、イエスの生涯にではなく、十字架にかけられ、復活した救世主イエスにある。しかし、救世主イエスへの信仰とはなにを意味するのか。イエスの信仰とイエスへの信仰のあいだの分離は、ここでは、どのようにしてすでにつねに超えられているのか。

……への信

これらの問いに答えるためには、いくつかの言語学的データから出発するのが好便だろう。福音書においては、一般的な叙述の定式はつぎのようなものである。「そこでイエスは弟子たちに言われた」「イエスはエルサレムに登って行かれて」「イエスは神殿に入られた」。パウロにおいては――『コリント人への手紙 二』一一章23節を唯一の明らかな例外として――、その種の物語的表現はけっして見いだされない。かれはほとんどいつも、キュリオス・イエースゥス・クリストス(kýrios Iēsoús christós)〔主である救世主イエス〕という特徴的な表現を用いている。ルカは、『使徒言行録』(九章22節)において、パウロ(サウロ)が会堂で「彼(イエス)が救世主であること」(hoti houtos estin ho christós)を論証したと紹介している。しかし、パウロ自身のテクストにおいては――のちに立ち戻ることになる『ローマ人への手紙』一〇章9節を唯一の例外として――この定式を見いだすことはできない。かれは自らの信仰を表現するために、これとは違い、「救世主イエスを信じる」(pistéuein eis Iēsoûn christón)という言い回しを用いている。この言い回しはラテン語への翻訳をつうじて信仰のカノン的な表現となったが、ギリシア語においては破格である。ピステウオー(pistéuō)は、通常は与格(だれかに信を与える)か対格で表現されるか、それとも接続詞ホティ(hoti)〔ことを〕ともうひとつの動詞をともなって信仰の内容を表現する。パウロの定式は、共観福音書〔マタイ、マルコ、ルカ福音書〕にはあらわれず、かれ独自の信仰観を実質的に定義するものであるだけに、なおのこと意味深い。まるで、パウロにとっては、イエスと救世主のあいだには繋辞「である」のための空間がないかのようである。特徴的なのは、『コリント人への手紙 一』二章2節、「わたしはあなたがたのあいだで、救世主イエス、それも十字架につけられたイエス以外、なにも知るまいと心に決めていたからです」である。かれはイエス「が」救世主であるということは知らない。ただ救世主イエスを知るのみであるというのだ(ここから、のちになって、この連結辞を実際に〔イエス・キリストという〕固有名であるかのように受けとるという誤解が生じてくることにもなったのである)。

名詞句

言語学的な観点からすると、この〔救世主イエス（Iēsoûs christós）という〕言い回しは名詞の連辞ということになる。名詞句の理論は、言語学のうちでももっとも興味深い章のひとつである。ギリシア語においては、ラテン語同様――そしてヘブライ語においてもアラビア語においても――、完全な主張を表現しているかぎりにおいて意味論的には命題であるが、なんらの述語動詞も含まない文にしばしば出会う。なかでも有名な二つの例がピンダロスにある。スキアース・オナル・アントローポス（skiā́s onar ánthrōpos）（Pyth. VIII, 95）（現在流布している訳では「人は影の夢である」）とアリストン・ヒュドール（áriston hydōr）（Oly. I, 1）（通常「水は最上のものである」と訳される）というのがそれである。さて、わたしたちの時代の言語学の仕事――とくにメイエとバンヴェニストの仕事――がねらっていることはなんであるかといえば、それはほかでもなく、名詞句を繫辞が暗々裡に想定されていたり、零度において存在している句として解釈しようとする現在流通している解釈が端的にいって誤りであることを示そうとすることにある。名詞句と、繫辞によって表現される句とは、形態論的にばかりでなく、意味論的にも別のものであるというのだ。「名詞句と、繫辞「である」（esti）をともなった句とは、同じ流儀による言明ではなく、同一の言語域に属するものでもない。前者は言表であり、後者は叙述である。前者はある絶対を立て、後者はある状況を記述する」（Benveniste 1966, 165）。このバンヴェニストの区別を哲学的な意味に接続して掘り下げてみる必要がある。インド・ヨーロッパ語族の言語においては、通常、動詞「ある」の二つの基本的な意味が区別される。存在的な意味(存在の定立――「この世は存在する」)と、賓述的な意味(性質あるいは本質の賓述――「この世は永遠である」)とである。この二つの意味から、存在の存在論と本質の存在論という、存在論の二つの基本的な区分が出てくるのである(両者の関係は、語られることのすべては存在のヒュポケイメノン(hypocheímenon)〔基体〕にかんして語られる、という前提に立ったものである――アリストテレス『カテゴリー論』2a 35参照)。名詞句はこうした区別から免れており、いま述べた二つのタイプに還元できない第三のタイプを呈示している。ここで考えてみたいのは、この点についてである。

それでは、パウロにおいて、信仰が名詞の連辞「救世主イエス」によって表現され、動詞を含む「イエスは救世主である」によってではない、という事実はなにを意味するのか。パウロは、イエスが救世主であるという性質をもっていることを信じているのではない。「救世主イエス」を信じているのであって、あくまでもそれだけのことなのだ。救世主は、主語イエスに付加された述語ではないのであって、主語イエスから分かつことができず、しかしまた、このために固有名を構成することはない何ものかなのである。そして、これがパウロにおける信仰なのだ。それは存在と本質のかなた、主語と述語のかなたにあるものの経験である。しかし、これこそはまさに愛において到来するものではないのか。愛は、繫辞による賓述を認容せず、けっして性質あるいは本質を対象とすることはない。わたしは、美しい―黒髪の―優しい―マリアを愛するのであって、美しくて、黒髪で、優しいといった、あれこれの賓辞をもっているがゆえにマリアを愛するのではない。「である」と言うことは、それがなんであれ、愛からの頽落にほかならない。愛される者があれこれの性質をもち、あれこれの欠点をもっている、とわたしが計算するようになったとたん、わたしは取り消しがたく愛の外に出てしまっている。たとえ、――残念ながら、しばしば起こることなのだが――彼女を愛していると信じつづけており、それどころか、そう信じるいくつかの確かな動機があるにしても。愛には動機はない。このために、パウロにおいては、愛は信仰と緊密に結びついている。このために、『コリント人への手紙 一』一三章4-7節の讃歌にあるように、「愛は寛大です。愛は情け深く、人をねたみません。愛は自慢せず、高ぶらず、礼を失することなく、自分の利益を求めず、いらだたず、人のした悪を計算せず、不正義を喜ばずに、真実を喜びます。すべてを忍び、すべてを信じ、すべてに期待し、すべてに耐えます」。

とすると、信仰の世界とはいかなるものなのか。それは実体と性質とからできているのではない世界であって、草は緑で、太陽は暑く、雪は白いという世界ではない。いや、それは賓述の世界、存在と本質の世界ではなく、分割不能な出来事の世界であって、そこでは、わたしは、雪は白いとか、太陽は暑いと判断したり信じたりすることなく、白い―雪で―ある、あるいは、暑い―太陽―である、へと転移され転位されている。最後に、それは、わたしはイエスというある特定の人間が神のひとり子として生み出されたのであって、創造されたのではなく、父と実体を同じくする救世主であるというようなふうに信じるのではなく、ただ救世主イエスを信じ、「もはやわたしが生きているのではなく、救世主がわたしのうちに生きているのだ」というようにして、かれのうちへと引き寄せられ追いやられていく、そのような世界である。

信仰の言葉

たしかに、この信仰は、パウロにおいては、なによりも言葉の経験である。そして、この事実からこそ出発する必要がある。「信仰は聞くことによって、しかも救世主の言葉を聞くことによって始まるのです」と、『ローマ人への手紙』一〇章17節の二つの濃密な連接句は定言的に主張している。信仰という視野のもとにあっては、ある言葉を聞くとは、なにがしかの意味論的内容の真実を確認することを意味するのではなく、しかしまた、わかろうとすることのたんなる放棄を意味するのでもない。このことは『コリント人への手紙 一』一四章における異言についてのパウロの批判が示唆しているとおりである。しかし、そうであるとすると、「信仰の言葉」との正しい関係とはいかなるものなのか。信仰はどのように語るのか。そして、その言葉を聞くとは、なにを意味しているのか。

パウロは「信仰の言葉」(to rēma tēs písteōs)の経験を注意深く読むにふさわしい重要な一節において定義している(『ローマ人への手紙』一〇章6-10節)。

信仰による義は、こう言います。「あなたの心のなかで、「だれが天に上るだろうか」と言ってはならない」。これは、救世主を引き降ろすことです。また、「「だれが地の奥底に下るだろうか」と言ってはならない」。これは、救世主を死者のなかから引き上げることです。では、なんと言っているのでしょうか。「言葉はあなたの近くにある。あなたの口にあり、あなたの心にある」。これこそが、わたしたちの宣べ伝えている信仰の言葉(to rēma tēs písteōs)なのです。あなたの口で主イエスと公に言い表し(homologeîn――字義どおりには「同じことを言う」)、あなたの心で神がイエスを死者のなかから復活させたと信じるなら、あなたは救われるからです。じつに、人は心で信じて義とされ、口で公に言い表して救われるのです。

ここでパウロは、神がユダヤ人たちに授ける律法について語られている『申命記』三〇章11-14節を転写するとともに、それに改善をほどこしている。

わたしが今日あなたに命じるこの戒めは難しすぎるものでもなく、遠く及ばぬものでもない。それは天にあるものではないから、「だれかが天に上り、わたしたちのためにそれを取ってきて聞かせてくれれば、それを行なうことができるのだが」と言うには及ばない。また、それは海のかなたにあるのでもないから、「だれかが海のかなたに渡り、わたしたちのためにそれを取ってきて聞かせてくれれば、それを行なうことができるのだが」と言うには及ばない。御言葉はごく近く、あなたの口のなかとあなたの心のなかにあり、また、あなたの手のなかにあって、あなたはこれを行なうことができる。

いつもながらの解釈学的暴力を用いて、パウロは、救世主は律法のテロスであると主張した舌の根も乾かぬうちに、『申命記』がモーセの律法について語っていたことを信仰と救世主へと移行させている。こうして、海を救世主が降りていった地の奥底(sheol)に替えており、「また、あなたの手のなかにあって、あなたはこれを行なうことができる」という文言を削除している。このパウロによって削除された個所は律法の働きに言及した部分であって、そのうえ七十人訳においてあとから付加されたものであった。さらに、戒めの言葉であった「近くにある」言葉は、いまや「信仰の言葉」と化している。そして、これこそはパウロが『ローマ人への手紙』一〇章9-10節で「あなたの口で主イエスとホモロゲイン(homologein)し……」と付加することによって定義しようと試みていることなのだ。ホモロゲイン(homologein)は——これをヒエロニュムスはコーンフィテーリー(confiteri)と翻訳しており、それ以降、この語は信仰告白を指す専門用語と化したが——、同じことを〔口に出して〕言うこと、ある言葉を別の言葉と一致させること(ひいては契約上の合意)、あるいはある言葉をある現実と一致させること(たとえば「言葉」(logoi)と「行為」(erga)の一致)を意味している。しかし、パウロにおいては、一致は相異なる言葉のあいだや言葉と事実とのあいだにあるのではなく、いってみれば同じ言葉の内部にあって口と心のあいだにある。「近くに」(eggýs)というのは、この観点からすると、きわめて興味深い言葉である。それは空間的な近さを意味するだけではなく、なによりも時間的な近さを意味している(たとえば『ローマ人への手紙』一三章11節においてもそうであるように)。信仰の言葉のうちでの口と心の一致は、時間のうちでの近さなのであり、ほとんど合致といってよいものなのである。他方、「近くに」(eggýs)という語は、語源的には、手の空白、ひいては、手に与える、手のうちに置く、を指す語根から派生している。たとえば、エンギュエー(eggýē)はだれかの手のうちに置かれる担保を意味しているのであって、ギリシア人の耳は二つの語のあいだの近接性を聞き取らなかったはずはないのである。『ヘブライ人への手紙』七章22節では、エンギョオス(éggyos)とは「いっそうすぐれた契約の保証」となったイエスであるだけに、なおのことそうである。近接性とは効力の担保であり保証でもあるのだ。ひいては、信仰の言葉の経験とは、言葉の指示的な性格、それがある事物に言及していることの経験ではなく、言葉が近くにあって、口と心の一致のなかで張りつめられ、このホモロゲインをつうじて救済の働きをなしているような、そのような経験なのである。この『ローマ人への手紙』一〇章9節においてパウロが一度だけピステウエイン(pisteúein)〔信じる〕という動詞を接続詞ホティ(hoti)〔ことを〕と結びつけて使用していることは、この信仰の言葉のいわば自己言及的な性格と矛盾するものではない。それは、すぐあとで断わられているように、救済をもたらす効力の二つの契機にかかわる純粋に論理的な分節化なのだ。心のうちで信じるということは、真実と考えるということでもなければ、内的状態を記述するということでもなく、義認にかんすることであって、ただ口に出して言うことだけが救済を成就するのである。意味不明な異言でも、たんに指示的な言葉でもなく、信仰の言葉は、それ自身が発語されることによって、その意味を実現する。ここでわたしたちは、口と心の近さのなかにおいて自ら発語することによって実現される信仰の言葉の行為遂行的な効力といったようなことについて考えてみなければならない。

行為遂行的

オースティンがその著作『言葉による事物のつくりかた』(一九六二年)において行為遂行的というカテゴリーを定義して以来、そのカテゴリーは言語学者のみならず哲学者や法学者たちのあいだでもますます好意的に迎え入れられるようになった。行為遂行的というのは、事物の状態を記述するのではなく、直接に実際の事実を生み出す言表のことである。ここでの逆説は——分析哲学はそれを「言語行為」(speech act)という定式に要約しているが——、ある言表(たとえば、わたしは誓う、わたしは宣言する、わたしは約束する、といったような連辞)の意味が符合する現実はそれ自身がその発言をつうじて産出される、ということである(このために、行為遂行的なものは真でも偽でもありえない)。オースティンのテーゼに註解をくわえて、バンヴェニストは、本来の意味における行為遂行的なものを、この哲学者が混同していた他の言語学的カテゴリー(「戸を開け!」という命令とか、格子扉に付された「犬」という警告など)から区別した。そして、行為遂行的な言表は、それを行為として承認しつつ、その効力を保証する状況においてしか意味をもたないことを指摘した。「だれでも公共広場で、総動員令が発令された! と叫ぶことはできる。しかし、その種の主張は、必要な権威の裏づけを欠いているために行為たりえず、言葉以上のものではない。そして、それは空しい喧騒に、冗談か狂乱に、還元されてしまう」(Benveniste 1966, 273)。

この偉大な言語学者がこのような仕方で明かしてみせたのは、行為遂行的なものの領域を法の領野に結びつけている――ユース〔ius〕〔法〕とユーラーレ〔iurare〕〔誓う〕の語源学的近接性によって証しされる――緊密な関係であった。法とはあらゆる言語活動が行為遂行的な価値をもとうとする領域であると定義することができる。したがって、言葉によって事物をつくるというのはたんなる子供の遊びではないのであって、それどころか、法とは、言葉と事実が、言語的表現と現実的効力が一致していた人間存在の魔術的‐法的段階の、言語活動の分野における残滓である、とみなすことができるのである。

しかし、行為遂行的なものは、どんなふうにしてその目的を実現するのか。ある一定の連辞がただたんに発語されるだけで事実としての効力を獲得することを可能にし、言葉と行為とが深淵で隔てられているという古い格言を覆すものは、いったい、なんであるのか。言語学者たちは、ここにおいて言語のまさに魔術的な最後の層にぶつかったかのように、それについてはなにも語ってくれない。まるでかれらは心底魔術を信じているかのようなのだ。たしかに、ここで本質的なのは、あらゆる行為遂行的な表現が自己言及的性格をもっているということである。しかしまた、この自己言及性は、行為遂行的なものが、バンヴェニストが注記しているように、たんに自らを指示対象〔レファレント〕として採用し、それ自体が構成しようとする現実に送付するといったようなことに尽きるものではない。むしろ明確にしておく必要があるのは、行為遂行的なものの自己言及性が構成されるのは、いつの場合にも、言語活動の通常の指示的性格を宙吊りにすることによってであるということである。じっさいにも、行為遂行的な動詞は、必然的に、それ自体として考察された場合には純粋に事実確認的な性質をもつディクトゥム〔dictum〕〔言明内容〕をともなって構成されざるをえないのであって、これがなくてはその動詞は空虚で効果のないものにとどまるのである(「わたしは誓う」、「わたしは命じる」は、それらを充塡するディクトゥム〔言明内容〕によって後続――あるいは先行――されていなければ意味をなさない)。このディクトゥムの事実確認的な性格こそが、それが行為遂行的な連辞の対象と化す瞬間に、宙吊りにされ、取り消されて、問題視されるようになるのだ。たとえば、「昨日わたしはローマにいた」とか「住民が動員される」といったような事実確認的な表現は、それぞれ、「わたしは誓う」「わたしは命じる」といった行為遂行的な表現によって先行された場合には、事実確認的な表現であることをやめる。すなわち、行為遂行的なものは、言葉と事実とのあいだの通常の指示的な関係に代えて、これを場の外に追放しつつ自らを決定的な事実として立てる自己言及的な関係を置くのである。ここでは、言葉と事物のあいだの真理関係ではなくて、言語活動と世界のあいだの関係の純粋形式こそが本質的なのであって、それはいまや、それ自体がもろもろの現実的なきずなと効果の生産者に転化する。例外状態において法律が自らの適用を宙吊りにするのは、このようにして通常の場合におけるその実効性を基礎づけるためでしかないように、行為遂行的なものにおいて言語活動がその指示作用を宙吊りにするのは、ほかでもなく、そしてただ、事物との自らの連関を基礎づけるためなのである。法の行為遂行的能力を表現した十二表法の古い定式――「言語が厳かに発したごとくに、法は存在する」(uti lingua nuncupassit, ita ius esto)――は、言表されることがらが事実において真であるということを意味しているのではなく、ディクトゥム(dictum)〔言明〕はそれ自体がファクトゥム(factum)〔行為〕であり、そのようなものとして、その言葉が発せられた当事者たちを拘束するということを意味しているにすぎない。

このことが意味しているのは、行為遂行的なものとは、言語活動が事物に——わたしたちがそうと考えることに慣れているように——事実確認的あるいは真理検証的関係にもとづいてかかわるのではなくて、言葉が事物に誓いを立てるような、言葉がそれ自体基礎的事実であるような、そのような特別の操作をつうじてかかわる、人間文化の一段階の証言であるということである。それどころか、言語活動と世界のあいだの指示的関係は、言葉と事物のあいだの本源的な魔術的 - 行為遂行的な関係が断裂した結果生じたものでしかないということができる。

パウロのホモロゲイン〔公に言い表す、同じことを口に出して言う〕は、宣誓のうちにその法に先立つパラダイムをもっているこの行為遂行的なものの領域と、どのような関係にあるのか。ミシェル・フーコーは、その生涯の最後の歳月、告白についての書物を構想していた。その痕跡は、とりわけルーアンのカトリック大学における一九八一年の講義に残っている。それによると、フーコーは告白を「真実を言うことの諸形式」とかれが呼ぶものの範囲内で考察しており、そこにおいて重要なのは主張されている内容ではなく(あるいは内容だけではなく)、真実を口に出して言う行為それ自体であるというのであった。この行為は、どこか行為遂行的なものである。なぜなら、告白をつうじて、主体は自らの真実に結びつき、他者たちとの関係をも自分自身との関係をも変化させるからである。ルーアンの講義において、フーコーは、告白を古典世界において裁判の太古的な形式を代表する宣誓に対置することから始め、——近代の裁判における告白の分析に移る前に——キリスト教のエクソモロゲーシス(exomologēsis)、すなわち、一二世紀から一三世紀にかけて定式化される罪の悔悛告白の実修について検討している。しかし、真実を語るこれら二つの形式——宣誓というかたちをとる儀礼的に行為遂行的なものと悔悛告白というかたちをとった行為遂行的なもの——のあいだには、フーコーが問わないままにしているもうひとつ別の形式があるのであった。まさにわたしたちがここで註解しているパウロのくだりから裏づけられる信仰告白がそれである。宣誓というかたちをとった行為遂行的なものと悔悛告白というかたちをとった行為遂行的なものとのあいだにあって、「信仰の行為遂行的なもの」(performativum fidei)は言葉の本源的なメシア的——すなわちキリスト教的——経験を定義するのである。

信仰の行為遂行的なもの

「信仰の行為遂行的なもの」と、儀礼的および悔悛告白的な行為遂行的なものとのあいだには、どのような関係があるのか。どんな言語行為においてもそうであるように、パウロにとっても信仰の言葉は、言語活動と世界のあいだの指示的関係を超えて、言葉のより本源的な境位に向かってさかのぼっていく。パウロにとっても、ホモロギア(homologia)〔同じことを言うこと〕は言葉と事物のあいだにあるのではなく、言語活動そのものの内部、口と心の近さのうちにある。あらゆる啓示は、つねになによりもまず言語活動自体の啓示であり、あらゆる意味作用を超え出ておりながら、しかしまた二つの対立する緊張によって賦活された言葉の純粋な出来事の経験である。前者は——これをパウロはノモス〔法〕と呼ぶ——超え出た部分をもろもろの規定と意味論的内容に分節化することによって埋めようとし、これにたいして、後者は——これはピスティス〔信〕と合致する——あらゆる限定された意味を超えたところでその超え出た部分を開かれたままに維持しようとする。これに符合するように、指示的関係を超え出て、言語活動の出来事の経験に向かってさかのぼっていこうとする二つの様式がある。前者は、宣誓のパラダイムにしたがって、言語活動の出来事の経験のうちに拘束と義務の基礎のみを求めようとする。これにたいして、後者にとっては、純粋な言葉の経験は無償性と使用の空間を開示する。こちらは主体の自由を表現しており(『ガラテヤ人への手紙』二章4節——「救世主イエスによって得ている自由」)、前者は教典化された規範と信仰箇条への隷属を表現している(すでに四世紀以来、さまざまな公会議のシュムボラ〔象徴〕において、アクセントはホモロゲイン〔同じことを口に出して言う〕の行為および言葉の近さの経験から告白の教義的‐定言的な内容へと移っていっている)。教会の——そして、教会だけでなく、人間社会(societas humana)全体の——歴史が明確に示しているように、言葉のこれら二つの経験が織りなす弁証法は必要欠くべからざるものである。宿命的に起こるように、そして今日新たに起こっているかにみえるように、ピスティスと合致する言語行為が影のなかに落ち込み、ノモスの言葉だけが絶対的な効力を発揮することになるならば、「信仰の行為遂行的なもの」(performativum fidei)が「秘蹟の行為遂行的なもの」(performativum sacramenti)によって完全に覆い尽くされてしまうならば、そのときには、当の法律そのものが硬直し萎縮し、人と人との関係はいっさいの恩恵といっさいの活力を失ってしまう。人間関係全体の法律化、わたしたちが信じ、期待し、愛することができるものと、わたしたちが行なうよう、また、行なわないよう、知るよう、また、知らないでいるよう、引き止められているものとの混同は、たんに宗教の危機であるばかりでなく、なによりも法の危機なのだ。メシア的なものとは——宗教においても法においても——、起源と目的を緊張状態に置くことによって、法に先立つものの二つの半身をその前法律的な統一に差し戻すと同時に、その一致の不可能性を顕わにするような成就の要請の審級のことである（このために、世俗的国家群——もっぱら法に基礎を置いた——と、原理主義的国家群——もっぱら宗教に基礎を置いた——との現在の対立は、たんに外見的に対立と見えるだけのことであって、じつは同一の政治的頽廃を隠蔽しているにすぎないのである）。しかし、このことによって、メシア的なものは——法に先立つものを超えて——、時間と世界を自由に無償で使用することのできるような、言うことの純粋かつ共通の能力として立ち現れる言葉の経験へと向かっていくのである。指示的に事物に自らを結びつけるのでも、自らを事物として妥当させるのでもなく、また、無限にその開放のうちに宙吊りになったままでいるのでも、教義のうちに閉じこめられるのでもなくてである。

＊近くにある言葉　『ローマ人への手紙』一〇章9-10節の「信仰の言葉」を能力〔可能態〕であるかぎりにおいて存在する能力というかたちで解釈しようという試みは、すでにオリゲネスの註解のなかに姿を見せている。アリストテレスは、『霊魂論』（417a 21f.）において、能力の二つのかたちを区別している。子供が将来いつの日か文法学者や鍛冶屋や操縦士になることができるという場合のような漠然とした能力と、すでにそのようなものとして実現しつつある者について言うことのできる現実的な——あるいは性状（hexis）にしたがった——能力とである。前者においては、現実態への移行は能力の消尽と破

壊を含意する。これにたいして、後者においては、むしろ現実態においての能力の保存(sōtēría)および自己生起(epídosis eis heauto)のようなものが生じる。アリストテレスのこの区分をパウロのテクストに応用しつつ、オリゲネスは、各人への神の言葉のたんに潜在的な近さを信仰の言葉を口に出して公に言い表す者において現実的に(efficacia vel efficentia)存在する近さに対置している。「かくて、神の言葉であるキリストもまた、単純な可能性としては、言語活動の能力が子供の近くにあるように、わたしたち、すなわち、あらゆる人間の近くにある。しかし、現実的には、わたしがわたしの口でイエス・キリストと公に言い表し、わたしの心のなかで神はかれを死者たちのなかから復活させたと信じるたびごとに、わたしのうちにあると言われるのである」(Origenes 1993, 204)。

信仰の言葉は、ここでは、言うことの純粋な能力の現実的な経験として提示されており、そのようなものとして、それは指示的な命題とも言い表されたものの行為遂行的な価値とも一致することはなく、言葉の絶対的な近さとして生じる。そのときには、なぜパウロにおいてはメシア的な権能がそのテロスを弱さのうちにもっているのか、その理由も了解される。言うことの純粋な能力の働きそのもの、つねに自分自身の近くにとどまりつづけている言葉は、事物の状態にかんして真実の意見を述べる意味作用的な言葉でもありえなければ、自らを事実として立てる法律上の行為遂行的なものでもありえない。信仰の内容といったようなものは存在しない。信仰の言葉を公に言い表すということは神と世界について真実の命題を定式化してみせることをいうのではない。救世主イエスを信じるとは、かれについてのなにごとかを信じる(légein ti katá tinos)ことを意味するのではない。そして、信仰の内容をシュムボラ〔象徴〕において表現しようとする公会議の試みは、この意味からすると、ひとつのこのうえないアイロニーとしてのみ通用しうる。メシア的であって弱いのは、言葉の近くにとどまりつつ、あらゆる言われたことを超え出るだけでなく、言う行為そのもの、言語活動の行為遂行的な能力そのものをも超え出るような、言うことの能力こそがそうなのである。それは、行為のなかで消尽してしまうことなく、そのたびごとに行為のうちに維持されてとどまりつづける、能力の残余である。この能力の残余が、こうした意味において弱いものであるとすれば、ひいては知識や教義として蓄積されうるものでも法として課されうるものでもないとすれば、しかしまた、それは受動的なものでも不活性なものでもない。反対に、それはまさしくその弱さをつうじて活動するのであり、律法の言葉を働かなくさせ、もろもろの事実上ないしは権利上の状態を廃絶し放棄する――すなわち、それらを自由に使用できるものと化すのである。カタルゲイン〔止揚〕とクレースタイ〔使用〕は、弱さのうちで成就される能力の行為なのだ。しかしまた、この能力が弱さのうちにそのテロスを見いだすということは、それがたんに無限の順延のうちで宙吊りになったままではいないということを意味している。むしろ、それはそれ自体へと向き直って、あらゆる意味されるものにたいする意味作用の過剰そのものを成就させて不活性化するのであり、異言を消失させる(『コリント人への手紙 一』一三章8節)。かくては、表現されることも意味することもないまま、永遠に言葉の近くにあっての使用でありつづけていることの証言者となるのである。

闞あるいはトルナダ

きっと覚えておられるだろうが、「歴史の概念について」と題されたベンヤミンの歴史哲学にかんする第一テーゼには、チェス板の下に隠れて駒を操り、トルコ風の衣装を着た機械仕掛けの人形の勝利を請けあう矮人が出てくる。このイメージをベンヤミンはポーの小説から取っている。しかし、それを歴史哲学の領域に移すにあたって、ベンヤミンは、この矮人が実際には「今日では小さくて醜く、なんとしてもだれかに見られるようなことがあってはならぬ」神学のことであり、もし歴史的唯物論がそれを取り上げて自らの用に供することができるならば、そのときには歴史的唯物論はその恐るべき敵手たちとの歴史的な試合に勝利するだろう、と付け加えている。

このようにして、ベンヤミンは、テーゼのテクスト自体を決定的な理論闘争が展開されるチェスの試合とみなすよう、わたしたちを誘う。そして、この場合にもまた、わたしたちは行間に隠れたある神学者の援助に導かれるものと想定してみないわけにはいかない。著者がテーゼのテクストのなかにかくも巧みに隠しおおせることができていて、いままでのところ、だれも特定しえていない、この矮人の神学者とは何者なのか。また、なんとしてもだれかに見られるようなことがあってはならないというその人物に名前を与えることをゆるしてくれる徴候や痕跡をテーゼのうちに見いだすことは可能なのか。

引用

ベンヤミンは、かれのノート〔『パサージュ論』〕の（認識の理論にかんするノートを収めた）セクションNの覚え書のひとつで、つぎのように書いている。「この作業は引用符なしの引用術をぎりぎりのところまで推し進めなければならない」（Benjamin 1974–89, V, 572）。よく知られているように、ベンヤミンにおいては、引用は戦略的な機能をもっている。過去の諸世代とわたしたちの世代とのあいだには密かな約束があるように、過去の文書群と現在とのあいだにも同様の約束がある。そして、引用は、両者の出会いの、いってみれば取り持ち婆さんなのだ。ひいては、それは慎み深くあらざるをえず、時としてその作業を人知れずに果たすすべをわきまえていなければならないとしても驚くにはあたらない。しかも、この作業は、保存しようとするものではなくて、破壊しようとするものである。「引用は言葉を名前で呼び、言葉を文脈から剝ぎ取って文脈を破壊する」と、クラウスにかんする論考にはある。また、それは同時に「救い、そして罰する」とも（Benjamin 1974–89, II, 363）。論考「叙事詩劇とはなにか」では、ベンヤミンは「あるテクストを引用することは、それが所属するコンテクストを中断することを意味する」と書いている。ベンヤミンがこの論考において言及しているブレヒトの叙事詩劇は、もろもろの仕草を引用できるものにしようとしている。

「役者は」とベンヤミンは付言している。「植字工が字間にスペースを置くように、その仕草に間隔を置くことができるほどでなければならない」と(Benjamin 1974-89, II, 536)。

ここに「間隔を置く」と訳したドイツ語の動詞はスペルレン(sperren)である。これは印刷上の約束事——ドイツ語に限らず——で、なんらかの理由からある言葉を際立たせようとするとき、斜体を用いる代わりに、その字間を空けることを指している。ベンヤミン自身、タイプライターを用いるときには、この約束事を利用している。古文書学的にみると、これは筆写者が写本中に頻出する、いわば読む必要のない——あるいは、トラウベによるとユダヤ教で口にすることを禁じられていたという「聖なる名」(nomina sacra)のことを考慮するならば、読まれてはならない——言葉にたいして用いていた省略の逆にあたる。字間を空けられた言葉は、いわば過剰に読まれる。二度読まれる。そして、この二度読みは、ベンヤミンが示唆するように、引用の重ね書き的読解とでもいうべきものでありえたのであった。

さて、テーゼの手稿を瞥見してみれば、すでにその第二テーゼにおいてベンヤミンがこの約束事に訴えているのがわかるだろう。最後から四行目にはつぎのようにある。「だから、われわれに先行したすべての世代同様、われわれにも、〈弱い〉メシア的な力が付与されているのである」(Dann ist uns wie jedem Geschlecht, das vor uns war, eine s c h w a c h e messianische Kraft mitgegeben)。なぜ、〈弱い〉は字間を空けられているのか。ここではどのようなタイプの引用可能性が問題とされているのか。また、なぜベンヤミンが過去の救済を託すメシア的な力は弱いのか。

それはさておき、わたしはメシア的な力の弱さが明瞭に理論づけられているひとつのテクストを

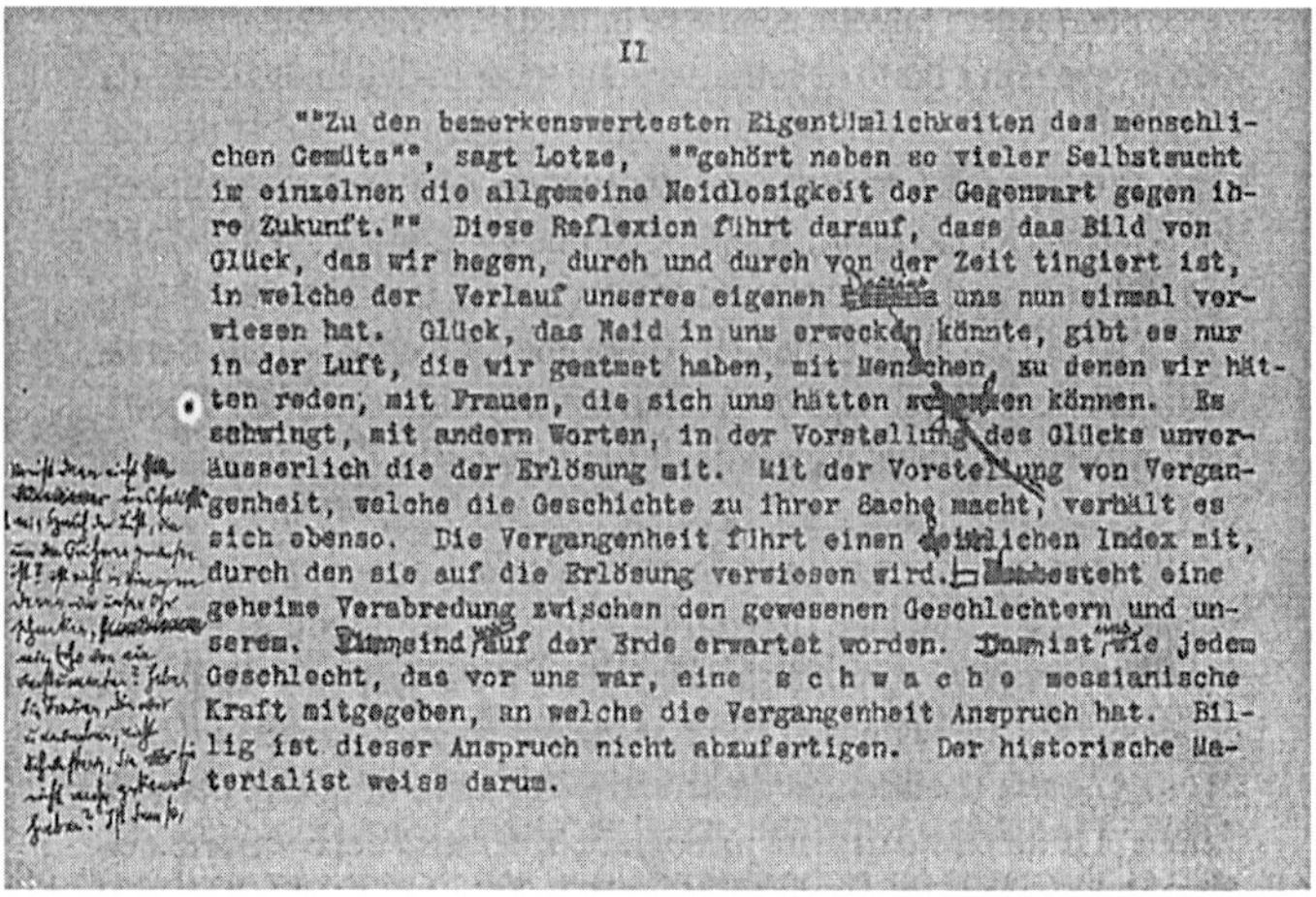

II

""Zu den bemerkenswertesten Eigentümlichkeiten des menschlichen Gemüts"", sagt Lotze, ""gehört neben so vieler Selbstsucht im einzelnen die allgemeine Neidlosigkeit der Gegenwart gegen ihre Zukunft."" Diese Reflexion führt darauf, dass das Bild von Glück, das wir hegen, durch und durch von der Zeit tingiert ist, in welche der Verlauf unseres eigenen Daseins uns nun einmal verwiesen hat. Glück, das Neid in uns erwecken könnte, gibt es nur in der Luft, die wir geatmet haben, mit Menschen, zu denen wir hätten reden, mit Frauen, die sich uns hätten schenken können. Es schwingt, mit andern Worten, in der Vorstellung des Glücks unveräusserlich die der Erlösung mit. Mit der Vorstellung von Vergangenheit, welche die Geschichte zu ihrer Sache macht, verhält es sich ebenso. Die Vergangenheit führt einen zeitlichen Index mit, durch den sie auf die Erlösung verwiesen wird. Es besteht eine geheime Verabredung zwischen den gewesenen Geschlechtern und unserem. Wir sind auf der Erde erwartet worden. Uns ist wie jedem Geschlecht, das vor uns war, eine s c h w a c h e messianische Kraft mitgegeben, an welche die Vergangenheit Anspruch hat. Billig ist dieser Anspruch nicht abzufertigen. Der historische Materialist weiss darum.

ヴァルター・ベンヤミン「歴史の概念について」の手稿テーゼ 二.

知っている。あなたがたもお気づきのように、『コリント人への手紙 二』一二章9-10節のくだりがそうである。このくだりについてはすでに一度ならず註解したが、そのなかで、肉体に刺さった棘から解放してほしいとメシアに嘆願したパウロは、「力は弱さのなかでこそ完全に現われる」(hē gar dýnamis en astheneíāi teleítai)という答えを聞く。そして、「それゆえ、わたしは弱さ、侮辱、窮乏、迫害、そして行き詰まりの状態にあっても、救世主のために満足しています。なぜなら、わたしは弱いときにこそ強い(dynatós)からです」と付け加えている。これが正真正銘の引用符なしの引用であることは、たぶんベンヤミンが目の前に置いて参照していたにちがいないルターの翻訳によって確認される。ヒエロニュムスが virtus in infirmitate perficitur〔力は弱さのなかで完成される〕と翻訳しているところを、ルターは、近代語訳者の大多数と同様、denn mein Kraft ist in den schwachen Mechtig〔なぜなら、わたしの力はそれが弱く現れるところにこそあるからです〕としている。ここには二つの語(Kraft と schwache)のどちらもが現れている。そして、この過剰な読解可能性、この歴史哲学テーゼのテクストにおけるパウロのテクストの密かな存在こそは、字間を空けることによってベンヤミンが慎み深く知らせようとしていることなのだ。

わかっていただけるとおもうが、テーゼのテクスト中にパウロからの引用が隠されている――ただし、度を越さぬ程度に――ことを発見したことは、少なからずわたしを興奮させた。わたしの知るかぎり、タウベスが、ベンヤミンへのパウロのありうる影響を示唆した唯一の人物であった。ただし、かれの仮説は一九二〇年代初頭のテクスト、「神学的-政治学的断片」に言及したものであって、それをかれは『ローマ人への手紙』八章19-23節と関連づけている。タウベスの直観はたしかに正しい。しかし、この場合には、引用について語ることは(おそらく、ベンヤミンの「儚さ」(Vergängnis)という用語を別とすれば――これだけは八章21節のルターによる翻訳にある「儚い存在」(vergengliches Wesen)に符合するといえるかもしれない)可能ではないばかりでなく、両者のテクストのあいだには、いくつかの実質的な相違がある。じっさいにも、パウロにおいては、創造は意図せずして儚さと破壊に隷属させられており、このために、贖われることへの期待のなかで苦悶し懊悩するが、ベンヤミンにおいては、その天才的な転倒によって、自然はまさにそれが永遠かつ全面的に儚いものであるからこそメシア的であるのであり、このメシア的な儚さのリズムが幸福にほかならないのである。

イメージ

ひとたび第二テーゼのうちにパウロからの引用がなされていることが見いだされると(「歴史の概念について」というテーゼはベンヤミンの最後の著作のひとつであり、かれのメシア的歴史観の一種遺言的な総括ともいえるものであることに注意を喚起しておきたい)、道は歴史的唯物論という操り人形の手を密かに導く矮人神学者の特定に向けても開かれたのであった。最後の時期のベンヤミン思想におけるもっとも謎めいた観念群のひとつは「イメージ」(Bild)という観念である。それはテーゼのテクストのなかに一度ならず姿を見せるが、なかでも目を引くのは第五テーゼである。そこにはつぎのようにある。「過去の真のイメージ(das wahre Bild)は急ぎ足で過ぎ去る。認識可能な瞬間に一度かぎり閃くイメージにおいてのみ、過去は立ちどまらされる。……なぜなら、それは、それのうちにあって意味が承認されないあらゆる現在において消失してしまいかねない過去の取り消しえないイメージだからである」。また、ベンヤミンがかれの歴史の観念のこの正真正銘の専門用語を定義しようと試みているさまざまな断片が残されているが、おそらく手稿四七四ほど明瞭な定義を与えたものはないのではないかとおもわれる。「過去が現在に光を投げかけるとか、あるいは現在が過去に光を投げかけるというのではない。イメージとはむしろ、過去がひとつの星座的布置関係のなかで現在へと収斂するもののことである。あの時と今との関係はたんに時間的な(連続した)ものであるが、過去と現在との関係は弁証法的、跳躍的なものである」(Benjamin 1974-

89, I, 1229)。

したがって、「イメージ」は、ベンヤミンにとっては、過去の瞬間と現在の瞬間とがひとつの星座的布置関係のなかで結合し、現在が過去において意味を承認してもらわざるをえず、過去が現在においてその意義とその成就を見いだすことになるようなもののすべて(器物、芸術作品、文章、記念品、記録資料)なのである。しかし、わたしたちは、すでにパウロにおいて、わたしたちが「テュポス〔予型〕論的関係」と定義したもののうちに、過去と未来のあいだのこれに類似した星座的布置関係に出会っている。ここでもまた、過去のある瞬間(アダム、紅海渡行、聖餅(マンナ)等々)はメシア的な今の「テュポス」(typos)として承認されなければならない。それどころか、すでに見たように、メシア的な「今」(kairos)とはまさしくこの関係のことなのだ。しかし、なぜベンヤミンは「イメージ」について語って、テュポスとかフィグーラ(figura)(これはウルガータ訳の用語である)について語らないのか。それはそれとして、この場合にもまた、正真正銘の引用符なしの引用について語ることをゆるしてくれるようなひとつの逐語的突き合わせをわたしたちは手にしている。ルターは『ローマ人への手紙』五章14節の typos tou mellontos〔来たるべき方の予型〕を welcher ist ein Bilde des der zukunfftig war と訳している(『コリント人への手紙 一』一〇章6節の typos には Furbilde があてられており、『ヘブライ人への手紙』九章24節の antitypos には Gegenbilde があてられている)。そのうえ、この第五テーゼでもベンヤミンは字間を空ける方法を使っているが、それを Bild という語の二語あと、なんら強調する必要のないようにみえる用語に使っている。das wahre Bild des Vergangenheit h u s c h t verbei〔過去の真のイメージは急ぎ足で過ぎ去る」と。当然ながら、これは『コリント人への手紙 一』七章31節「この世のありさまは過ぎ去るからです」(parágei gar to schēma tou kosmou toutou)に暗に言及したものでもあるはずである。このくだりから、ベンヤミンはおそらく、現在が過去のうちに自らを承認しないならば過去のイメージは永遠に消失してしまいかねないという観念を取り出したのではないだろうか。

思い出していただきたいが、パウロの「手紙」においては、「テュポス」という概念は「総括帰一」(anakephalaíōsis)という概念と緊密に結びつけられており、この「総括帰一」という概念も、「テュポス」という概念とともに、メシア的時間を定義している。そして、この「総括帰一」という概念もまた、ベンヤミンのテクストのなかにあって、格別意義深い場所、すなわち、最後のテーゼの最後において登場する(これは手稿が発見されてからはもはや一八番目ではなく一九番目のテーゼである)。問題のくだりを読んでみよう。「メシア的時間のモデルとして全人類史をおそるべき短縮のうちに要約している今の時は、人間性の歴史が宇宙のなかでかたどる形象と徹頭徹尾一致する」(Die Jetztzeit, die als Modell der messianischen in einer ungeheuren Abbreviatur die Geschichte der ganzen Menschheit zusammenfasst, fällt haarscharf mit d e r Figur zusammen, die die Geschichte der Menschheit im Universum macht.)。

まず、Jetztzeit〔今の時〕という語について少々。テーゼの手稿群のひとつ、ハンナ・アーレントがかつて所持していた専門的な意味での唯一の手稿において、一四番目のテーゼに最初にあらわれるこの言葉は、引用符つきで記されている(手書きであったので字間を空けて強調する手立てを講じることは不可能であったのだ)。テーゼの最初のイタリア語訳者レナート・ソルミは、それをtempo-ora〔今‐時間〕と翻訳した。これはたしかに恣意的な翻訳である(ドイツ語では、この語はたんに「現代」を意味しているにすぎないというかぎりでは)。それでもなにごとかベンヤミンの意図を汲んだところのある翻訳であることに間違いはない。パウロにおけるメシア的時間の専門的指示語としてのホ・ニュン・カイロス(ho nyn kairós)にかんしてわたしたちの演習で述べてきたことすべてのあとでは、二つの語のあいだの文字どおりの符合(「今‐の‐時」)に注目しないわけにはいかないのだ。ドイツ語においては、この語の近年の歴史は、それが通常否定的で反メシア的な含意をもっていることを示しているだけに、なおさらそうである。たとえば、ショーペンハウアーの場合がそうであり(「それ——われわれの時代——は、自分のことを、おのずからあたえられた、特徴的であるとともに婉曲的な Jetztzeit という名詞で呼ぶ。そう、まさに Jetztzeit なのだ。すなわち、もっぱら今のことだけを考え、到来して判断をくだす時間のことを見ようとしないのだ」——Schopenhauer, 213–14)、ハイデッガーの場合がそうである(「「時」を算える時計において使用されているような現世的時間を Jetzt-Zeit と呼ぶことにしよう。……〔Jetzt-Zeit においては〕恍惚的で水平的な時間性は覆い隠され平準化されてしまう」——Heidegger 1972, 421–22)。ベンヤミンはこの否定的な含意をひっくり返して、その語にホ・ニュン・カイロス(ho nyn kairós)がパウロにおいてもっているのと同じメシア的時間のパラダイムという性格を取り戻させようとするのである。

しかし、「総括帰一」の問題に戻ることにしよう。問題のテーゼの最後の一句――全歴史のおそるべき短縮としてのメシア的時間――は、疑いもなく『エフェソ人への手紙』一章10節(「あらゆるものが、……救世主のもとにひとつにまとめられるというものなのです」)を取りあげ直したもののようにみえる。しかし、このたびもまた、ルターの翻訳を見てみるならば、この取りあげ直しは、実際には、ルターの alle ding zusamen verfasset wülde in Christo.〔あらゆるものがキリストにおいてひとつにまとめられる〕からの引用符なしの引用であることに気づかされる。「ひとつにまとめる」(zusammenfassen)という同じ動詞でもって、両者ともに、パウロの「ひとつにまとめる」(anakefalaiṓsasthai)に対応しているのである。

ベンヤミンの「歴史哲学テーゼ」とパウロの「手紙」のあいだのたんに概念上の一致だけでなく文面上の一致を示す内的証拠としては、これらの指標で十分だろう。このような展望のもとでは、ベンヤミンの「歴史哲学テーゼ」の語彙は、見たところ、すべてが純然とパウロ的なものである。また、歴史認識についてのベンヤミン的なとらえ方において中心をなす概念である「救済」(Erlösung)という語についても、もともとは――いうまでもないことながら――ルターがパウロの「手紙」において同じく中心的な概念であるアポリュトローシス(apolýtrōsis)に当てたものであるというのも、たしかに驚くことではないだろう。このパウロの概念がヘレニズム起源のものであるにしても(ダイスマンの示唆によれば、神による奴隷の解放を意味したという)、純粋にユダヤ的なものであるにしても――あるいは、たぶん両者が習合してできあがったものではないかとおもわれるが――、ともあれ、ベンヤミンのメシアニズムの特徴をなしている過去への志向はその範型をパウロのうちにもっているのである。

しかし、別の指標もまた存在する。このたびは外的な指標であって、こちらのほうは、ショーレム自身がベンヤミンの思想のパウロの思想へのこの近しさの流れに立っていたのではないか、と推測させてくれるのである。ショーレムのパウロにたいする態度には――この人物はパウロのことをきわめてよく知っており、あるときには「ユダヤの革命的な神秘主義のもっとも際だった例」(Scholem 1980, 20)というようにも定義しているのだが――、たしかに曖昧なところがないわけではない。いずれにしても、友人〔ベンヤミン〕のメシアニズム的思弁のいくつかの側面の触発源がパウロにあることを発見したことは、ショーレムにとって勇気づけられることとはいえなかったのではないだろうか。そして、たしかに、好んで取りあげたくはない話題であったにちがいない。それでも、ある著書において――サバタイ・ツヴィにかんする著書でパウロとガザのナサニエルの関係を確認しているときの慎重さと同じ慎重さをもって――、暗にではあるにしても、ベンヤミンが自らをパウロになぞらえていたのではないか、と示唆しているようにおもわれるくだりがある。ベンヤミンが一九三三年八月にイビザで著した不可解な断章「アゲシラウス・サンタンデール」(Agesilaus Santander)についてショーレムの与えている解釈がそれである。ショーレムの解釈は、ベンヤミンがそのテクストのなかで自分自身に言及しているようにみえるアゲシラウス・サンタンデール(Agesilaus Santander)という名がじつは「サタンの使い」(der Angelus Satanas)のアナグラムなのではないか、という仮説にもとづいている。この「サタンの使い」(aggelos satana)が『コリ

ント人への手紙 二』一二章7節に「肉体のとげ」として出てきたことを忘れてはおられないとおもうが、だとすればショーレムがまさにこのパウロのくだりをベンヤミンのありうべき典拠とみなしている、といってもあなたがたは驚かれないだろう。この暗示は一瞬のもので、二度と繰り返されない。しかし、ベンヤミンの断章もパウロの一節も自伝的な色彩が強いものであることに思いを致すならば、その暗示からは、友人〔ベンヤミン〕は天使との密かな関係を喚起しつつ、なんらかの仕方で自らをパウロになぞらえてみせたのだ、とショーレムが示唆しようとしていることがうかがえるのである。

それはともあれ、パウロの「手紙」とベンヤミンの「歴史哲学テーゼ」という、わたしたちの伝統におけるメシアニズムの二つの最高のテクストが、二千年という時を隔てながら、両者ともにある根源的な危機のなかで著されて、ひとつの星座的布置関係を形成し、あなたがたに省みていただきたいとおもういくつかの理由から、まさに今日、その読解可能性の今を迎えているのである。「読解可能性の今」(das Jetzt der Lesbarkeit)——あるいは「認識可能性の今」(das Jetzt der Erkennbarkeit)——というのは、純粋にベンヤミン的な解釈原理を定義しているものであって、それはあらゆる作品はあらゆる瞬間に無限の(尽きることがないという意味とそれが置かれている歴史的‐時間的状況から独立に可能であるという意味の二重の意味において無限の)解釈の対象となりうるという一般に広く流通している原理とは正反対のものである。ベンヤミン的な原理は、あらゆる作品、あらゆるテクストは、それらがある特定の時代に属するものであることを指すだけでなく、ある特定の歴史的瞬間においてのみ読解可能性に到達するという歴史的指標を含んでいる、との想定に立っている。——ベンヤミンがかれのメシアニズムの究極の定式化を託した、それゆえにわたしたちの演習の最良の締めくくりをなすある覚え書に書かれているように——この意味においてのみ、

あらゆる今はある特定の認識可能性の今である(Jedes Jetzt ist das Jetzt einer bestimmten Erkennbarkeit)。そこにおいては、真実は粉々になるまで時間に充満している。(このように粉々になるのは、まさしく、意図が死ぬということにほかならないのであって、それは真正なる歴史時間、真理の時間の誕生と合致する)。過去が現在に光を投げかけるとか、あるいは現在が過去に光を投げかけるというのではない。イメージとは、かつて存在していたものが、ひとつの星座的布置関係のなかで、今と閃光のごとくに結合するもののことである。換言すれば、イメージとは静止した弁証法である。なぜなら、現在の過去との関係はたんに時間的なものであるが、かつて存在していたものと今とのあいだの関係は弁証法的であるからである。それは時間的なものではなく、イメージ的なものなのだ。弁証法的なイメージ群のみが真正に歴史的なものである、すなわち、古さびたものではない。読まれるイメージ、すなわち認識可能性の今におけるイメージは、あらゆる読解の基底にあるこの危機的で危険な瞬間の刻印を最高度に帯びている。

(Benjamin 1974–89, V, 578)

† さきに引用されている手稿四七四では、「あの時と今との関係はたんに時間的な(連続した)ものであるが、過去と現在との関係は弁証法的、跳躍的なものである」となっている。(訳者注記)

パウロ書簡

ジョルジョ・アガンベン
上村忠男 訳

『ローマ人への手紙』から

一章

1救世主イエスの僕として召され、神の福音を告げるための使徒として選び分かたれたパウロ〔（新共
同訳）キリスト・イエスの僕、神の福音のために選び出され、召されて使徒となったパウロから〕、2こ
の福音は、神がすでに聖書のなかで預言者たちをとおして約束していたもので、3かれの子にかんする
ものです。かれの子は、肉によればダビデの子孫から生まれ、4聖なる霊によれば、死者たちのなかか
ら復活して、力ある神の子と定められたのです。その神の子が、わたしたちの主、救世主イエスなので
す。5この主をつうじて、わたしたちはその名を広めてすべての異邦人を信仰による従順へと導くため
に、恵みと使命を受けました。6この異邦人のなかに、救世主イエスのものとなるよう召されたあなた
がたもいるのです。7神に愛され、召されて聖なる者となった、ローマにいるすべての人たちへ。わた
したちの父である神と、主である救世主イエスから、恵みと平和があなたがたにありますように。

14わたしは、ギリシア人にも未開人にも、知恵のある人にもない人にも、負債を負っています。15そ
こで、ローマにいるあなたがたにも、ぜひ福音を告げ知らせたいのです。16じっさい、わたしは福音を
恥とはおもいません。福音は、ユダヤ人をはじめ、ギリシア人にも、信じる者すべてに救いをもたらす
神の力だからです。17ここでの神の義は信仰から信仰へと啓示されるのです。「義人は信仰によって生

きる」と書いてあるとおりです。

二章

9すべて悪をおこなう者の魂には、ユダヤ人はもとよりギリシア人にも、苦しみと悩みがくだり、
10すべて善をおこなう者には、ユダヤ人はもとよりギリシア人にも、栄光と誉れと平和があたえられま
す。11なぜなら、神のもとではえこひいきは存在しないからです。12律法を知らないで罪を犯した者は
すべて、律法がなくても滅びるでしょう。また、律法のもとにあって罪を犯した者はすべて、律法によ
って裁かれるでしょう。13律法を聞く者が神の前で正しいのではなく、律法を実行する者が義とされる
からです。14律法をもたない異邦人も、律法の命じるところを自然におこなえば、律法をもたなくても、
自分自身が自分自身にたいする律法なのです。15こういう人々は、律法の要求する事柄がかれらの心に
書かれていることを示しています。かれらの良心もこれを証ししており、また心の思いも、互いに責め
たり弁明しあって、同じことを示しています。16そのことは、神が、わたしの福音の告げるとおり、
人々の内面に秘められた事柄を救世主イエスによって裁く日に、明らかになるでしょう。

25割礼を受けていても、それが役立つのはあなたが律法を実行していればこそのことであり、あなた
が律法に背いているなら、あなたの割礼は無割礼になってしまいます。26それゆえ、無割礼の者が律法
の規定を守るなら、その者の無割礼は割礼と見なされるのではないですか。27そして、からだに割礼を
受けていないで律法を守る者が、律法の文字と割礼がありながら律法に背いているあなたを裁くでしょ
う。28人の目に見えるユダヤ人がユダヤ人なのではなく、肉に施された人の目に見える割礼が割礼なの

でもありません。29人の目から隠れたユダヤ人こそユダヤ人なのであり、文字ではなく、霊によって心
に施された割礼こそ割礼なのです。その誉れは、人々からではなく、神から来るのです。

三　章

9では、どうなのでしょう。わたしたちは他の者よりもすぐれているのでしょうか。まったくそうで
はありません。わたしたちはすでに責めたように、ユダヤ人もギリシア人も、人はみな罪のもとにある
のです。10それは、つぎのように書いてあるとおりです。「義人はいない。ひとりもいない。11悟る者
もなく、神を探し求める者もいない。12みな迷い出て、ともに役に立たない者となってしまった。善を
おこなう者はいない。ただの一人もいない」と。

19わたしたちは、律法が言うことはみな、律法のもとにいる人々に向けて言われていることを知って
います。それは、すべての口がふさがれて、全世界が神にたいして有罪となるためなのです。20なぜな
ら、律法を実行することによっては、だれひとり神の前に義とされないだろうからです。21ところが今
や、律法なしに、しかも律法と預言者によって立証されて、神の義が示されました。22すなわち、救世
主イエスを信じることにより、信じる者すべてにあたえられる神の義です。そこにはなんの差別もあり
ません。23人はみな罪を犯して神の栄光を受けられなくなっており、24ただ救世主イエスによる贖いを
とおして、神の恵みによって無償で義とされるのです。

27では、誇りはどこにあるのでしょうか。それはすでに取り除かれてしまいました。どのような律法

によってでしょうか。行為の律法によってでしょうか。そうではありません。信仰の律法によってです。
28じっさいにも、人が義とされるのは、行ないの律法によるのではなく、信仰によるというのが、わた
したちの考えです。29それとも、神はユダヤ人だけの神でしょうか。異邦人の神でもないのでしょうか。
たしかに、神は異邦人の神でもあるのです。30なぜなら、神は唯一だからで、この神は割礼を受けた者
を信仰のゆえに義とし、無割礼の者も信仰によって義とするのです。31それでは、わたしたちは信仰に
よって、律法を無効にすることになるのでしょうか。けっしてそうではありません。かえって、律法を
確立することになるのです。

四　章

2もしアブラハムが行為によって義とされたのであれば、かれは誇ってもよいでしょう。しかし、神
の前では、それはできません。3聖書はなんと言っていますか。「アブラハムは神を信じた。それがか
れの義と認められた」とあります。

10どのようにしてそう認められたのでしょうか。割礼を受けてからですか。それとも、無割礼のとき
にですか。割礼を受けてからではなく、無割礼のときにです。11かれは、無割礼のとき信仰によって義
とされたことの証しとして、割礼の印を受けたのです。こうしてかれは、無割礼のままに信じるすべて
の人の父となり、かれらも義と認められました。12また、かれはたんに割礼を受けているということに
よってだけでなく、わたしたちの父アブラハムが無割礼のときにもっていた信仰の模範に従う人々にと
っても割礼の父となったのです。13じっさい、世界の相続人になるという約束がアブラハムとかれの子

孫になされたのは、律法によってではなく、信仰の義によってであったのです。14もし律法に頼る者が
相続人であるとするなら、信仰はむなしくなり、約束は無効になってしまいます。15じつに律法は怒り
を招くものであり、律法のないところには違反もありません。16したがって、信仰によってこそ、世界
の相続人となることはなされるのです。それは恵みによるためであり、こうして約束がアブラハムのす
べての子孫に、すなわち、たんに律法に頼る者だけでなく、かれの信仰に従う者にも行き渡るようにす
るためなのです。かれはわたしたちすべての父なのです。17それは「わたしはおまえを多くの民の父と
定めた」と書いてあるとおりです。死者に生命をあたえ、存在していないものを呼び出して存在させる
神を前にして、その神をかれは信じたのでした。18かれは望むすべもなかったときになおも望みを抱い
て信じ、「おまえの子孫はこのようになる」と言われていたとおりに、多くの民の父となりました。
19そのころ、かれはおよそ百歳になっていて、自分の体が死んだも同然であること、また〔妻〕サラの胎
も死んだ状態にあることを知りながらも、信仰は弱まりはしませんでした。20かれは不信仰に陥って神
の約束を疑うようなことはなく、むしろ信仰によって強められ、神に栄光をあたえました。21神は約束
したことを実現する力もあると固く信じていたのです。22だからまた、それがかれの義と認められたの
です。

五章

12このために、ひとりの人によって罪が世に入り、罪によって死が入り込んだように、死はすべての
人に及んだのです。すべての人が罪を犯したからです。13律法があたえられるまでにも罪は世にあった
のですが、律法がなければ、罪は罪と認められないわけです。14しかし、アダムからモーセまでのあい

だにも、アダムの違反と同じような罪を犯さなかった人々の上にさえ、死は支配しました。アダムは、
来たるべき方の予型だったのです。

19じっさい、ひとりの人の不従順によって多くの人が罪人とされたように、ひとりの従順によって多
くの人が義人とされるのです。20律法が入り込んできたのは、罪が増し加わるためでした。しかし、罪
が増したところには、恵みはなおいっそう満ちあふれました。21こうして、罪が死によって支配してい
たように、恵みも義によって支配しつつ、わたしたちの主、救世主イエスをとおして永遠のいのちに導
くのです。

七章

7では、どう言えばよいのでしょうか。律法は罪なのでしょうか。けっしてそうではありません。し
かし、律法によらなければ、わたしは罪を知らなかったでしょう。じっさい、律法が「むさぼるな」と
言わなかったら、わたしはむさぼりを知らなかったでしょう。8ところが、罪は掟によって機会を得、
あらゆる種類のむさぼりをわたしのうちに起こしました。律法がなければ、罪は死んでいるのです。
9わたしは、かつては律法なしに生きていました。しかし、掟が到来し、罪が生き返って、10わたしは
死にました。そして、いのちに導くはずの掟が、死に導くものであることがわかりました。11じっさい、
罪は掟によって機会を得、わたしを欺き、そして掟によってわたしを殺してしまったのです。12こうい
うわけで、じつに律法は聖なるものであり、掟も聖なるものであり、正しく、そして善いものなのです。
13それでは、善いものがわたしにとって死をもたらすものとなったのでしょうか。けっしてそうではあ

りません。罪が、罪としての正体を現すために、善いものをとおしてわたしに死をもたらしたのです。
このようにして、罪はかぎりなく邪悪なものであることが掟をとおして示されたのでした。14じっさい、
わたしたちは、律法が霊的なものであると知っています。しかし、わたしは肉的な存在であり、罪に売
り渡されています。15わたしは、自分のしていることがわかりません。わたしは自分がしたいとおもう
ことをしているのではなく、憎んでいることをしているからです。16ところで、もしわたしが自分のし
たくないことをしているとすれば、わたしは律法を善いものと認めていることになります。17そしてま
た、そういうことをおこなっているのは、もはやわたしではなく、わたしのなかに住んでいる罪なので
す。18わたしは、わたしのうちには、すなわち、わたしの肉には、善が住んでいないことを知っていま
す。善をなそうという意志はあるのに、それを実行することがないからです。19わたしは自分が望む善
はおこなわず、自分が望まない悪をおこなっているのです。20もし、わたしが望まないことをしている
とすれば、それをしているのは、もはやわたしではなく、わたしのなかに住んでいる罪なのです。21そ
こで、わたしは善をなそうとおもっているのですが、そのわたしにはいつも悪がつきまとっているとい
う法則を見いだします。22内なる人としては神の律法を喜んでいながら、23わたしの五体にはもうひと
つの法則があって、心の法則と戦い、わたしの五体のうちにある罪の法則のとりこにしているのがわか
ります。24わたしはなんと惨めな人間なのでしょう。だれがこの死のからだから、わたしを救い出して
くれるのでしょうか。

八章

19被造物の成就の期待は、神の子たちが現れるのを受け入れることへと開かれています〔被造物は、

神の子たちの現れるのを切に待ち望んでいます」。[20]被造物は虚無に服していますが、それは自分の意
志によるものではなく、服従させた方の意志によるのであり、[21]被造物自体も、いつか滅びへの隷属か
ら解放されて、神の子たちの栄光に輝く自由にあずかれるだろう、という希望をもってのことなのです。
[22]被造物がすべて今日まで、ともにうめき、ともに産みの苦しみを味わっていることを、わたしたちは
知っています。[23]しかしまた、そればかりでなく、霊の初穂をいただいているわたしたちも、神の子と
されること、すなわち、わたしたちの体の贖われることを、心のなかでうめきながら待ち望んでいます。
[24]わたしたちは、このような希望によって救われているのです。目に見える希望は、希望ではありませ
ん。現に見ているものを、だれがなお望むでしょうか。[25]これにたいして、もしわたしたちがまだ見て
いないものを望んでいるなら、わたしたちは忍耐をもって待つのです。

九章

[3]わたし自身、わたしの兄弟たち、肉によるわたしの同胞のためならば、救世主から引き離されて呪
われた者となってもよいとさえおもっています。[4]かれらはイスラエルの民です。子とされることも、
栄光も、契約も、律法も、礼拝も、約束もかれらのものです。[5]先祖たちもかれらのものであり、救世
主も肉によればかれらから出たのです。この救世主は万物の上にあり、とこしえにほめたたえられる神
です。アーメン。[6]しかし、神の言葉は効力を失ったわけではありません。イスラエルから出る者がみ
な、イスラエルなのではなく、[7]アブラハムの子孫だからといって、みながその子供なのではなく、
「イサクから生まれる者が、あなたの子孫と呼ばれる」のだからです。[8]すなわち、肉の子供が神の子
供なのではなくて、約束の子供が子孫と見なされるのです。[9]約束の言葉はこうです。「来年の今頃、

わたしは来る。そして、サラには男の子が生まれる」。
24神は、わたしたちを〔憐れみの器として〕、ユダヤ人だけからでなく、異邦人のなかからも召し出し
たのでした。25それは、ホセアの書でも言っているとおりです。「わたしは、わたしの民でない者をわ
たしの民と呼び、愛されなかった者を愛された者と呼ぶだろう。26そして、「あなたたちは、わたしの
民ではない」とわたしがかれらに言ったその場所で、かれらは生ける神の子らと呼ばれるだろう」と。
27また、イザヤはイスラエルについて、こう叫んでいます。「たとえイスラエルの子らの数が海の砂の
ようであっても、救われるのは残りの者であろう。28主は、言葉を地上において、完全に、しかも敏速
に、成し遂げるだろう」と。

一〇章

2わたしは、かれらが神にたいして熱心であることを証ししますが、この熱心さは正しい認識にもと
づくものではありません。3なぜなら、かれらは神の義を知らず、自分の義を立てようとして、神の義
に従わなかったからです。4じっさい、救世主が律法の目標であるのは、信じる者すべてに義をもたら
すからなのです。5モーセは、律法による義について、「掟を守る人は、掟によって生きる」と記して
います。6しかし、信仰による義は、こう言います。「あなたの心のなかで「だれが天に上るだろうか」
と言ってはならない」。これは、救世主を引き降ろすことです。7また、「「だれが地の奥底に下るだろ
うか」と言ってはならない」。これは、救世主を死者のなかから引き上げることです。8では、なんと
言っているのでしょうか。「言葉はあなたの近くにある。あなたの口にあり、あなたの心にある」。これ

が、わたしたちの宣べ伝えている信仰の言葉なのです。9あなたの口で主イエスと公に言い表し、あな
たの心で神がイエスを死者のなかから復活させたと信じるなら、あなたは救われるからです。10じつに、
人は心で信じて義とされ、口で公に言い表して救われるのです。11聖書は言っています。「主を信じる
者は、だれも失望することがないだろう」と。12ユダヤ人とギリシア人との区別はありません。同じ主
が、すべての人の主であり、主を呼び求めるすべての人に豊かに恵みを与えるのです。

一一章

1では、尋ねましょう。神は自分の民を退けてしまったのでしょうか。けっしてそうではありません。
このわたしもイスラエル人で、アブラハムの子孫であり、ベニヤミン族の者です。2神は、まえもって
知っていた自分の民を退けたりはしませんでした。それとも、エリヤについて聖書はなんと言っている
か、あなたがたは知らないのですか。かれはイスラエルを神にこう訴えています。3「主よ、かれらは
あなたの預言者たちを殺し、あなたの祭壇を壊しました。そして、わたしだけが残りましたが、かれら
はわたしの命をねらっています」。4しかし、神託はかれになんと告げているでしょう。「わたしは、バ
アルにひざまずかなかった七千人を自分のために残しておいた」と告げています。5同じように、今の
時にも、恵みによって選ばれた残りの者が産み出されているのです。6そして、もしそれが恵みによる
のであれば、もはや行ないによるのではありません。そうでなければ、恵みはもはや恵みではなくなり
ます。7では、どうなのでしょうか。イスラエルは求めているものを得ないで、選ばれた者がそれを得
たのです。他の者たちはかたくなにされたのです。8「神は、かれらに鈍い心、見えない目、聞こえな
い耳を与えた。今日にいたるまで」と書かれているとおりです。9ダビデもまた言っています。「かれ

らの食卓は、かれらにとって、罠となり、網となり、つまずきとなり、罰となれ。10かれらの目はくら
んで見えなくなり、かれらの背はいつまでも曲がっておれ」と。11では、尋ねましょう。かれらがつま
ずいたのは、倒れるためだったのでしょうか。けっしてそうではありません。かえって、かれらの違反
によって、救いが異邦人におよびましたが、それはかれらにねたみを起こさせるためだったのです。
12それに、かれらの違反が世の富となり、かれらの失敗が異邦人の富となるのなら、かれらの成就はそ
れ以上の、どんなにかすばらしいものをもたらすことでしょう。13そこで、あなたがた異邦人に言いま
す。わたしは異邦人のための使徒ですから、14もしわたしが、わたしの同胞にねたみを起こさせ、その
幾人かでも救うことができるなら、わたしの務めを光栄におもいます。15もしかれらの捨てられること
が世界の和解であったのなら、かれらの受け入れられることは、死者のなかから生き返ることでなくて
なんでしょう。16初穂が聖なるものであれば、練り粉全体もそうなのであり、根が聖なるものであれば、
枝もそうなのです。

25兄弟たち、あなたがたを賢い者とうぬぼれないように、この奥義をぜひ知っていていただきたい。
すなわち、イスラエルにかんして一部の者にかたくなが起こったのは、異邦人の成就がなされるまでの
ことであり、26こうしてやがて全イスラエルが救われるだろうというのが、それです。こう書かれてい
るとおりです。「救う者がシオンから来て、ヤコブから不信心を遠ざけるだろう」。

一三章

8互いに愛し合うことのほかは、だれにたいしても借りがあってはなりません。他人を愛する者は、

律法を全うしているのです。9じっさい、「姦淫するな、殺すな、盗むな、むさぼるな」、そのほかどん
な掟があっても、それらは「あなたの隣人をあなた自身のように愛しなさい」という言葉に要約されま
す。10愛は隣人に悪をおこないません。だから、愛は律法を全うするものなのです。

『コリント人への手紙 一』から

一章

22ユダヤ人はしるしを求め、ギリシア人は知恵を探しますが、23わたしたちは十字架につけられた救
世主を宣べ伝えています。ユダヤ人にはつまずかせるもの、異邦人には愚かなものでしょうが、24ユダ
ヤ人であってもギリシア人であっても、召された者には、神の力、神の知恵である救世主を宣べ伝えて
いるのです。25なぜなら、神の愚かさは人よりも賢く、神の弱さは人よりも強いからです。26兄弟たち、
あなたがたが召されたときのことを思い起こしてみなさい。肉によれば〔人間的に見て〕知恵のある者が
多かったわけではなく、能力のある者や、家柄のよい者が多かったわけでもありません。27ところが、
知恵ある者に恥をかかせるため、神は世の愚かな者を選んだのであり、力ある者に恥をかかせるため、
神は世の弱い者を選んだのであり、28地位や財産のある者を破滅させるため、神は世の身分の卑しい者
や見下げられている者、無に等しい者を選んだのです。29それは、だれひとり、神の前で誇ることがな
いようにするためです。

二章

1兄弟たち、わたしもあなたがたのところに行ったとき、神のあかしをあなたがたに宣べ伝えるのに、
優れた言葉と知恵を用いることをしませんでした。2なぜなら、わたしはあなたがたのあいだで、救世
主イエス、それも十字架につけられたイエス以外、なにも知るまいと心に決めていたからです。3あな
たがたのもとにいたときのわたしは、衰弱していて、恐れに取り憑かれ、ひどく不安でした。4そして、
わたしの言葉もわたしの宣教も、知恵にあふれた言葉によらず、霊と力の証明によるものでした。5そ
れは、あなたがたの信仰が、人間の知恵によってでなく、神の力によってあるようになるためでした。

七章

17ただ、主がおのおのに分けあたえた分に応じ、神がおのおのを召されたときの状態のままで歩みな
さい。わたしはすべての教会でこのように指導しています。18割礼を受けていて召されたのですか。そ
れなら割礼の跡をなくそうとしてはいけません。割礼を受けていないで召されたのですか。それなら割
礼を受けようとしてはいけません。19割礼は取るに足らぬこと、無割礼も取るに足らぬことです。大切
なのは神の掟を守ることなのです。20おのおの自分がそれによって召された召命のうちにとどまってい
なさい。21奴隷として召されたのですか。そのことを気にしてはいけません。しかし、もし自由の身に
なることができるとしても、むしろそれを〔奴隷として召されたときの状態を〕使いなさい〔（新共同訳）
そのままでいなさい〕。22なぜなら、主によって召された奴隷は、主の解放奴隷だからです。同じよう
に、自由人も、召された者は救世主の奴隷なのです。23あなたがたは、身代金を払って買い取られたの
です。人間の奴隷となってはいけません。24兄弟たち、おのおの召されたときの状態のまま、神の前に
とどまっていなさい。

29兄弟たちよ、それからわたしはこう言いたいのです。時は縮まっています〔（新共同訳）定められた
時は迫っています〕。残りは〔（新共同訳）今からは〕、妻のある者も妻のない者のように、30泣く者は泣
かない者のように、喜ぶ者は喜ばない者のように、物を買う者は物を持たない者のように、31世の富を
用いる者は用いすぎることのない者のようにしていなさい〔（新共同訳）世の事にかかわっている人は、
かかわりのない人のようにすべきです〕。この世のありさまは過ぎ去るからです。32あなたがたが思い
煩わないことを、今のわたしは望んでいます。

九章

19わたしは、だれからも自由な者ですが、できるだけ多くの人を獲得するために、すべての人の奴隷
となりました。20そして、ユダヤ人にたいしてはユダヤ人のようになりました。ユダヤ人を獲得するた
めです。律法のもとにある人々にたいしては、わたし自身は律法のもとにないのですが、律法のもとに
ある者のようになりました。律法のもとにある人々を獲得するためです。21律法をもたない人々にたい
しては、わたしは神の律法をもっていないわけではなく、救世主の律法に従っているのですが、律法を
もたない者のようになりました。律法をもたない人々を獲得するためです。22弱い人々にたいしては弱
い者になりました。弱い人々を獲得するためです。すべての人にたいしてすべてのものになりました。
なんとかして何人かでも救うためです。

一〇章

1そこで兄弟たち、わたしはあなたがたにつぎのことをぜひ知っておいてほしいのです。わたしたち
の先祖は、みな、雲の下におり、みな、海を通り抜け、2みな、雲の中、海の中で、モーセに浸され
〔（新共同訳）モーセに属するものとなる洗礼（バプテスマ）を授けられ〕、3みな、同じ霊的な食べ物を食
べ、4みな、同じ霊的な飲み物を飲みました。かれらが飲んだのは、かれらに離れずについてきたひと
つの霊的な岩からでしたが、この岩こそじつに救世主だったのです。5しかし、かれらの大部分は神の
心に適わず、荒野で滅ぼされてしまいました。6これらの出来事は、わたしたちを戒める予型〔（新共同
訳）前例〕として起こったのです。かれらがむさぼったように、わたしたちが悪をむさぼることのないた
めに。

11しかしながら、これらのことは予型〔前例〕としてかれらに起こったのであり、それが書かれたのは、
時間の終わりが互いに向かい合っている状況に直面しているわたしたちにとっての〔（新共同訳）時の終
わりに直面しているわたしたちへの〕教訓とするためなのです。

一三章

1たとえ、わたしが人の異言や天使の異言で語ろうとも、愛がなければ、わたしは騒がしいどらや、
やかましいシンバルです。2また、たとえ、預言する賜物を持ち、あらゆる奥義とあらゆる知識に通じ
ていようとも、たとえ、山を動かすほどの完全な信仰をもっていようとも、愛がなければ、わたしはな
んの値打ちもありません。3また、たとえ、わたしの全財産を貧しい人たちに分けあたえようとも、誇
ろうとしてわが身を死に引き渡そうとも、愛がなければ、わたしはなんの役にも立たないでしょう。

4愛は寛大です。愛は情け深く、人をねたみません。愛は自慢せず、高ぶらず、5礼を失することなく、
自分の利益を求めず、いらだたず、人のした悪を計算せず、6不正義を喜ばずに、真実を喜びます。
7すべてを忍び、すべてを信じ、すべてに期待し、すべてに耐えます。8愛はけっして滅びることがあ
りません。預言の賜物ならば廃れるでしょう。異言ならば止むでしょう。知識ならば無効になるでしょ
う。9というのは、わたしたちの知っているところは一部分であり、預言することも一部分です。10し
かし、完全なものがやって来たら、部分的なものは無効になるでしょうから。11わたしが子供だったと
きには、子供として話し、子供として考え、子供として論じていましたが、大人になったときには、子
供のことを捨てました。12わたしたちは、今は鏡におぼろに映ったものを見ていますが、そのときには
顔と顔とを合わせて見ることになります。わたしは、今は一部分しか知りませんが、そのときには、わ
たしがはっきり知られているのと同じように、はっきり知るようになるでしょう。13こういうわけで、
信仰と、希望と、愛、この三つは、いつまでも残ります。そのなかで最も大いなるものは愛です。

一五章

7〔救世主は〕次いで、ヤコブに現れ、その後すべての使徒に現れ、8そして最後に、月足らずで生ま
れたようなわたしにも現れました。9わたしは、神の教会を迫害したのですから、使徒たちのなかでも
いちばん小さな者であり、使徒と呼ばれる値打ちのない者です。

20しかし、じっさい、救世主は死者のなかから復活し、眠りについた者たちの初穂となりました。
21死がひとりの人をとおして来たので、死者の復活もひとりの人をとおして来るのです。22すなわち、

アダムにおいてすべての人が死ぬことになったように、救世主においてすべての人が生かされることに
なるのです。23ただ、おのおのにその順序があります。最初に救世主、次いで、救世主の到来〔再臨〕の
ときにかれに属している人たち、24それから〔世の〕終わりが来ます。そのとき、かれはあらゆる支配と
あらゆる権威や勢力を働かなくさせ、父である神に国を引き渡します。25かれが国を支配するのはすべ
ての敵をかれの足下に置くまで、となっているからです。26最後の敵として死が働かなくされるでしょ
う。27「かれは、すべてのものをかれの足の下に従わせた」からです。ところで、すべてのものが従わ
せられた、と言うとき、すべてのものを従わせた者がそれに含められていないことは明らかです。28し
かし、つぎにすべてのものがかれに従うようになるとき、そのときには、かれの子もすべてのものをか
れに従わせた者に従うことになるでしょう。神がすべてにおいてすべてとなるためです。

『コリント人への手紙 二』から

三章

1わたしたちは、またもや自分を推薦し始めているのでしょうか。それとも、ある人々のように、あ
なたがたへの推薦状、あるいはあなたがたからの推薦状が、わたしたちに必要なのでしょうか。2わた
したちの推薦状は、あなたがたです。それは、わたしたちの心に書かれており、すべての人々から知ら
れ、読まれています。3あなたがたが、わたしたちを使って、墨ではなく生ける神の霊によって、石の
板ではなく人の心の板に書かれた、救世主の手紙であることは明らかだからです。

12このような希望をもっているので、わたしたちはきわめて大胆に語ります。13そして、モーセが、
消え失せるべきものの最後をイスラエルの子らに見られまいとして、自分の顔に覆いを掛けたようなこ
とはしません。14しかし、かれらの考えは鈍くなってしまいました。今日にいたるまで、古い契約が読
まれるさい、同じ覆いは除かれずに掛かったままになっていますが、それは救世主において取り除かれ
るものだからです。15このため、今日にいたるまで、モーセが読まれるときには、かれらの心には覆い
が掛かったままになっています。16けれども、主のほうに向き直れば、覆いは取り去られるでしょう。
17主とは霊のことです。主の霊のあるところには、自由があります。18いまや、わたしたちはみな、顔
の覆いを除かれて、鏡のように主の栄光を映し出しながら、栄光から栄光へと、主と同じ姿に造りかえ
られていきます。これは主の霊の働きによることです。

五章

16それで、わたしたちは、今後だれをも肉にしたがって知ろうとはしません。肉によって救世主を知
っていたとしても、今はもうそのように知ろうとはしません。17だから、だれでも救世主のうちにある
なら、その人は新しく創造された者なのです。古いものは過ぎ去って、見よ、新しくなったのです。

一二章

1誇っても無益なことですが、わたしは誇らずにはいられません。主が見せてくれたことと啓示して
くれたことについて話しましょう。2わたしは救世主に結ばれていたひとりの人を知っていますが、そ
の人は一四年前、――体のままか、体を離れてかは知りません、神が知っています――第三の天にまで

引き上げられたのです。3そして、これも知っているのですが、その人は――体のままか、体を離れて
かは知りません、神が知っています――4楽園にまで引き上げられ、人が口にするのを許されない、言
い表しえない言葉を耳にしたのです。5このような人のことをわたしは誇りましょう。しかし、わたし
自身については、弱さ以外には誇るつもりはありません。6かりにわたしが誇る気になったとしても、
真実を語るのですから、愚か者にはならないでしょう。しかし、誇ることは控えます。わたしのことを
見たり、わたしから話を聞いたりする以上に、わたしを過大評価する人がいるかもしれないし、7また、
あの啓示されたことがあまりにもすばらしいからです。そのために、思い上がることのないようにと、
わたしには肉体にひとつのとげが与えられました。それは、思い上がらないように、わたしを痛めつけ
るために、サタンから送られた使いです。8この使いについて、わたしから離れさせてもらえるよう、
わたしは三度主に願いました。9すると主はわたしにこう言いました。「わたしの恵みはあなたに十分
である。力は弱さのなかでこそ完全に現れる」と。だから、救世主の力がわたしの上に覆いをかけてく
れるように、むしろ大いに喜んでわたしの弱さを誇りましょう。10それゆえ、わたしは弱さ、侮辱、窮
乏、迫害、そして行き詰まりの状態にあっても、救世主のために満足しています。なぜなら、わたしは
弱いときにこそ強いからです。

『ガラテヤ人への手紙』から

一章

11そこで兄弟たち、あなたがたにはっきり言います。わたしが告げ知らせた福音は、人によるもので

はありません。12わたしはこの福音を人から受けたのでも教えられたのでもなく、救世主イエスの啓示
をとおして知らされたのです。13かつてユダヤ教徒であったころのわたしの振舞いについては、あなた
がたはすでに聞いているところです。わたしは、徹底的に神の教会を迫害し、滅ぼそうとしていました。
14また、自分と同族で同年輩の多くの者よりもユダヤ教において進んでおり、先祖からの伝承を守るの
に人一倍熱心でした。15しかし、わたしを母の胎内にあるときから選び分け、恵みによって召し出した
方が、心のおもむくままに、16かれの子をわたしのうちに啓示し、異邦人のあいだにその福音を告げ知
らせるようにさせたとき、わたしは、すぐ血肉に相談するようなことはせず、17また、エルサレムに上
って、わたしよりさきに使徒として召された人たちのもとに行くこともせず、アラビアに出て行き、そ
こからふたたびダマスコに戻ったのでした。

二章

1その後一四年たってから、わたしはバルナバといっしょにエルサレムにふたたび上りました。その
さい、テトスも連れて行きました。2エルサレムに上ったのは、啓示によるものでした。そして、わた
しが異邦人に宣べ伝えている福音を人々の前に示しました。しかしまた、おもだった人たちには個人的
に話しました。それは、わたしが力を尽くして走っていること、あるいは走ってきたことが無駄になら
ないようにするためでした。3しかし、わたしと同行したテトスでさえ、ギリシア人であったのに、割
礼を受けることを強制されませんでした。4潜り込んできた偽の兄弟たちがいたのに、強制されなかっ
たのです。かれらは、わたしたちを奴隷にしようとして、わたしたちが救世主イエスによって得ている
自由をつけねらい、こっそり入り込んできたのでした。5そのような者たちに、わたしたちは、福音の

真理があなたがたのもとにいつもとどまっているようにと、片時も屈服して譲歩するようなことはしま
せんでした。6ところが、なにものかであると一目置かれている人たちからは――この人たちがそもそ
もどんな人であったかはわたしにはどうでもよいことです。神は人を分け隔てしません――、これらの
人たちはわたしになんらの義務も負わせませんでした。7それどころか、ペトロには割礼を受けた者へ
の福音が任されていたように、わたしには割礼を受けていない者への福音が任されていたことを知りま
した。8割礼を受けた者への使徒としての任務のためにペトロに働きかけた方は、異邦人への使徒とし
ての任務のためにわたしにも働きかけたのです。9また、かれらはわたしにあたえられた恵みを認め、
ヤコブとケファとヨハネ、すなわち柱と目されるおもだった人たちは、わたしとバルナバに、交わりの
しるしとして右手を差し出しました。こうして、わたしたちは異邦人のところへ行き、かれらは割礼を
受けた者たちのところへ行くことになったのです。10ただ、わたしたちが貧しい人たちのことを忘れな
いようにとのことでしたが、このことならわたしも大いに心がけてきたことです。11ところが、ケファ
がアンティオキアに来たとき、非難すべきところがあったので、わたしは面と向かって反対しました。
12なぜなら、かれは、ある人々がヤコブのもとから来る前は異邦人といっしょに食事をしていたのに、
その人々が来ると、割礼を受けている者たちを恐れて、尻込みをし、身を引こうとしだしたからです。
13そして、ほかのユダヤ人も、かれといっしょに本心を偽った行動をとり、バルナバさえもかれらの偽
りの行動に引きずり込まれてしまいました。14しかし、わたしはかれらが福音の真理にしたがってまっ
すぐ歩いていないのを見たとき、みなの前でケファに向かってこう言いました、「あなたはユダヤ人で
ありながら、ユダヤ人らしい生き方をしないで、異邦人のように生活しているのに、どうして異邦人に
ユダヤ人のように生活することを強要するのですか」。

三　章

10律法の実行に頼る者はだれでも、呪いのもとにあります。じっさいにも、こう書いてあります。
「律法の書に書かれているすべてのことを堅く守って実行しなければ、だれでもみな、呪われる」。11つ
ぎに、律法によってはだれも神の前で義とされないことは、明らかです。「義人は信仰によって生きる
だろう」からです。12しかし、律法は信仰によってはいません。「これらのことをなしたものは、これ
らのことをとおして生きる「（新共同訳）律法の定めを果たす者は、その定めによって生きる」」のです。
13救世主は、わたしたちのために呪いとなって、わたしたちを律法の呪いから贖い出してくれました。
「木にかけられる者はみな呪われた者である」と書いてあるからです。14それは、アブラハムに与えら
れた祝福が救世主イエスにおいて異邦人に及ぶためであり、わたしたちが霊の約束を信仰によって受け
るためなのでした。

四　章

21わたしに答えてください。律法のもとにいたいとおもっている人たち、あなたがたは、律法の言う
ことに耳を貸さないのですか。22そこには、アブラハムには二人の息子があり、ひとりは女奴隷から生
まれ、もうひとりは自由な身の女から生まれた、と書かれています。23ところで、女奴隷の子は肉によ
って生まれ、自由な身の女から生まれた子は約束によって生まれたのでした。24これらはアレゴリーと
して言われています。すなわち、二人の女とは二つの契約を表しているのです。ひとつは、シナイ山か
ら出ていて、奴隷となる子を産むほうで、これがハガルです。25このハガルは、アラビアにあるシナイ

山のことで、今のエルサレムに当たります。なぜなら、彼女はその子供たちとともに奴隷となっているからです。[26]これにたいして、上にあるほうのエルサレムは自由であり、わたしたちの母です。

『エフェソ人への手紙』から

一章

[9]神は、かれの意志の奥義をわたしたちに知らせてくれました。それは神がまえもって救世主において決めていたかれの良き計画によるものであって、[10]時が満ちるに及んで、あらゆるものが、天にあるものも地にあるものも、救世主のもとにひとつにまとめられるというものなのです。

『フィリピ人への手紙』から

二章

[5]このことを、あなたがたのあいだでは心がけていなさい。それは救世主イエスにも見られたことだったのです。[6]イエスは、神の姿をしていたが、神と等しい者であることに心を奪われたままでいようとはおもわず、[7]自分を無にして、僕〔奴隷〕の姿をとり、人間と同じ者になったのでした。そして、姿としては人間として現れ、[8]自分を卑しくし、死にいたるまで、それも十字架の死にいたるまで、従順でした。[9]このため、神もかれを高く上げ、あらゆる名にまさる名をあたえたのであって、[10]こうして、ありとあらゆる天上のもの、地上のもの、地下のものがイエスの名にひざまずき、[11]あらゆる舌が「救

世主イエスは主である」と公に宣べて、父である神をたたえるのです。

三章

3じっさい、わたしたちこそ、割礼を受けた者なのです。わたしたちは神の霊によって礼拝し、救世
主イエスを誇りとし、肉に頼らないからです。4とはいえ、わたしは肉にも頼るところはありますが。
もしだれかほかの人が肉に頼むところがあるとおもうなら、わたしはなおさらのことです。5わたしは
生まれて八日目の割礼を受け、イスラエルの民に属し、ベニヤミン族の出身で、ヘブライ人のなかのヘ
ブライ人、律法にかんしてはファリサイ派で、6熱心さの点では教会の迫害者、律法の義については非
のうちどころのない者でした。7しかし、わたしにとって有利であったこれらのことを、わたしは救世
主のゆえに損失と見なすようになりました。8それどころか、わたしの主である救世主イエスを知るこ
とのあまりのすばらしさのゆえに、いっさいのことを損失とおもっています。救世主イエスのためにわ
たしはすべてを損失と見なし、それらを塵芥とおもっていますが、それは、救世主を得、9かれのうち
にいる者と認められ、律法から生じる自分の義ではなく、救世主への信仰による義、信仰にもとづいて
神からあたえられる義をもつことができるようになるためなのです〔この個所は新共同訳とかなり異なる〕。
10わたしは、かれ〔救世主〕とその復活の力とを知り、その苦しみにあずかることも知って、かれの死か
ら同じ形姿をとりながら、11なんとかして死者のなかからの復活に達したいのです。12わたしがすでに
捕らえたとか、すでに完全にされているというのではありません。ただ、わたしも捕らえられないかど
うか、追求しているのです。わたしも、救世主イエスに捕らえられたのですから。13兄弟たち、わたし
は、自分がすでに捕らえたなどとはおもっていません。ただ、この一事に励んでいます。すなわち、後

ろのものを忘れ、前のものへと全身を向け、14神が救世主イエスにおいて上へ召してあたえる賞を得る
ために、目標をめざしてひたすら走っているのです。

『テサロニケ人への手紙 一』から

一 章

3あなたがたが信仰によって働き、愛のために労苦し、わたしたちの主である救世主イエスへの希望
をもって忍耐していることを、わたしたちはたえずわたしたちの父である神の前で心に留めています。
4神に愛されている兄弟たち、あなたがたが神から選ばれた者であることを、わたしたちは知っていま
す。5わたしたちの福音があなたがたに伝えられたのは、言葉だけによったのではなく、力と聖霊とに
もよったのであり、強い確信のもとで産み出されたのでした。わたしたちがあなたがたのところで、ど
のようにあなたがたのために働いたかは、ご承知のとおりです。

四 章

13兄弟たち、すでに眠りについた人たちについては、希望をもたないほかの人々のように嘆き悲しま
ないように、ぜひ知っておいてほしいのです。14イエスが死んで復活したとわたしたちが信じているの
なら、神はまた、イエスを信じて眠りについた人たちをも、イエスといっしょに導き出してくれるはず
です。15このことをわたしたちは主の言葉にもとづいてあなたがたに言いますが、主の来臨の日まで生
き残っているわたしたちが、眠りについた人たちより先になることは、けっしてありません。16合図の

号令がかかり、大天使の声が聞こえて、神のラッパが鳴り響くと、主自身が天から下って来ます。すると、救世主に結ばれて死んだ人たちが最初に復活し、[17]それから、わたしたち生き残っている者がかれらといっしょに雲に引き上げられ、空中で主と出会います。このようにして、わたしたちはいつまでも主とともにいることになるでしょう。

五章

[1]兄弟たち、その時と時期については、あなたがたには書き記す必要はありません。[2]主の日は盗人が夜やって来るように来るということは、あなたがた自身がよく知っているからです。[3]人々が「平和だ、安全だ」と言っているそのようなときに、突如として破滅がかれらに襲いかかるのです。ちょうど妊婦に産みの苦しみがやって来るのと同じで、それから逃れることはけっしてできないでしょう。

『テサロニケ人への手紙 二』から

二章

[3]だれにも、どのようにも、だまされないようにしなさい。まず背教が起こり、不法の者、すなわち滅びの子が出現するまでは。[4]この者は、すべて神と呼ばれるもの、また礼拝されるものに反抗して、傲慢にふるまい、ついには、神殿に座を占め、自分こそは神であると宣言するのです。[5]まだわたしがあなたがたのもとにいたとき、これらのことを繰り返し語っていたのを思い出しませんか。[6]今はかれを抑えているものがあることはあなたがたも知っているとおりですが、それは定められた時にかれが現

れるためなのです。7不法の秘密はすでに働いています。ただ、今のところは抑えている者があって、
取り除かれるときまで抑えているのです〔この個所は新共同訳とは異なる〕。8その時が来ると不法の者が
現れるでしょうが、主イエスはかれを自分の口から吐く息で殺し、かれが来臨するときの輝かしい光で
滅ぼしてしまうでしょう。9不法の者の出現はサタンの働きによるのであって、あらゆる偽りの力とし
るしと不思議がそれにともないます。10また、自分たちの救いとなる真理への愛を受け入れなかったた
めに滅びていく人々へのあらゆる不公正の欺きがおこなわれます。11このために、神は、かれらが偽り
を信じるように、惑わす力をかれらに送るのです。

『フィレモンへの手紙』から

15かれ〔パウロが監禁中にもうけた子オネシモ〕がしばらくのあいだあなたから離されていたのは、た
ぶん、あなたがかれを永遠に自分のもとに取り戻すためであったのでしょう。16もはや奴隷としてでは
なく、奴隷以上の者、すなわち、愛する兄弟としてです。〔オネシモは〕とくにわたしにとってそうです
が、あなたにとってはなおさらのこと、肉においても、主においても〔ひとりの人間としても、主を信
じる者としても〕、そうではありませんか。

アガンベンの時

対談解説

上村忠男
大貫隆

上村　この『残りの時』という作品そのものは、原書の副題に「『ローマ人への手紙』註解」とあるように、聖書についての、それも『ローマ人への手紙』を中心とするパウロの一群の手紙についての、専門的な註解書というおもむきを呈しています。しかし、同時に、そこには、アガンベンのこれまでの仕事が集約的な表現を見いだしているのではないかともおもわれます。論の密度がことのほか高いうえに、きわめて包括的な視野をもった作品でもあって、本書で著者が用いている言葉を借用させてもらうなら、ある意味では著者のこれまでの仕事全体がひとつのメシアニズム的な展望のもとで「総括帰一」されています。ちなみに、『ホモ・サケル――主権権力と剝き出しの生』(原書、一九九五年。高桑和巳訳、以文社、二〇〇三年)に付した解題「閾からの思考――ジョルジョ・アガンベンと政治哲学の現在」では、『残りの時』のことを『アウシュヴィッツの残りのもの――アルシーヴと証人』(原書、一九九八年。上村忠男・廣石正和訳、月曜社、二〇〇一年)の「補論」としての性格をもつというように紹介しましたが、今回翻訳することになってあらためてくわしく読み直してみて、著者の仕事のなかでこの作品が占める位置については、それ以上のものがあるという感を強くしています。

大貫　『アウシュヴィッツの残りのもの』につけられた上村さんの解説によれば、アガンベンの形成は、美学・美術史の畑であった、ということです。その後の展開として、といってはまずいのかもしれませんが、思考を政治哲学の問題へ、現代思想の問題へと踏み込ませてゆく。一応そのように足跡を仕分けてよいのであれば、この『残りの時』は、後年つまり政治神学や現代世界の歴史的・政治的位置づけといったほうに関心を集中して以降の仕事と考えられないのですか。それとも、この作品は、いまいわれたように、スタイルの上でも内容の点でも、アガンベンの全体にかかわるもので、いわばその基礎理論とも言うべきものなのでしょうか。

上村　美学・美術史畑の出身と言えば、たしかにそのとおりなのですが、『残りの時』を読みますと、ベンヤミン的な問題がアガンベンの根っこにあることがわかります。だとすれば、それは初期から変わらずにあった問題であろうということになる。

大貫　ベンヤミン著作集のイタリア語版を編纂・校訂している。それは若い頃からの仕事ですね。

上村　そうですね。アガンベンがもっとも深く影響をうけ、心酔していたのは、ベンヤミンでした。

聖書学から見た『残りの時』

上村　ところで、『残りの時』という作品は、新約聖書学の分野に文献学的にも深く分け入りながらも、それを同時に内側から突き破って、現代思想の最先端に接合していこうという、じつに大胆な試みであるということができるとおもいます。そこで、まずは大貫さんに新約学の側からの指摘をしていただき、それを受けてわたしのほうで現代思想との接点を探りながら、アガンベンという人の思想に接近していけたら、と考えています。

大貫　新約聖書学の側から指摘すべきことは多いとおもいます。積極的に受け取った部分が圧倒的に多いのですけれども、逆に「どうなのだろうか」とおもった点もありました。そのほうから先にいいますと、たとえば第四日の演習で「総括帰一」のテーマが出てくる辺りでは、主として『エフェソ人への手紙』を取り上げています。アガンベンは明らかに『エフェソ人への手紙』をパウロの真正の手紙として読んでいます。しかし、現代のパウロ研究では、『エフェソ人への手紙』をパウロの直筆だと考える人はほとんどいません。この辺りの議論では、アガンベンはベンヤミンを強く意識していますので、そのベンヤミンがパウロをどう読んでいたかという問題についても、同じ関連で考えておかねばなりません。わたしが見るところでは、ベンヤミンもアガンベンと全く同じように、『エフェソ人への手紙』をパウロの真正の手紙として読んでいた可能性が大きいとおもわれます。したがって、これは一人アガンベンだけの問題ではなく、ベンヤミンも含めたパウロにたいする読み方ということになりますが、文献学的に言うと、違和感が拭えない部分です。

もう一点は、第五日の演習で、『テサロニケ人への手紙 二』から、「カテーコーン」と「カテーコン」の異同の問題が取り上げられているところです。「カテーコーン」が「抑止する者」、「カテーコン」が「抑止するもの」と訳し分けられている箇所です。この『テサロニケ人への手紙 二』も『エフェソ人への手紙』と同様、パウロの真筆だとは普通は見ないのです。歴史的にはパウロよりも少しあとの段階で出てきたものだという点が、テクストを基礎に考えるうえでは大事です。

上村　なるほど。真筆と考えられる部分とそうとは考えられない部分ですか。ただ、こういった問題は、聖書学の専門家には常識的な問題ではあっても、素人にはなかなかわかりにくい問題ですよね。

大貫　しかし、その他のパウロ真筆とされている書簡について、アガンベンが記述していることは、新約聖書学的に見ても、多くの新しい示唆に富んでいます。その点を順不同に挙げてみたいとおもいますが、その前に、まず最終日の見出しにある「トルナダ」はどういう意味でしょうか。

上村　演習第四日目の「詩と押韻」の節にセスティーナという詩形式の話が出てきますね。そこでは、神による創造が六日で終わり、七日目が安息日にあたるように、それまでの六つのストローフ(詩節)を総括するべく、三行連句が登場することと定められています。それが「トルナダ」(tornada)です。「再帰詩節」などと言われたりしていますす。なお、これをアガンベンは「閾」(soglia)とも言い換えていますが、この「閾」という言い方はアガンベン独特の言い方であるとともに、これまたベンヤミンとの親近性を証し立てるものです。

大貫　たしかに、その最終日七日目の「閾あるいはトルナダ」の章は、この著作の全体のなかでアガンベンが言おうとしていることとの大事なポイントをまとめていますね。再び回帰してまとめ直す、そういう意味で「トルナダ」……

上村　そのとおりです。総括ですね。

アガンベンと『歴史の概念について』

大貫　とりわけその「トルナダ」は、新約聖書学から見て、新しい示唆に満ちています。わたしがもっとも圧倒されたのは、ベンヤミンの『歴史の概念について』の最初の断章一を取り上げている箇所です。そこに「せむしの小人」という表現が出てきます。そこでは謎めいた言い回しが続くのですが、その「せむしの小人」は「紐で人形の手を操って」います。ベンヤミンは哲学上の自分の立場である「歴史的唯物論」こそその人形だといって、「この人形は、いつでも勝つことになっている。この人形は誰とでも楽々と渡りあえるのだ。ただし、今日では周知のように小さくて醜くなっていて、しかもそうでなくても人の目に姿をさらしてはならない神学を、この人形がうまく働かせるならば、である」といいます。本書最終章の「トルナダ」のアガンベンによれば、その「せむしの小人」とは、ほかでもないパウロに違いないというのです。この指摘には、わたしは大変驚きました。ベンヤミンには、「神学的‐政治的断章」という考察があって、それについてはすでにヤーコプ・タウベスが『パウロの政治神学』(初版、一九九三年)という本の中で、『ローマ人への手紙』の第八章がその背後にあるという指摘をしています。アガンベンもそのことを報告した上で、さらにそれを越える自分自身の判断として、『歴史の概念について』のベンヤミンには、パウロの影響がさらにトータルに及んでいるといっています。

上村　そうですね。

大貫　アガンベンは、ベンヤミンの『歴史の概念について』断章一は、パウロについての本格的なクリプトグラム、アナグラムだという指摘に留まりません。さらにそれ以外の断章のかなりの箇所についても、相当に細かな文言レベルで、パウロからの隠された引用を読み取っています。やはり最終日の「トルナダ」での指摘ですが、『歴史の概念について』断章二に出てくる有名な「かすかなメシア的な力」というフレーズも、『コリント人への手紙 二』一二章9‐10節にルターが与えたドイツ語訳からの隠された引用だといわれます。これはアガンベンのオリジナルな発見なのでしょうか。

上村　そうだとおもいます。わたしも、この本を読んでまず着目させられたのが、その箇所でした。ベンヤミンの『歴史の概念について』が古代ユダヤ教のメシアニズムをこだまさせたものであるということはかねてから指摘されてきたところで、影響関係についてもいくつかの推測がなされてこなかったわけではありません。しかし、それがパウロの「今の時」(ホ・ニュン・カイロス)に直接関係したものであることを、それもルターによるドイツ語訳聖書との照合などをつうじて、文献学的に解明してみせたのは、当人も自負するように、アガンベンが最初だったのではないでしょうか。

大貫　そうですね。

上村　このことの背後には、アガンベン自身の意図としては、なによりも、パウロを古代メシアニズムの伝統のなかに位置づけなおしたいということがあったようですね。キリスト教会の歴史と符合する、いまや二千年におよぶ註釈の実践は、パウロのテクストからメシアニズムを、そして「メシア〈救世主〉」という言葉そのものを文字どおり消去することにさしむけられてきた、とアガンベンは演習第一日目の冒頭で述べています。ただ、その位置づけ方の独創的なことといったら……。まこと「発見」というにふさわしい見解に満ちあふれていませんか。

大貫　この発見について、わたしは本当に驚きました。上村さんがいま触れられた「今の時」（ホ・ニュン・カイロス）についても、じつはパウロの手紙自身において、いろいろな言い方とバリエーションがあります。それらを読むアガンベンの視点は、新約聖書学のサイドからする読み方とは微妙にずれています。そのずれが、かえって新鮮なのです。

上村　まったく、おっしゃるとおりですね。

大貫　新約聖書学をやっている人間こそ、アガンベンのこの著作を読まなければいけない（笑）。そのことを痛感しました。でも他方、専門を異にする者としてはいささか出過ぎた、また傍目八目の言い草を赦していただければ、日本のベンヤミン研究者には総じて、ベンヤミンを非神学化しようという志向が強く、それが暗黙のプレッシャーとして働いているようにわたしには感じられます。とくにメシア論にかんしては、それは結局、歴史認識論のための概念装置なのであって、メシア論的な発言を中身に即して受け取る必要はないのだといわれたりします。しかし、本書に提示されているアガンベンの発見が正鵠を射ているとすれば、ベンヤミンにおけるメシア的なるものと神学的なものを、そのように論理構造や概念装置としてだけ捉えることはできなくなります。パウロは、べンヤミンにとっても、アガンベンにとっても、きわめて重要な存在だったはずです。とくにベンヤミンは自分のことを、「せむしの小人」の「今日では周知のように小さくて醜くなっていて、しかもそうでなくても人の目に姿をさらしてはならない神学」に紐で操られている「人形」と理解しているのですから。

上村　日本のベンヤミン研究者における非神学化志向ということでいえば、最近出た今村仁司さんの『ベンヤミン「歴史哲学テーゼ」精読』(岩波書店、二〇〇〇年)なども典型的ですね。ベンヤミンが古代メシアニズムにはっきりと言及していることは今村さんも認めている。そのことを認めていながら、今村さんはベンヤミンの「メシア」は歴史的時間を概念的に把握するための認識の機能に変換されているのであって、それを宗教的に理解する可能性はないと断言するのですが、アガンベンにいわせれば、そういった今村さん流のとらえ方はそれ自体がキリスト教とユダヤ教双方によって成功裡に画策されてきた古代メシアニズム消去のひとつの傍証以外のなにものでもないということになるでしょう。

テュポス(予型)論

大貫　つぎにわたしにとって印象的だったのは、第四日と最終日の演習で取り上げられるテュポス論です。たとえばアダムとキリスト、モーセとキリストを対にしてテュポス論が論じられています。このテュポス論そのものは、新約聖書学の領域では、古いテーマです。二〇世紀の中葉から、この問題にかんしては、さまざまな、いまではすでに古典的ともいえる研究があり、立ち入った分析がなされています。もちろん、それは時代的にいいますと、ベンヤミンの仕事の全盛期であった二〇年代よりは後のことです。すでにそのベンヤミンが提出していた「理念」、「形象」(ビルダー)、「形象の星座」、「星座的な布置」あるいは「静止状態の弁証法」などという見方は、テュポス論にほかならないというのがアガンベンの見解です。わたしはこの見解に説得されました。わたしはイエス論の文脈で、歴史上のイエスには、ベンヤミンのいう「形象の星座」というアイデアと並行する構図を想定できると考えておりました。拙著『イエスという経験』(岩波書店、二〇〇三年)は、「神の国のイメージ・ネットワーク」という表現を用いていますが、この表現でわたしが指示しようとしたのはその構図のことです。しかし、新約聖書学がイエス論以外のところでも広範囲にわたって問題にしてきたテュポス論にもベンヤミンの見方があてはまるということは、本書『残りの時』におけるアガンベンに初めて教えられました。新約聖書学におけるテュポス論は、たしかに二〇世紀の半ばから重要なテーマではありましたが、それ以前にすでにそうした着想を提出していたベンヤミンとはまるで関係なく、接点をもたずにきたのです。ベンヤミンは「形象の星座」を一つの視点として、パウロを読んでいた。新約聖書学のイエス論もテュポス論も、今日までそれとつながらずにきたということは非常に惜しい気がします。

上村　現代思想の側でも、事情は同様だったようです。ベンヤミンがパウロを読んでいたということ自体、アガンベンによって「発見」されるまでは隠されたことがらだったのです。アガンベンは、ルターのドイツ語訳聖書との照合作業をつうじて、ベンヤミンの「形象」(Bild)がパウロの「テュポス」(typos)の引用符なしの引用であることを明らかにしました。これもアガンベンの大きな功績の一つだとおもいます。

大貫　そうですね。本書の最後では、今まさにわれわれは、パウロとベンヤミンという西欧のメシアニズムの伝統における「二つの最高のテクスト」にたいする「読解可能性の今」を迎えているといわれています。本書でアガンベンがもっともいいたかったのは、このことではないかとさえおもわれます。

上村　いちばんいいたかったことかどうかは別として、アガンベンにとって一つの「発見」であったことはたしかです。しかも、文献学的にもかなりの程度まで実証に成功していて、わたしたちにとっても説得力のある部分が多い。

大貫　一方、「せむしの小人」が出てくる『歴史の概念について』の断章一ですが、この断章については、これまでの日本のベンヤミン研究のなかでは、どういう議論が行なわれてきたのでしょうか。ほとんどスキップされてきたのですか。

上村　かならずしもスキップされてきたわけではありません。たとえば野村修さんの『ベンヤミンの生涯』（平凡社ライブラリー、一九九三年）では、ごく短くではありますが、「せむしの小人」のあやつる「神学」としての「歴史的唯物論」への格別の注目がなされています。また、さきほど挙げた今村仁司さんの『ベンヤミン「歴史哲学テーゼ」精読』では、「せむしの小人」についてもさらに立ちいった説明がなされています。ただ、その背後にパウロがいるなどといったようなことは、両人とも夢想だにしていません。

大貫　アガンベンの「発見」には、わたしも本当に驚きました。

時の「あいだ」と「今の時」

大貫　第三日の演習で取り上げられる「残りのもの」の思想は、アガンベンが『アウシュヴィッツの残りのもの』でも論じている重要なテーマです。そこに、すでにパウロの発言も引かれて、論じられています。「そしてメシア到来の時は、歴史上の時でもなければ、永遠でもなく、両者を分割する隔たりであるように、アウシュヴィッツの残りの者――証人たち――は、死者でもなければ、生き残った者でもなく、沈んでしまった者でもなければ、救いあげられた者でもなく、かれらのあいだにあって残っているものである」（邦訳、二二一頁）。アウシュヴィッツに関連していわれている「残りのもの」という考え方と、パウロを主題とした『残りの時』においていわれる「メシアの残りの時」という時間が、互いに類比的に見られています。ガス室のこちら側とあちら側への分割、古い世界時間と来たるべき新しい世界の間の分割、――その分割をさらに分割することによって「あいだ」が造り出される。それが「残りの者」であり、「残りの時」であるわけです。そういう構造的な認識も新鮮でした。

上村　「アペレスの切断」ですね。これについては、じつはベンヤミンの『パサージュ論』のなかに「アポロの切断」とあって、これを真に受けた日本語訳者は「黄金分割」のことであるなどともっともらしい註釈をつけているのですが、これは「アペレスの切断」の間違いであるとアガンベンは指摘します。そのうえで、メシア的分離は「アペレスの切断」にも似た「分割の分割」であると規定するのです。すなわち、自らの対象はもたずに、律法によって引かれたもろもろの分割を分かつ。こうして、ユダヤ人と非ユダヤ人のいずれもが構成上「すべてではない」ような「残りの者」を導き入れるというのです。これもたしかに新鮮な視点ですね。とりわけ、わたしには、こうして導き入れられる「残りの者」というのが、第二日の演習で主題的に取り上げられている「でないもののように」というパウロのメシア的召命についてのアガンベンの規定とも連動したかたちで、つねに自己同一性の獲得にはいたらないというか、自己同一的なものとのたえざる緊張を引き起こすものと認識されている点が印象的でした。

大貫　ただ、わたしには、「分割の分割」「アペレスの切断」において提示されている論理構造と関連して、一点どうなのだろうか、とおもったことがあります。それは、さきほど触れた文献学的な違和感とは違うもので、内容的な違和感ともいえません。それは、むしろいわば「未来への視線」という問題です。それがアガンベンのパウロ論の場合はどうなっているのか。問題は、一方では、「総括帰一」にかかわります。これは、明らかに未来論です。しかし、他方でアガンベンの「分割の分割」としての「あいだ」という捉え方は、そのままではけっして未来論ではありません。さきほども指摘しましたが、「総括帰一」が取り出されている『エフェソ人への手紙』は、新約聖書学からはパウロの真筆ではないとされています。パウロの考える「未来」を彼の真筆から理解するとすれば、むしろ「再臨」について彼が語る文章を避けては通れません。その代表的な箇所は『テサロニケ人への手紙 一』四章13-18節と『コリント人への手紙 一』一五章20-28節、50-58節です。これらの箇所でのパウロにも「総括帰一」と呼んでよいような考え方は見られます。しかし、それは神中心的である点で、キリスト中心的に考えられた『エフェソ人への手紙』のそれとは、明瞭に特徴を異にしています。この問題圏への目配りがアガンベンにはまったく見当たりません。「残りの時」は、こちら側とあちら側の二つの時がぶつかりあっているその中間、二つの時の「分割を分割する」「あいだ」である、そのことはよくわかるのですが、それはかならずしも未来論ではない。そこのところを、いかに読めばよいのか……。

上村　それにかんしてはおそらく、現代思想におけるアガンベンの立場、立ち位置の問題があるのではないかとおもいます。神中心的かキリスト中心的かという点についての目配りがアガンベンにはまったく見あたらないというご指摘についてはしばらく措くとして、アガンベンには未来論がないということでいえば、このことは、社会民主主義的な、あるいは現代の社会科学的な認識における未来志向にたいする反発から、ある程度までは説明されるのではないでしょうか。これはベンヤミンの「歴史の天使」の場合もそうですが……。

大貫　ただ、ベンヤミンには、真の普遍者、メシアニズム的なものとして普遍者を捉えるという文脈があり、そこにはやはり未来論がありますね。

上村　それはあるとおもいますが、その未来論というのが、ベンヤミンの場合には……

大貫　いわゆる進歩史観の言う未来論とは違う未来論です。わたしは、それを「超越的な未来」と言い直しています。それをある一瞬の閃きとして現在に先取りしたものがベンヤミンのいう「今の時」(Jetztzeit)だというのがわたしの理解です。「今の時」は、メシアニズム的な普遍史の完成――それは最後の審判といわれたりしますけれども――のモデルだというのがベンヤミンの考えだとわたしはおもうわけです。

上村　『イエスという経験』で指摘されていましたね。たしか森田團さんが東京大学大学院総合文化研究科に提出された二〇〇〇年度修士論文「ヴァルター・ベンヤミンの思想における「読むこと」とその諸問題」が手引きになっていました。

大貫　おっしゃるとおりです。そのあたりをアガンベンはどう考えているのか、少しはっきりしないところがある。アガンベンの場合、重心はやはり現在に置かれているとおもわれます。ですから、メシアの王国も、「あいだ」の王国というふうに捉えられています。

上村　ただし、アガンベンは、その「あいだ」自体を、あくまでギヨームの言う「操作時間」として捉えている。つまり、それ自体は実体を持たないものだともいっているわけです。それは実体化してはいけない、という言い方をする。分割する時間、分割を分割する「あいだ」の時間そのものは、実体としては存在しないという言い方をするわけですから、そこは非常に微妙なところです。

大貫　ギヨームの「操作時間」は、第四日の演習に出てきますが、これは言語論上の概念ですね。また、『アウシュヴィッツの残りのもの』でも、結局は「語り得るもの」と「語り得ないもの」という対立項があって、そのあいだに「残りのもの」が生じる。それをいかに言語化するかという議論になっています。そこでメシア論的な歴史認識の問題が言語論と関連してきます。本書では、それと同じ連関で、新たに第六日の演習で、信仰の言語の問題が登場します。要するに指示的な言語ではなく、自己言及的な言語として信仰の言語を考えてみるという視点です。これは新約学者の八木誠一さんも一連の研究で指示している方向です。しかし、本書ではそれがメシア論という大きな流れのなかで行なわれる点に、やはり新しさがあるとおもいます。

上村　「あいだ」の問題はパウロに即して言えばまさしくメシア到来の時である「今の時」(ホ・ニュン・カイロス)の問題としてあるわけですが、パウロの「今の時」についてのアガンベンの理解の仕方を知るうえで気にかかるというか、特徴的なのは、『コリント人への手紙 一』一〇章11節についての読み取り方ですね。アガンベンは「時間の終わりが互いに向かい合っている状況に直面しているわたしたちにとっての」というように読んでいます。

大貫　そうですね。この箇所を新共同訳は「時の終わりに直面しているわたしたちへの」、岩波版新約聖書(青野太潮訳)は「世の終わりに到達してしまっているこの私たちへの」と訳しています。これに比べると、アガンベンの訳はきわめて独特です。いささか細かい話になりますが、この箇所のギリシア語の原文では「終わり」に当たる名詞が、中性の複数形(ta telē)になっています。ところが、古典ギリシア語および新約ギリシア語の際立った特徴の一つなのですが、中性名詞の複数形に限って、集合的単数として扱われる決まりになっています。そのため、欧米の各国語訳の新約聖書をみると、この箇所を単数で訳しているものと、複数で訳しているものが入り乱れています。集合的単数の意味に取れば、ここでパウロが意識しているのは古い世界時間だけだという解釈が可能となります。線分で表された古い世界時間の流れの最後の部分を複数形で言い表しているという、いわば単線的な解釈です。その意味での「時の終わり」あるいは「世の終わり」が、いま自分たちに向かい合ってきている、自分たちに迫っている。

これが新共同訳と岩波訳の見解であり、同時に現在の研究上の多数意見でもあります。それにたいして、アガンベンは複数形を文字通りの複数に解して、古い世界時間の終わりと新しいメシアの時間の発端——これもアガンベンによれば「終わり」と表現することが可能なのです——、つまり二つの根本的に異なる時間の「端」が向かい合っている。その向かい合いの「あいだ」に自分たちは立っている。これがパウロのいわんとするところだというのです。いわば、複線の対面交通的な解釈です。この解釈は相当な閃きですね。率直にいって、釈義上問題がないわけではありません。しかし、パウロの時間論を考えるうえでは、無視できないものがある、とわたしにはおもわれます。

上村　まさにおっしゃるとおりなんですね。アガンベンの解釈によれば、メシア的な「今の時」は根本的に相異なる二つの時間の「端」が互いに向かい合っている瞬間としてわたしたちに立ち現れてくるのです。しかも、それは「あいだ」とは言っても、それ自体としては実体化されえないものなのです。

大貫　わたしは『イエスという経験』という本を書いたとき、時間の問題が非常に気になっていました。その拙著では、「全時的今」や「時間の凝縮」などを、テーゼとして掲げています。イエス自身のイメージに即していうと、過去が未来に先回りして、そこから現在に対向してきているという、そういう構造になっているというテーゼです。そのことを考えていた段階では、パウロはほとんどわたしの意識にありませんでした。ただ一つだけ、アガンベンも取り上げている『コリント人への手紙』七章29節がわたしの気にかかっていました。これはきわめて重要な箇所です。そこには「時は縮まっています」と書かれています。そこで用いられている動詞は、ドイツ語でいえばzusammenstellen（一緒に置く）に相当するもので、複数の「時が一緒になって凝縮している」と訳すべき表現です。そこから、パウロの時間論にもおもしろい問題がありそうだな、と予測していました。しかし、それ以上のことは考えていませんでした。ところが、アガンベンの本書には、その問題点が全面的に論じられていて、さらに法の問題や政治の問題など、そうした領域にまでかみ合うような仕方で、メシア論、召命論、そしてテュポス論が展開されている。そんな広がりのなかに時間論が置かれている。その点に大いに啓発されました。

上村　同感です。

大貫　ただ、わたしがイエス論の文脈で考えていることと、アガンベンがパウロに即して述べている時間論に限っていいますと、少し違うと感じている部分もあります。わたしの見方では、イエスは過去から未来に行き、未来から現在に到来するという構図で時間を捉えているのですが、アガンベンが捉えるパウロの場合は、まさにご指摘の箇所が典型的に示しているように、この世とあの世という二つの時の分割があって、その分割を「残りの時」が分割しています。その二つの時の「あいだ」の時とは、古い時から見ても「残り」であり、新しい時から見ても「残り」です。そういう二重の意味で充満している「残りの時」ですが、構造的に見ると、かならずしもわたしが論じたイエスの「全時的今」とは対応しないのです。そのあたりが、少し気になっていまして、今後さらに考えてみたいとおもっています。

上村　ついでに、アガンベンの曖昧さについて一言つけくわえておきますと、ベンヤミンの「歴史の天使」は、過去から未来へと吹き付けてくる風に飛ばされまいと、必死に持ちこたえています。アガンベンの時間論は、このベンヤミンのイメージに多くを負っています。ただ、肝腎の「歴史の天使」について論じた「閾あるいはトルナダ」の部分では、全体としてはきわめて緻密でありながら、「静止した弁証法」にかんしてのベンヤミンの議論というか、筆のずれにまったく無頓着なまま済ませてしまっているのですね。すなわち、本文でも註記しておきましたが、早い時期の手稿で「あの時と今との関係はたんに時間的な(連続した)ものであるが、過去と現在との関係は弁証法的、跳躍的なものである」となっていたのが、後年の覚え書で「現在の過去との関係はたんに時間的なものであるが、かつて存在していたものと今との関係は弁証法的である」と言い換えられているのがそれです。このずれに気づかないまま、アガンベンは両方のテクストを決定的なものとして引用しているのです。このあたりは、もうすこし注意深くあってほしかったとおもいます。

召命と律法

大貫 これも順不同になりますが、第二日の演習のテーマは「召命」です。そこでのアガンベンの議論は、パウロが『コリント人への手紙 一』七章17節あるいは20節以下で展開している召命論にたいして、ハイデッガーの『宗教現象学序論』が一九二〇年代の初めに行なった註釈に基づいています。パウロにとって重要なのは、現世的諸関係の中身ではなく、それを生きる様式であり、「なること」は「(現にそうであるところに)とどまること」である」という観点から、「召命」が理解されています。わたしはハイデッガーについてはほとんど何も知らない者ですが、「死へと定められた存在」としての人間(実存)とその生のための「配慮」という二つのキータームは、「死ぬ気になれば何でもできる」という日本の古くからの格言によって言い表されてきた決意性と同じことをいおうとしているのだと勝手に解釈して納得しています。人間は自分が死に定められた存在であることに気づいた時に初めて、果てしない可能性のための配慮から解放されて、「いま - ここ」における状況を引き受けることを決断する。アガンベンは、そのことを「それゆえに、それ(メシア的召命)はいかなる状態にも同意することができる。しかし、同じ理由から、それはある状態に同意した瞬間に、その状態を棄却し、根本から問いにふすのである」というようにいいます。そして、「召命」(klēsis)とは「所有」ではなくて「使用」(chrēsis)だという文章に要約します。

上村　そうでしたね。

大貫　その「使用」にかんしては、第二日の演習で『コリント人への手紙 一』七章21節の「マロン・クレーサイ」(mallon chrēsai)という表現が問題になっています。これは文字通りには「むしろ使いなさい」という意味です。「クレーサイ」は不定法の文型になっていますので、「むしろ使うこと」と書いてあるわけですが、実質的には命令法です。釈義上はいろいろ議論のあるところで、従来の訳は「そのままでいなさい」です。新共同訳でもそうなっています。しかし、日本では荒井献さんが、「むしろ使いなさい」ということだと、かねてから主張してきています。もちろん、欧米の学界にも同じ見解があります。アガンベンはこちらの説を採用しているということです。そうした点からも、新約聖書学の議論がかなりの程度に意識され、踏まえられているといえるとおもいます。じじつ、研究者の名前も何人か出てきています。

上村　わたしには、さらにアガンベンによるこのようなパウロ読解を背景にしての、フランシスコ会の「貧しき使用」の解釈なども、得心のいくものでした。

大貫　第五日の演習で提示されるパウロの律法論についてのアガンベンの見方も、これと密接につながっています。人間がメシア的実存として生きるとき、モーセの律法は、内容としては元のままでありながら、新しい「使用」が可能となり、同時に「無効化」(カタルゲーシス)される。あるいは「終わり」に到達すると同時に、新しい「成就」あるいは「目標」となることができる。第五日の演習のなかでは、例外状態こそは法の本質や国家権力の本質をもっとも露わにするのだという、カール・シュミットの命題も取り上げられています。これも、パウロの律法論を理解するうえで、大事な視点だとおもいます。その文脈で、「例外」を意味する「エクスケプティオー」(exceptio)というラテン語についての議論が行なわれます。前綴りの「エクス」は「……から外へ」、後半の「ケプティオー」は、元になっている動詞「カピオー」(capio)に準じて、「取ること」の意味に解して、単語全体では「……を外へ取り出す」の意味に取るのが普通です。しかし、アガンベンは逆に、「エクス」=「外にあるもの」を「ケプティオー」=「(自分の内側に)捕らえること」という意味に読んでいます。その結果、例外状態とは包摂的なものだという命題になる。そのことによって、例外により、本体のほうの本質が明らかになる、という考え方です。じじつ、そう見るときに、パウロの律法論にかんしていくつか謎が解けるところがあります。そのように捉えないと、パウロは律法にかんしてじつに矛盾したことをいっていて、しかもその矛盾をそのまま放置しているということになりかねない。じっさいにも、アガンベンも指摘しているように、すでにオリゲネスは「それではわたしたちはその信仰のゆえに律法を破壊するのであろうか。断じてそんなことはあってはならない」(『ローマ人への手紙』三章31節)というパウロの発言にかんして、そういう見方でした。アガンベンの視点は、パウロの律法理解をめぐるこの論争点について考えるうえで、多くの示唆を与えてくれるものだとおもわれます。

上村　それに、パウロの律法論にはその時代のローマ法のなかで行なわれていた議論と形式のレベルで並行するところがあるというアガンベンの指摘ですね。「使用」と「所有」の区別にしても、ローマ法における「使用権と処分権」にかんする規定が念頭におかれていたという。

大貫　そうですね。アガンベンの指摘が当たっているとすれば、パウロの律法論は、法とは何かという一般論とも密接にかかわってきます。法とはとりもなおさず政治的概念ですから、ヤーコプ・タウベスではありませんが、「パウロの政治神学」が大きなテーマとして浮上してくるはずです。新約聖書学のほうでは、パウロ研究という文脈のなかで、たとえばローマ帝国の権力にたいしてどうかかわるようにパウロは信徒たちに勧めているのか、また戒めているのか、という議論がありました。その際、『ローマ人への手紙』の一三章が解釈の主たる対象とされてきました。いまいったアガンベンの議論は、それとは少し違って、いままでの新約聖書学の内側での議論では出てこなかった次元を含んでいるようにおもいます。現代思想の問題意識をもってパウロを読んだことによって初めて見えてきた側面というべきかも知れません。

上村　どうでしょうか。現代思想と一口にいっても、それが果たしてアガンベンがここで駆使しているような方法と切り口が開発できたかといえば、なかなか肯定的には答えられない。なぜ、アガンベンはこういう視野を持ちえたのか、という問いが立てられます。

大貫　たしかに、不思議ですね。これと関連して、もう一つ印象的だったのは、第二日の演習に見られる「アステネイア」(弱さ)の理解です。つまり、弱いところに初めて力があらわれる、という箇所です。パウロ自身も『コリント人への手紙二』一二章9節でそうした言い方をしていますが、それはパウロの十字架の理解と密接につながっています。パウロの考え方の本質にかかわるところです。そして、そのことをアガンベンはきちんと分かっている。この意味でのパウロの「十字架の神学」あるいは「信仰義認論」はカトリックよりもプロテスタントで強調されるところです。そこから、わたしにはアガンベンの信仰上の経歴が気になりました。

上村　しかし、そのことについては、アガンベンはむしろ、ギリシア的な思考をパウロは知っていたということを確認することで応えようとしているのではありませんか。

大貫　「アステネイア」の解釈にかかわる文脈でですか。

上村　ええ。アリストテレスがすでにそのことをいっていたとしています。欠如も無能力もともに力の一種である、と。そして、パウロはそのギリシアの思想に通じていた、と。

大貫　そこは微妙ではないでしょうか。パウロがそれを知っていたとしても、それをそのまま受け入れているということではないとおもいますが。

上村　そうかもしれませんが、アガンベンはそういう言い方をしています。少なくとも論証にそれを使っています。

大貫　たしかに第五日の演習の「アステネイア」の段落ではそうですね。しかし、わたしが意識しているのは、主として第二日の演習の最後の方で、アドルノの「インポテンシャルの哲学」(否定弁証法)をアガンベンが「絶対に非メシア的な思想である」と断定するくだりです。そのくだりを読んで、アガンベンはパウロの「十字架の神学」の本質を分かっていると感じました。それはアリストテレス的な文言を超える部分だとわたしにはおもわれます。アガンベンの信仰上の経験が気になるといいましたのは、イタリアはふつうカトリックの国だと考えられているからです。

上村　けれども、プロテスタントではないのではないですか。ドイツ的教養の人ではありますが……。

大貫　ドイツ的教養といわれましたが、それは出自のことですか、それとも大学生以降の教養の形成にかかわってですか。たとえば北イタリアのほうにボーツェという地域があります。イタリアのなかでもあのあたりは比較的ドイツ文化の伝統が残る地域のようですが……。

上村　いや、そういうこととは関係ない、とおもいますが。くわしくはわかりません。生まれはローマです。

註解とレトリック

大貫　これは上村さんにうかがいたいのですが、本書はパウロの『ローマ人への手紙』の最初の一〇の単語を見出しに使っています。しかし、この本のタイトルは『残りの時』です。その「残りの時」という表現は、その一〇の単語の中には出てきません。むしろ、『コリント人への手紙　一』七章29節、あるいは『ローマ人への手紙』一一章5節から取られています。すると、『ローマ人への手紙』の劈頭に出てくる一〇の単語をなぞりながら進めていくのがこの演習の方法だと著者が初めに断っているのは、限られた回数の演習という時間上の制約を別とすれば、何か特別な意味のあることなのでしょうか。つまり、どうしてそういう目のつけ方を、あるいは提示の仕方をしたのでしょうか。たとえば「召命」。たしかにこれは本書にとって大事なテーマですね、この論点にかんして展開されていることは、さきほども触れましたが、「カタルゲーシス」、つまり無効にするということから、「使用」と「所有」の問題、あるいは「召命」と「階級」の問題など、さまざまな内容がぎっしりと詰まっています。著者が論じたくて仕方がなかったそういうテーマを盛り込めるような単語が、たまたま『ローマ人への手紙』の書き出しに一〇個並んで出てきたから、その箇所を使っているのか。あるいは、一般にある人間の思想は、それが書き下ろされる始まりの部分に凝縮してあらわれるものだというような判断があるのか。そこのところが、いまひとつ分かりませんでした。

上村　アガンベンが全体のテーマとして保持しているのはメシア的な時間構造の問題でしょうから、その点では、やはりタイトルは「残りの時」です。ただ、演習の形式としては、『ローマ人への手紙』の最初に出てくる一〇の言葉を解説するという体裁をとりながら……

大貫　たしかに「体裁」として、といったところがありますね。

上村　そうですね。体裁としては一〇の言葉を追いながら、論を展開していこうという、方法意識がおそらくあったのだとおもいます。

大貫　考えられるもう一つのやり方としては、たとえば「残りの時」という言葉がダイレクトに出てくる箇所を取り上げて、「今日はここを読むぞ」と……

上村　そういったやり方も当然ありえたでしょうね。

大貫　「この箇所を読む」「そこを開いてください」というように……。律法論にかんしても、じっさいにもいろいろな箇所を引用しながら論じているわけですから、そういうやり方もあったはずです。

上村　この演習自体が、もともと一ヵ所でやったものではなく、何ヵ所かでやったものをまとめているわけですから、かならずしもこんな枠組みを使って集約する必要はなかったのではないかとも考えられます。ただ、アガンベンとしては、この方法によってまとまりをつけたかったのだとおもいます。しかも、六日間に鬮あるいはトルナダを付すというセスティーナの詩法を模倣した形式を採用するという体裁も含めてですね。これは一種のレトリックです。この体裁自体が。

大貫　そうですね。ただ、セスティーナという詩法については第四日の演習の「パルーシア」(臨在)をめぐる議論との絡みで出てきますが、そこで紹介されるアルナウト・ダニエルの詩とそこから繰り広げられる議論はむずかしいですね。

上村　あの詩自体が、イタリア語とフランス語とがまだ分岐しないまま渾然となっている段階の古い語型ですから、非常にむずかしい。中世フランス語がご専門の川口順二さんに翻訳をお願いした次第ですが、アガンベンはそのアルナウトの詩から思考の形式としての押韻の問題を抽き出してくるわけですね。

大貫　その段落の最後では、それはパウロのメシア的な時間理解が、あるいはメシア論が生み出した詩の領域での形態である、という論で落ちつくわけですが、そこのところの論の運びが、わたしには、いまひとつ難解でした。押韻という詩形式を、パウロの遺産だというように読ませようとする点ですね。

上村　遺産ということではないとおもいますが、押韻の問題とパウロやメシア的な時間の問題とを関連づけたこと自体が自分の発見だとアガンベンは言っています。「ちょっとした貢献である」と。ここまでくると少しどうかな、とはわたしもおもわないではありません。

大貫　もっとも、「パルーシア」をめぐる議論そのものは魅力的でした。「パルーシア」というギリシア語は、文字通りには「傍らにあること」という意味ですが、アガンベンはそのギリシア語の原義に立ち帰ったところでメシアの「パルーシア」について独特の思考を展開します。それはさきにもいいました未来論の問題がどうなっているのか、という問いと連動してきます。そのことは別としても、パルーシアは「傍らにあること」なのだということ、これは時間論の問題としても大事だとおもいます。「操作時間」の問題が出てくるのも、このコンテクストにおいてなのですよね。

上村　そうですね。メシアの「パルーシア」というと、ふつうは「再臨」というように受けとってしまいがちですが、アガンベンはそういった受けとり方を断固として否定します。そして、再臨ではなく、あくまでも臨在、傍らにあるということなのだ、という言い方をします。そういうことも含めて、基本的なところから洗い直すかたちで、ものを一から考えてみようという、そんな姿勢が貴重だとおもいます。

今後のアガンベン

大貫　訳文を拝見すると、抽象度の高い部分がずいぶんあります。それをこういうように読み通せるような訳文に仕上げるのは、並大抵のことではない。敬服しました。

上村　原文を読んでもらえればわかるとおもいますが、難度は相当なものです。

大貫　外形的なことですけれども、短い段落のなかにいろいろな分野にかかわる発言が詰まっています。それぞれに割り振ると、これは聖書学からきている方法と扱いだ、これは政治学からくるものだとか、それが比較的短い論旨の空間のなかに入り乱れている。それぞれ異なったジャンルの区切りから出発するのではなく、もともと融合しているといったスタイルになっている。この文意をフォローするのはなかなか大変です。読み手のほうに力量が求められる。聖書学畑の読者には、かなり負荷が大きいかもしれません。そこは、越境しなければならないのですが。

上村　たしかに、アガンベンのこの仕事は、何かを新しく始めつつあるという感じを与えますね。

大貫　上村さんは、このアガンベンの仕事について「いままでの集大成」といわれました。それを言葉通りに受け取れば、本書はアガンベンのこれまでの仕事の総括ということになります。しかし、その集大成から同時に何か新しいことが始まりそうだとすると、上村さんから見て、アガンベンの今後の仕事はどういう方向に行きそうですか。

上村　アガンベン自身の言葉を使えば、やはり「到来する共同体」の方へ、ということになろうかとおもいます。なんらかの属性によって帰属が決定されるのではなくて、およそいっさいの属性にたいするまったくの無関心のもとで、各自がなんであれ現にあるようなものとして単独的に存在しているという事実の分有のみにもとづいて成立しているような共同体です。パウロのうちに確認したメシアニズムをアガンベンはこのわたしたちにとっての「今の時」にあって「到来する共同体」という標語のもとにあらためて展望しようとしているのではないかとおもわれるのです。アガンベンはすでに一九九〇年にも文字どおり『到来する共同体』と銘打った小さなメッセージ的な文章を書いていますが、その核心をなすメシアニズムの問題に本格的に取り組んだのは今回の本が初めてだったのです。

大貫　そういえば、「エクレシア」あるいは「メシア的共同体」という言葉も、ずいぶん出てきていました。

上村　そうでしたね。ただ、わたしとしては、そういったアガンベンの政治神学的な綱領めいた部分もさることながら、その根底ではたらいている思考といいますか、可能態が現勢化していく途上にあって、あくまでもその途上のところにこだわりつつ、現勢化してしまわないところでなんとかものを考えていこうとしている、そのような姿勢にこそ注目したいとおもっています。

訳者あとがき

原著の副題 *Un commento alla Lettera ai Romani* は、そのまま訳せば「『ローマ人への手紙』註解」となるが、すこしでも広い読者に届けたいとの編集部の要望を容れて、「パウロ講義」とさせてもらった(これとて、厳密にいえば、「講義」ではなく、「演習」であるが、寛恕されたい)。

聖書からの引用にかんしては、新共同訳聖書を参照しながらも、基本的には原著者の解釈を重視する立場から、原著者によるイタリア語訳を優先させることとした。巻末のパウロ書簡の抜粋翻訳では、新共同訳とのあいだに目立った異同が認められる場合にはその旨を表示してある。

この翻訳は、もとはといえば現在イタリア在住の大橋喜之さんが、光芒社に在職されていた山本光久さんの手を煩わせて出版するつもりで準備を進めていたものであった。これにはわたしも側面から援助を惜しまないつもりでいた。それが諸般の事情から、最終的には岩波書店から、わたしの単独訳で出すことになってしまった。その際、大橋さんの訳稿を参照させていただく機会があった。この場を借りて、感謝の意を表させていただきたい。

東京大学大学院総合文化研究科教授(西洋古典学・新約聖書学専攻)の大貫隆さんには、「対談解説」につきあっていただいたほか、ギリシア語のカタカナ表記や聖書的なタームについて丹念に検討していただいた。慶應義塾大学文学部教授(言語学)の川口順二さんは、アルナウト・ダニエルの詩の翻訳を引き受けていただいたうえ、ギュスターヴ・ギヨームの用語にかんしてもご教示くださった。また、大阪産業大学人間環境学部教授（ユダヤ学・旧約聖書学専攻）の手島勲矢さんには、ヘブライ語のカタカナ表記をはじめ、二つのユダヤ固有のタームについて註記をしていただいた。ご厚意に、深く感謝申し上げたい。

最後になったが、岩波書店編集部の中川和夫さんのご尽力に敬意を表させていただきたい。

二〇〇五年八月

上村忠男

■岩波オンデマンドブックス■

残りの時——パウロ講義　　ジョルジョ・アガンベン

2005年9月27日　第1刷発行
2016年1月13日　オンデマンド版発行

訳　者　上村忠男《うえむらただお》

発行者　岡本　厚

発行所　株式会社　岩波書店
〒101-8002　東京都千代田区一ツ橋2-5-5
電話案内　03-5210-4000
http://www.iwanami.co.jp/

印刷／製本・法令印刷

ISBN 978-4-00-730359-3　　Printed in Japan

ジョルジョ・アガンベン(Giorgio Agamben)
1942年，ローマ生まれ．2003年11月より，ヴェネツィア建築大学美学教授．
邦訳には次のものがある．『スタンツェ——西洋文化における言葉とイメージ』(岡田温司訳，ありな書房，1998)，『人権の彼方に——政治哲学ノート』(高桑和巳訳，以文社，2000)，『中身のない人間』(岡田・岡部・多賀訳，人文書院，2002)，『ホモ・サケル——主権権力と剝き出しの生』(高桑和巳訳，以文社，2003)，『アウシュヴィッツの残りのもの——アルシーヴと証人』(上村・廣石訳，月曜社，2001)，『開かれ——人間と動物』(岡田・多賀訳，平凡社，2004)，『バートルビー——偶然性について』(高桑和巳訳，月曜社，2005)，『瀆神』(上村・堤訳，月曜社，2005)．

上村忠男
1941年生まれ．専攻，学問論・思想史．現在，東京外国語大学名誉教授．
著書：『ヴィーコの懐疑』(みすず書房，1988)，『クリオの手鏡——二十世紀イタリアの思想家たち』(平凡社，1989)，『歴史家と母たち——カルロ・ギンズブルグ論』(未來社，1994)，『ヘテロトピアの思考』(未來社，1996)，『バロック人ヴィーコ』(みすず書房，1998)，『歴史が書きかえられる時』歴史を問う5(編著，岩波書店，2001)，『沖縄の記憶／日本の歴史』(編著，未來社，2002)，『歴史的理性の批判のために』(岩波書店，2002)，『超越と横断——言説のヘテロトピアへ』(未來社，2002)，『歴史の解体と再生』歴史を問う6(編著，岩波書店，2003)，『グラムシ 獄舎の思想』(青土社，2005)．このほか，ジャンバッティスタ・ヴィーコ，アントニオ・グラムシ，カルロ・ギンズブルグ，ガーヤットリー・チャクラヴォルティ・スピヴァクのものなど，訳書多数．

人 名 索 引

ア 行

アヴィセンナ(Avicenna)　62
アウエルバッハ，エーリヒ(Auerbach, Erich)　119
アウグスティヌス(Augustinus)　19, 117, 136, 138, 198
アドルノ，テオドール・ヴィーゼングルント(Adorno, Theodor Wiesengrund)　57, 61–63
アメリー，ジャン(Améry, Jean)　62, 63
アモス(Amos)　89, 90
アーラント，クルト(Aland, Kurt)　xiv, 11, 28
アリステアス(Aristeas)　73
アリストネス(Aristones)　24
アリストテレス(Aristoteles)　7, 106, 165, 219, 220
アルナウト・ダニエル(Arnaut Daniel)　127, 132, 135
アーレント，ハンナ(Arendt, Hannah)　231
アンテルメ，ロベール(Antelme, Robert)　87
イェフダ・ハレヴィ(Yehudah ha-Levi)　7
イザヤ(Jesaja)　89, 247
イレネウス(Irenaeus)　117
ヴァールブルク，アビ(Warburg, Aby)　99
ヴィットリーノ，マリオ(Vittorino, Mario)　149
ヴィテリウス，アウルス(Vitellius, Aulus)　24
ヴィラモーヴィッツ＝メーレンドルフ，ウルリヒ・フォン(Wilamowitz-Möllendorff, Ulrich von)　5
ヴィルケ，ハンス－アルウィン(Wilcke, Hans-Alwin)　117
ウェストコット，ブローク・フォス(Westcott, Brooke Foss)　11
ヴェーバー，マックス(Weber, Max)　32–36, 47, 50
ウォーフ，ベンジャミン(Whorf, Benjamin)　61
ウルピアヌス，ドミティウス(Ulpianus, Domitius)　24
エウセビオス(カイサリアの)(Eusebios)　117, 203
エウリピデス(Euripides)　155
エズラ(Esra)　41
エラスムス(ロッテルダムの)(Erasmus)　11, 15
エリウゲナ，ヨハネス・スコトゥス(Eriugena, Johannes Scotus)　62
エリヤ(Elia)　88, 248
エレミヤ(Jeremia)　98
オーヴァーベック，ヨーハン・フリードリヒ(Overbeck, Johann Friedrich)　203
オースティン，ジョン・ラングショウ(Austin, John Langshaw)　213
オリーヴィ，ピエトロ・ディ・ジョヴァンニ(Olivi, Pietro di Givanni)　44, 45
オリゲネス(Origenes)　15, 28, 122,

144, 145, 149, 150, 219, 220

カ 行

カフカ，フランツ(Kafka, Franz) 7, 68, 70, 76, 93, 115
ガマリエル(Gamaliel) 13
カルキア，ジャンニ(Carchia, Gianni) 102
カルデローネ，サルヴァトーレ(Calderone, Salvatore) 187
カレ，モーリス(Carrez, Maurice) xiv
カント，イマヌエル(Kant, Immanuel) 57, 58, 114
偽バルナバ(Pseudo-Barnaba) 117
キュリロス(アレクサンドリアの)(Cyrillus) 149
ギヨーム，ギュスターヴ(Guillaume, Gustave) 106–108
ギヨーム・ド・ロリス(Guillaume de Lorris) 14
キルケゴール，ゼーレン(Kierkegaard, Sören) 122
クィントゥス・ムキウス(Quintus Mucius) 24
クザーヌス，ニコラウス(Cusanus, Nicolaus) 84
クリュソストモス，ヨハネス(Chrysostomos, Johannes) 149, 156, 160
クールマン，ゲオルク(Kuhlmann, Georg) 52
クラウス，カール(Kraus, Karl) 224
クラレーノ，アンジェロ(Clareno, Angelo) 45
コイレ，アレクサンドル(Koyré, Alexandre) 164
コーエン，ボアズ(Cohen, Boaz) 3
コジェーヴ，アレクサンドル(Kojève, Alexandre) 164
ゴルティエ，ジュール・ド(Gaultier, Jules de) 60
ゴンゴラ・イ・アルゴテ，ルイス・デ(Góngora y Argote, Luis de) 7
コンスタンティヌス(Constantinus) 203

サ 行

サバタイ・ツヴィ(Sabbatai Zevi) 98, 233
サビヌス・マスリウス(Sabinus Massurius) 24
シェストフ，レフ(Šestov, Lev Isakovič) 6
シャマイ(Shammai) 24
ジャン・ド・メウン(Jean de Meun) 14
シュタイガー，エミール(Staiger, Emil) 5, 8
シュティルナー，マックス(Stirner, Max) 52
シュミット，カール(Schmitt, Carl) 169, 170, 192
ジョスエ，マルセル(Jousse, Marcel) 5
ショーペンハウアー，アルトゥーア(Schopenhauer, Arthur) 231
ショリム，ベン(Chorim, Ben) 3
ショーレム，ゲルショム(Scholem, Gershom) 4, 7, 113, 121, 157, 233, 234
スーダ(Suda) 155
ステファヌス(Stephanus) 155
ゼカリヤ(Zeccaria) 100
セドゥリウス(Sedulius) 137
セルバンテス，ミグエル・デ(Cer-

vantes Saavedra, Miguel de)　14
ソシュール，フェルディナン・ド (Saussure, Ferdinand de)　106
ソルミ，レナート (Solmi, Renato)　231

タ　行

ダイスマン，ギュスターヴ・アドルフ (Deismann, Gustav Adolf)　232
タウベス，ヤーコプ (Taubes, Jacob)　3-6, 54, 57, 61, 91, 227
ダンテ・アリギエリ (Dante Alighieri)　135
デイヴィーズ，ウィリアム・デイヴィッド (Davies, Willam David)　3
ディオニュシオス（ハリカルナッソスの）(Dionysios)　47, 50
ティコニウス (Ticonius)　124, 150, 153
ティッシェンドルフ，ローベゴット・フリードリヒ・コンスタンティン (Tischendorf, Lobegott Friedrich Constantin)　11
ディデュモス (Didymos)　149
テオドレトゥス（キュロスの）(Theodoretus)　149
テオドロス（モプスエスティアの）(Theodoros)　149
デッサウ，ヘルマン (Dessau, Hermann)　13
テトス (Titus)　258
デリダ，ジャック (Derrida, Jacques)　166
テルトゥリアヌス (Tertullianus)　117, 176
ドゥルーズ，ジル (Deleuze, Gilles)　94
トゥルベツコイ，ニコライ・セルゲヴィチ (Trubeckoj, Nikolaj Sergeevič)　164, 165
ドストエフスキー，フョードル・ミハイロヴィチ (Dostoevskij, Fëdor Michajlovič)　63
トムソン，ピーター (Tomson, Peter J.)　23
トラウベ，ルートヴィヒ (Traube, Ludwig)　225
トレバツィウス・テスタ (Trebazius Testa)　24
トリュフォン (Tryphon)　28

ナ　行

ナサニエル（ガザの）(Nathaniel)　233
ニーチェ，フリードリヒ (Nietzsche, Friedrich)　5, 60, 99, 122, 180
ネストレ，エーベルハルト (Nestle, Eberhard)　xiv, 11
ネストレ，エルウィン (Nestle, Erwin)　xiv, 11, 28
ノルデン，エドゥアルト (Norden, Eduard)　8, 135, 136, 138

ハ　行

ハイデッガー，マルティン (Heidegger, Martin)　5, 54-56, 122, 143, 231
ハガイ (Haggai)　100
パスクワーリ，ジョルジョ (Pasquali, Giorgio)　15
バタイユ，ジョルジュ (Bataille, Georges)　200
バディユ，アラン (Badiou, Alain)　86
ハドゥ，ピエール (Hadot, Pierre)　149
パピアス (Papias)　117

ハラー，ギュスターヴ・アドルフス (Harrer, Gustave Adolphus)　13
バリー，シャルル(Bally, Charles)　165
バルト，カール(Barth, Karl)　57, 68
バルトロ・ダ・サッソフェラート (Bartolo da Sassoferrato)　44
バンヴェニスト，エミール(Benveniste, Émile)　106, 108, 185, 187, 190, 193, 206, 213, 214
ヒエロニュムス，ソフロニウス・エウセビオス(Hieronymus, Sophronius Eusebios)　10, 31, 36, 73, 80, 117, 119, 138, 140, 144, 156, 173, 178, 211, 226
ビガレッリ，アルベルト(Bigarelli, Alberto)　xiv
ヒレル(Hillel)　24, 123
ピンダロス(Pindaros)　206
ファイヒンガー，ハンス(Vaihinger, Hans)　58, 60, 67
フィロストラトス(Filostratos)　18
フィロン(アレクサンドリアの)(Philon)　6, 15
フォアベルク，フリードリヒ・カール (Forberg, Friedrich Carl)　58, 67
フーコー，ミシェル(Foucault, Michel)　95, 99, 216, 217
プーダー，マルティン(Puder, Martin)　143
フッサール，エドムント(Husserl, Edmund)　166, 168
ブーバー，マルティン(Buber, Martin)　3, 183, 184, 200, 202, 203
プラトン(Platon)　7, 18
フランチェスコ(アッシージの)(Francesco)　45
ブランショ，モーリス(Blanchot, Maurice)　87
プリニウス(Plinius)　82
ブルクハルト，ヤーコプ(Burckhardt, Jacob)　99
フルッサー，ダヴィド(Flusser, David)　183, 184, 200–202
ブルトマン，ルドルフ(Bultmann, Rudolf)　117
ブルーメンベルク，ハンス(Blumenberg, Hans)　103
フレンケル，エドゥアルト(Fränkel, Eduard)　186
ブレンターノ，ルードヴィヒ・ヨセフ (Brentano, Ludwig Joseph)　35
フロイト，ジークムント(Freud, Sigmund)　66
プロクロス(Proclos)　24
フロベール，ギュスターヴ(Flaubert, Gustave)　60
ヘーゲル，ゲオルク・ヴィルヘルム・フリードリヒ(Hegel, Georg Wilhelm Friedrich)　47, 48, 123, 161–165, 168
ペトロ(Petrus)　74, 80, 203, 259
ペラギウス(Pelagius)　198
ベルガミン，ホセ(Bergamín, José)　95
ヘルダーリン，ヨーハン・クリスティアン・フリードリヒ(Hölderlin, Johann Christian Friedrich)　141
ベルナイス，ヤーコプ(Bernays, Jacob)　2
ヘロデ(アッティカの)(Herodes)　18
ベン＝エンヘリ，シド・ハメト(Ben-Engeli, Cid Hamet)　14
ベンヤミン，ヴァルター(Benjamin, Walter)　4, 6, 19, 50, 54, 57, 58, 62, 64, 69, 82, 115, 121, 223–234
ポー，エドガー・アラン(Poe, Edgar Allan)　223

ホセア(Hosea)　247
ホッブズ，トマス(Hobbes, Thomas)　178
ホノリウス・アウグストドゥエンシス(Honorius Augustdoensis)　134
ホメロス(Homēros)　184
ポリュビオス(Polybios)　155
ホール，フェントン・ジョン・アンソニー(Hort, Fenton John Anthony)　11
ボンヘッファー，ディートリヒ(Bonhoeffer, Dietrich)　68

マ　行

マタイ(Matthäus)　5
マラキ(Malachia)　100
マルクス，カール(Marx, Karl)　47–52, 94, 95, 118
マルコ(Markus)　5
マンガネッリ，ジョルジョ(Manganelli, Giorgio)　114
ミカ(Michea)　89
ミヒェルシュテッター，カルロ(Michelstaedter, Carlo)　148
メイエ，アントワーヌ(Meillet, Antoine)　106, 206
メイヤー，ヴィルヘルム(Meyer, Wilhelm)　135
メイル(Meir)　145
メーリケ，エドゥアルト(Mörike, Eduard)　5
メルクス，アダルベルト(Merx, Adalbert)　35, 36
モーシェ・イブン・エズラ(Mosheh ibn Ezra)　7
モース，マルセル(Mauss, Marcel)　199

ヤ　行

ヤコブ(Jakobus)　202, 254, 259
ヤコブソン，ロマン(Jakobson, Roman)　165
ユスティニアヌス(Justinianus)　24
ユスティヌス(Justinus)　28, 117
ユンゲル，エーベルハルト(Jungel, Eberhard)　70
ヨアキム(フィオーレの)(Joachim)　117
ヨセフス・フラウィウス(Josephus Flavius)　6
ヨハネ(Johannes)　179, 202, 259

ラ　行

ライプニッツ，ゴットフリート・ヴィルヘルム(Leibniz, Gottfried Wilhelm)　64, 122
ラバヌス・マウルス(Rabanus Maurus)　137
ラベオネス，マルクス・アンティスティウス(Labeones, Marcus Antistius)　24, 25
ランシエール，ジャック(Rancière, Jacques)　95, 96
ランベルツ，モーリッツ(Lambertz, Moritz)　16
ルカ(Loukas)　20, 204
ルカーチ，ゲオルク(Lukács, György)　53
ルター，マルティン(Luther, Martin)　33–35, 42, 161, 227, 229, 232
ルフィヌス(Rufinus)　150
レヴィ＝ストロース，クロード(Lévy-Strauss, Claude)　165
レーヴィット，カール(Löwith, Karl)　103

レッシング，ゴットホルト・エフライム(Lessing, Gotthold Ephraim)
201-203
ローゼンツヴァイク，フランツ(Rosenzweig, Franz)　7
ロート，ジョルジュ(Lote, Georges)
136, 137

ワ　行

ワトソン，アラン(Watson, Alan)
23

文 献 一 覧

この文献一覧には，本文中に引用ないし言及した著者と著作のみを掲げている．

Aristeas

1994 *Lettera di Aristea a Filocrate*, Rizzoli, Milano.（左近淑訳「アリステアスの手紙」『旧約聖書偽典 I』聖書外典偽典 3，教文館，1975）

Augustinus

1994 *De doctrina cbristiana*, a cura di M. Simonetti, Fondazione Valla-Mondadori, Milano.（加藤武訳『キリスト教の教え』アウグスティヌス著作集 6 巻，教文館，1988）

Badiou, Alain

1997 *Saint Paul. La fondation de l'universalisme*, Presses universitaires de France, Paris.

Barth, Karl

1954 *Der Römerbrief*, Evangelischer Verlag, Zollikon-Zürich (9. Aufl.).（小川圭治・岩波哲雄訳『ローマ書講解』上下，平凡社ライブラリー，2001）

Bartolo da Sassoferrato

1555 *Tractatus Minoricarum*, in *Opera*, Blasius, Lugduni.

Benjamin, Walter

1966 *Briefe* (2Bde.), hrsg. v. G. Scholem und T. W. Adorno, Suhrkamp, Frankfurt a. M.

1972-89 *Gesammelte Schriften*, Unter Mitwirkung von T. W. Adorno und G. scholem, hrsg. v. R. Tiedemann und H. Schweppenhäuser, Bde. I-VII, Suhrkamp, Frankfurt a, M.（ヴァルター・ベンヤミン著作集，全 15 巻，晶文社，1969-93）

Benveniste, Émile

1966 *Problèmes de linguistique générale*, Gallimard, Paris.（岸本通夫訳『一般言語学の諸問題』みすず書房，1983）

1969 *Le Vocabulaire des institutions indo-européennes*, I: *Économie, parenté, société*, Éditions de Minuit, Paris.（蔵持不三也ほか訳『インド＝ヨーロッパ諸制度語彙集 1』言叢社，1986）

Bernays, Jacob

1996 *Jacob Bernays, un philologue juif*, sous la direction de John Glucker et André Lask, Presses universitaires du Septentrion, Villeneuve.

Buber, Martin
1994 *Zwei Glaubensweisen*, mit einem Nachwort von David Flusser, Schneider, Gerlingen.
Bultmann, Rudolf
1960 *Glauben und Verstehen. Gesammelte Aufsätze*, III, Mohr, Tübingen.(川村永子訳『神学論文集 3』ブルトマン著作集第 13 巻，新教出版社，1984)
Calderone, Salvatore
1964 *IIíous-Fides. Ricerche di storia e diritto internazionale nell'antichità*, Università degle studi, Messina.
Carchia, Gianni
2000 *L'amore delpensiero*, Quodlibet, Macerata.
Casanova, P.
1911 Mohammed et latin du Monde, Geuthner, Paris.
Cohen, Boaz
1966 *Jewisb and Roman Law. A Comparative Study*, Jewish Theological Seminary of America, New York.
Coppens, Joseph
1968 *Le Messianisme royal, ses origines, son dèveloppement, son accomplissement*, Édition du Cerf, Paris.
Chrysostomos, Johannes
1970 *Sur l'incompréhensibilité de Dieu*, I : *Homélies I-V*, sous la direction de Anne-Marie Malingrey, Éditions du Cerf, Paris.(神崎繁訳「神の把握しがたさについて」『盛期ギリシア教父』中世思想原典集成 2，平凡社，1992)
Davies, William David
1958 *Paul and Rabbinic Judaism. Some Rabbinic Elements in Pauline Theology*, S. P. C. K., London(Second ed.).
Deissmann, Gustav Adolf
1923 *Licht vom Osten. Das Neue Testament und die neuentdeckten Texte derhellenistish-römischen Welt*, Mohr, Tübingen(4. Aufl.)
Derrida, Jacques
1967 *La Voix et le phénomène. Introduction au problème du signe dans la phénomé-nologie de Husserl*, Presses universitaires de France, Paris.(林好雄訳『声と現象』ちくま学芸文庫，2005)
1972 *Marges de la philosophie*, Éditions de Minuit, Paris.
Dessau, Hermann
1910 *Der Name des Apostels Paulus*, «Hermes», XLV.
Durling, Robert and Martinez, Ronald L.
1990 *Time and the Crystal, Studies in Dante's «Rime petrose»*, University of California Press, Berkeley.
Philon de Aleksandreia

1984 *Quaestiones et solutiones in Genesin*, sous la direction de Charles Mercier, III, Éditions du Cerf, Paris.

Foucault, Michel

1994 *Dits et écrits, 1954-1988*, sous la direction de Daniel Defert e François Ewald, III: *1976-1979*, Gallimard, Paris.(小林康夫・石田英敬・松浦寿輝編集，ミシェル・フーコー思考集成第 6，7，8 巻，筑摩書房，2000-2001)

Fraenkel, Eduard

1916 *Zur Geschichte des Wortes «fides»*, «Rheinisches Museum», LXXI.

『創世記ラバー』

1985 *Genesis Rabbah. The Judaic Commentary to the Book of Genesis*, Scholars Press, Atlanta.

Guillaume, Gustave

1970 *Temps et verbe. Théorie des aspects, des modes, et des temps. Suivi de L'architectonique du temps dans les langues classiques*, Champion, Paris.

Harrer, Gustave Adolphus

1940 *Saul Who also is Called Paul*, «Harvard Theological Review», XXXIII.

Hegel, Georg Wilhelm Friedrich

1971 *Werke in zwanzig Bänden*, V: *Wissenschaft der Logik*, Suhrkamp, Frankfurt a. M.(武市健人訳『大論理学』全 4 巻，ヘーゲル全集 6a-8，岩波書店，1956-61)

Heidegger, Martin

1972 *Sein und Zeit*, Niemeyer, Tübingen(12. Aufl.).(細谷貞雄訳『存在と時間』上下，ちくま学芸文庫，1994)

1995 *Gesamtausgabe*, LX, 1: *Einleitung in die Phänomenologie der Religion*, hrsg. v. Matthias Jung, Klostermann, Frankfurt a. M.

Hengel, Martin

1992 *Der vorchristliche Paulus*, in Martin Hengel und Ulrich Heckel(hrsg.), *Paulus und das antike Judentum*, Mohr, Tübingen.

Huby, Joseph(éd.)

1957 Saint Paul, *Epître aux Romains*, n. éd. sous la direction de Stanislas Lyonnet, Beauchesne, Paris.

Jungel, Eberhard

1978 *Gott als Geheimnis der Welt. Zur Begründung der Theologie des Gekreuzigten im Streit zwischen Theismus und Atheismus*, Mohr, Tübingen.

Kafka, Franz

1983 *Hochzeitsvorbereitung auf dem Lande und andere Prosa aus dem Nachlass* in *Gesammelte Werke*, hrsg. v. Max Brod, Fischer, Frankfurt a. M.(飛鷹節訳『田舎の婚礼準備・父への手紙』カフカ全集第 3 巻，新潮社，1981)

Kant, Immanuel

1968 *Das Ende aller Dinge*, in *Werke. Akademie-Textausgabe*, VIII: *Abhandlungen nach 1781*, de Gruyter & Co, Berlin.(酒井潔訳「万物の終わり」『歴史哲学論集』カント全集第 14 巻，岩波書店，2000)

Kojève, Alexandre

1952 *Les romans de la sagesse*, «Critique», LX.

Koyré, Alexandre

1935 *Hegel à Jena*, «Revue d'Histoire et de Philosophie religieuse», XXVI.

Lambertini, Roberto

1990 *Apologia e crescita dell'identità francescana (1255-1279)*, Istituto Storico del Medio Evo, Roma.

Lambertz, Moritz

1906-08 *Die griechische Sklavennamen*, «Jahresbericht über das Staatsgymnasium im VIII. Bezirk Wiens», LVII-LVIII.

1914 *Zur Ausbreitung der Supernomen oder Signum*, «Glotta», V.

Lévi-Strauss, Claude

1957 *Introduction à l'œuvre de Marcel Mauss*, in Marcel Mauss, *Sociologie et anthropologie*, Presses universitaires de France, Paris.

Lote, Georges

1950 *Histoire du vers français*, Boivin, Paris.

Manganelli, Giorgio

1996 *La notte*, Adelphi, Milano.

Marx, Karl und Engels, Friedrich

1977 *Werke*, I-IV, Dietz, Berlin.(大内兵衛・細川嘉六監訳，マルクス＝エンゲルス全集第 1-4 巻，大月書店，1959-63)

Norden, Eduard

1898 *Die antike Kunstprosa vom VI, Jahrhundert v. Chr. bis in die Zeit der Renaissance*, Teubner, Leipzig, 2 voll.

Origenes

1993 *Commentariorum in epistolam S. Pauli ad Romanos*, hrsg. v. Theresia Heither, III, Herder, Freiburg i. B.(小高毅訳『ローマの信徒への手紙注解』キリスト教古典叢書 14，創文社，1990)

1996 *Commentaires sur saint Jean*, I: *Livres* I-V, sous la direction de Cécile Blanc, Éditions du Cerf, Paris.(小高毅訳『ヨハネによる福音注解』キリスト教古典叢書 11，創文社，1984)

Rancière, Jacques

1995 *La Mésentente, Politique et philosophie*, Galilée, Paris.(松葉祥一訳『不和あるいは了解なき了解――政治の哲学は可能か』インスクリプト，2005)

Rosenzweig, Franz

1981 *Stern der Erlösung*, Nijhoff, The Hague.

Rüstow, Alexander

1960 *Entos ymon estin. Zur Deutung von Lukas 17, 20-21*, «Zeitschrift für die neutestamentiche Wissenschaft», LI.

Schmitt, Carl

1922 *Politische Theologie. Vier Capitel zur Lehre von des Souveränität*, Duncker & Humblot, München.(田中浩・原田武雄訳『政治神学』未來社，1971)

1974 *Der Nomosder Erde im Völkerrecht der Jus publicum Europaeum*, Duncker & Humblot, Berlin.(新田邦夫訳『大地のノモス——ヨーロッパ公法という国際法における』福村出版，1976)

Scholem, Gershom

1963 *Judaica*, I, Suhrkamp, Frankfurt a. M.

1980 *Zur Kabbala und ihrer Symbolik*, Rhein Verlag, Zürich.(小岸昭・岡部仁訳『カバラとその象徴表現』法政大学出版局，1985)

1995 *Gershom Scholem zwischen die Disziplinen*, hrsg. v. Peter Schäfer und Gary Smith, Suhrkamp, Frankfurt a. M.

Schopenhauer, Arthur

1963 *Sämtliche Werke*, hrsg. v. Hans Wolfgang Friedrich von Löhneysen, IV, Cotta-Insel Verlag, Stuttgart-Frankfurt a. M.(ショーペンハウアー全集，全14巻別巻2，白水社，1972-96)

Strobel, August

1961 *Untersuchungen zum eschatologischen Verzögerungsproblem, auf Grund der spätjüdisch-urchristlichen Geschichte von Habakuk 2, 2ff.*, Brill, Leiden.

Taubes, Jacob

1993 *Die politische Theologie des Paulus*, hrsg. v. Aleida und Jan Assmann, Fink, München.

Thomas, Yan

1995 *Fictio legis. L'empire de la fiuction romaine et ses limites médiévales*, «Droit», XXI.

Ticonius

1989 *The Book of Rules*, ed. William S. Babcock, Scholars Press, Atlanta.

Tomson, Peter J.

1990 *Paul and the Jewish Law*, Fortress Press, Minneapolis.

Vaihinger, Hans

1911 *Die Philosophie der Als Ob. System der theoretischen, praktischen und religiösen Fiktionen der Menschbeit auf Grund eines idealistischen Positivismus. Mit einem Anhang über Kant und Nietzsche*, Reuther & Reichard, Berlin.

Watson, Alan

1996 *Jesus and the Law*, University of Georgia Press, Athens.

1998 *Ancient Law and Modern Understanding*, University of Georgia Press, Athens.

Weber, Max
1920-21 *Gesammelte Aufsätze zur Religionssoziologie*, 3Bde., Mohr, Tübingen.(大塚久雄・生松敬三選訳『宗教社会学論選』みすず書房, 1972)
Whorf, Benjamin Lee
1956 *Language, Thought and Reality. Selected Writings*, ed. John B. Carroll, The M. I. T. Press, Cambridge (Mass.).(有馬道子訳『言語・思考・実在——ベンジャミン・リー・ウォーフ論文選集』南雲堂, 1978)
Wilamowitz-Möllendorf, Ulrich von
1907 *Die griechische Literatur des Altertums*, in Ulrich von Wilamowitz-Möllendorf et al. (hrsg.), *Die griechische und lateinische Literatur und Sprache*, Teubner, Berlin-Leipzig (2. Aufl.).
Wilcke, Hans-Alwin
1967 *Das Problem eines messianischen Zwischenreichs bei Paulus* Zwingli Verlag, Zürich.
Wolbert, Werner
1981 *Ethische Argumentation und Paränese in 1 Kor 7*, Patmos Verlag, Düsseldorf.